小学数学课程与教学策略分析

姜　静　主编

内容提要

本书是关于小学数学教学的参考书，分十个章节。第一章为小学数学课程与教学的发展，第二章为小学数学课程与教学的组织与实施，第三章为小学数学课程内容与教学方法的选择，第四章为小学数学思维与学生发展，第五章为“数与代数”的教学，第六章为“图形与几何”的教学，第七章为“统计与概率”的教学，第八章为“综合与实践”的教学，第九章为小学数学教学评价，第十章为小学数学教师专业发展。本书注重思政教育，重视对学生实践能力的培养，也重视对教师教学研究能力和教学创新能力的培养。本书把小学数学教学理论与一线小学教师实践相结合，并附有教学实践，以促进阅读者教学理论与实践综合素质能力的提高，适合师范生及小学数学教师阅读。

图书在版编目(CIP)数据

小学数学课程与教学策略分析/姜静主编. —上海：上海交通大学出版社，2024.7—ISBN 978-7-313-30877-1

Ⅰ. G623.502

中国国家版本馆 CIP 数据核字第 2024SP4390 号

小学数学课程与教学策略分析
XIAOXUE SHUXUE KECHENG YU JIAOXUE CELÜE FENXI

主　　编：姜　静
出版发行：上海交通大学出版社
地　　址：上海市番禺路 951 号
邮政编码：200030
电　　话：021-64071208
印　　制：广东虎彩云印刷有限公司
经　　销：全国新华书店
开　　本：710mm×1000mm　1/16
印　　张：21.25
字　　数：314 千字
版　　次：2024 年 7 月第 1 版
印　　次：2024 年 7 月第 1 次印刷
书　　号：ISBN 978-7-313-30877-1
定　　价：79.00 元

主　编: 姜　静

编　者: 高　选　宋玉段　汤梅燕　王颖亭
王音子　徐小伟　张琪若　朱旭燕

前 言
Preface

本人是高校讲授小学数学教材教法的教师。在教学回访中，有些已就业的学生反馈，大学的理论与实践脱节，希望以后能多设置一些实践课程。我因此思考，能否从高校的教学理论与小学教学一线所需的理论与实践相联系入手，编写一本适合小学数学师范生及相关工作者的书籍，希望为他们提供一些参考。

本书特色之一是重视思政课元素的渗透。发展学生核心素养是当前小学阶段教育的根本目标所在，将思政课教育元素渗透小学阶段教育体系，可以帮助学生构建正确的学习观念及人生态度。为了全面实现发展学生核心素养的根本目标，将思政课教育元素渗透到教育体系的各个环节是十分必要的。小学阶段教育实践能力是衡量师范生素质的主要指标，也是教师职业发展的重要基础，更是影响基础教育质量的重要因素。在高校师范生教育实践能力培养中渗透思政课教育元素具有十分重要及深远的意义，不仅是促进完善小学阶段教育体系的关键措施，更是帮助学生构建正确世界观、人生观、价值观并塑造健全人格的有效方法。所以本书每一章的第一个模块中列出了思政目标，可以帮助小学数学师范生明晰化教育思政的内容。

本书特色之二是重读者教育实践能力的培养。教育实践能力是教师综合素质的集中体现，也是从事学科教学的必备能力。高等师范院校应该在课程设置与教学实践等环节以新课标的思想为指导，培养出新课标下适合中小学教育教学，适合社会发展，适合学生发展的新一代青年教师。本着此目的，本书的理论方面侧重师范生教学实践的培养。在书中，除了某些章节特别设置的教学策略之外，还设置了大量的教学实践分析环节，辅助学生理解相关理论。

本书参编者均是小学数学教育一线的优秀人才，文中很多的实践材料都是编者精心设计的公开课的内容，内容得到了教学检验，有很强的说服力，在师范生教学方面，可以起到很好的示范作用，并能促进阅读者教学理论与实践综合素质能力的提高。这是一本对师范生及小学数学教育相关人员有一定参考价值的书籍。

本文的编写工作如下：姜静编写了第二章、第八章，汤梅燕编写了第一章，王音子编写了第三章，王颖亭编写了第四章、第十章，高选编写了第五章，张琪若、宋玉段编写了第六章，朱旭燕编写了第七章，徐小伟编写了第九章。最后，姜静对全书进行了校对与统稿。

在编写过程中，我们有机地结合了最新的国家教育导向和最新的教育改革研究成果，并紧紧围绕《义务教育数学课程标准(2022 年版)》的要求编写各章节内容，力求做到内容科学合理，符合小学数学师范生及相关教育工作者的教学预期。

本书是“浙江海洋大学师范教育创新工程—层式联动协同创新特色发展—卓越初中教师培养模式研究与实践探索”项目的研究成果之一。在这里，感谢浙江海洋大学宋秋前教授审读了部分文稿，并提出中肯的意见。同时，衷心希望该书对小学数学教育的师范生和同行们有参考价值。

由于编者学识有限，若有疏漏之处，恳请各位专家、广大师生批评指正。

姜静

2023 年 5 月

目　录

Contents

第一章　小学数学课程与教学的发展 …… 001

第一节　国内外数学课程与教学的发展历史 …… 002

第二节　教学论的发展历史 …… 011

第二章　小学数学课程与教学的组织与实施 …… 023

第一节　小学数学课程教学的基本原则 …… 024

第二节　小学数学教学过程分析 …… 038

第三节　小学数学课程与教学的组织与实施策略 …… 045

第三章　小学数学课程内容与教学方法的选择 …… 057

第一节　小学数学课程内容选择的基本原则 …… 058

第二节　小学数学课程内容选择 …… 066

第三节　小学数学教学方法的选择依据 …… 075

第四章　小学数学思维与学生发展 …… 096

第一节　小学数学中的思维品质 …… 097

第二节　小学数学中的数学思维与教学研究 …… 106

第三节　小学数学思维的培养策略 …… 118

第五章　“数与代数”的教学 …… 138

第一节　“数与代数”的内容分析与教学要求 …… 139

第二节 “数与代数”的教学策略 …… 144

第六章 “图形与几何”的教学 …… 170

第一节 “图形与几何”的内容分析与教学要求 …… 171

第二节 “图形与几何”的教学策略 …… 181

第七章 “统计与概率”的教学 …… 211

第一节 “统计与概率”的内容分析与教学要求 …… 212

第二节 “统计与概率”的教学策略 …… 217

第八章 “综合与实践”的教学 …… 237

第一节 “综合与实践”的教育价值 …… 238

第二节 “综合与实践”的教学策略 …… 248

第九章 小学数学教学评价 …… 266

第一节 小学数学教育评价概述 …… 267

第二节 小学数学课堂教学评价 …… 269

第三节 小学数学学习评价 …… 277

第十章 小学数学教师专业发展 …… 293

第一节 小学数学教师的专业特色 …… 294

第二节 小学数学教师的专业素质 …… 300

第三节 小学数学教师的专业发展内涵 …… 304

参考文献 …… 322

第一章

小学数学课程与教学的发展

知识要点与思政目标

知识要点	思政要点	案　　例
中国数学课程与教学的发展历史	文化自信、爱国主义情怀	以新中国成立以来我国课程与教学的发展历程及变化为例，感受课程与教学的漫长发展与演变
国外数学课程与教学的发展历史	责任担当	以国外课程与教学的发展历程及变化为例，再次体会课程与教学的漫长发展与演变
教学论的发展历史	文化自信、关注现实、社会责任感与使命感	通过梳理新中国成立以来教学论的发展轨迹、国外教学论发展的人本走向以及当代教学论的发展这三个维度，形成对教学论这门学科发展的审思与展望

知识目标

知识目标 1:通过梳理新中国成立以来我国课程与教学的发展历程及变化，了解我国的课程与教学的发展史。

知识目标 2:通过梳理新中国成立以来教学论的发展轨迹、国外教学论发展的人本走向以及当代教学论的发展这三个维度，形成对教学论这门学科发展的审思与展望。

问题导引

“小学数学课程与教学论”是师范院校培养小学教师的主干课程，是促进师范生将数学学科知识转化为数学教育学知识的桥梁，对师范生专业知识的学习与教学技能的发展负有重任，对进一步推进数学新课程改革、培养合格的小学数学教师也有着重要的现实意义。

要想更好掌握这门课程，对课程与教学论发展史的了解就必不可少，那国内外的数学课程与教学的发展历史经历了怎样的阶段？教学论又有哪些演变与发展？在发展过程中又会遇到哪些机遇与挑战？

第一节　国内外数学课程与教学的发展历史

一、课程与教学论的发展历史

回顾漫长的历史进程，课程与教学论的起源、发生和发展可以划分为萌芽期、建立期和繁荣期三个时期。

（一）萌芽期

从课程与教学产生到16世纪的数千年中，课程与教学理论经历了漫长的萌芽时期。在这一时期，学校教育规模比较小，为社会的统治阶层强权垄断，主要是上层社会的贵族教育和宗教教育。不过，古代教育家已明确提出了三个根本性的课程与教学问题：“怎样教学”“教学什么”和“为什么教学”，也就是课程与教学的组织方法问题、内容问题和目的目标问题。

（二）建立期

在经历了长期的积累和萌芽以后，课程与教学论在欧洲正式建立起来了。尽管一般人均把夸美纽斯1632年出版的《大教学论》看成是教学论诞生的标志，但课程与教学论从初现雏形到基本成熟，经历了从 17 世纪到 20 世纪初持续 300 年的建立期。

在建立期，课程与教学理论的发展具有显著的三大特点：

第一，“课程与教学是什么”本质问题的提出。在深入探讨已有的“怎样教学”和“为什么教学”问题的同时，突出地加强了对“教学什么”问题的探讨，并进一步提出了“课程与教学是什么”的新问题。

第二，出版了一批教学论的专门著作。其中最为有名的是《大教学论》和《普通教育学》。《大教学论》是近代最伟大的教育家夸美纽斯对他的教育实践的总结和对他的教育理想的阐发的代表作，是近代第一部专门而系统研究和阐述教育问题的专门著作，在教育学和教学论的发展上是不可或缺的。《普通教育学》是德国著名教育家赫尔巴特的名著，出版于 1806 年。如果说夸美纽斯在《大教学论》中把教学看成“艺术”的话，那么赫尔巴特在《普通教育学》中追求的则主要是教学的科学性。为此，赫尔巴特称心理学是一门科学，并明确地将心理学作为教学的理论基础。在《普通教育学》中，赫尔巴特认定，教学的“根本目的”是将儿童培养成为对国家无限忠诚的“顺民”，而教学的“较近的目的”是发展儿童多方面的兴趣：提出了提示的、分析的和综合的三种教学类型；提出了“明了”“联合”“系统”和“方法”的教学四个阶段的说法。

第三，课程与教学理论基础从哲学思辨走向心理学实证。长期以来，人们一直都是将教学理论研究置于哲学理论思辨层面。到了夸美纽斯的《大教学论》，人们已开始注意到了儿童身心发展的自然性，但它的整个理论基础仍然是宗教自然哲学。之后，裴斯泰洛齐深刻洞悉了哲学思辨的局限性并极端地加以否定，公开提出了教育教学“心理学化”命题。赫尔巴特在与他结交以后，对此信奉一生，并竭尽全力发展心理学，努力把心理学作为教育学和教学论的基础。杜威则进一步提出了教材心理学化的主张，开辟了课程与教学心理学化的崭新前景。

（三）繁荣期

20 世纪是教育的黄金年代，首先是全球范围的义务教育的普及，接着是终身教育观念的提出和发展,教育规模持续扩大。随着教育规模的扩大,对教育质量和教育公平的追求就具体化为对学校课程与教学质量和学校课堂教学平等的追求,从而提出了大量的急需解决的课程与教学问题,刺激了课程与教学研究的大发展,使课程与教学论进入了一个繁荣时期。在繁荣期,教学理论的发展表现出以下特点:

1. “课程与教学是什么”的本质问题的深入探究

在深入探讨已有的“教学什么”“怎样教学”“为什么教学”和“课程与教学是什么”等问题的同时,提出了“应该怎样教学”的问题,这实质上就是“教学价值”问题,进而提出了“课程与教学论是什么”的问题。

2. 出版了一大批代表不同流派的教学论专著

20 世纪以来,教育领域里面出版最多的当数课程与教学论方面的著作,其中许多著作产生了比较大的影响。这些代表作主要有:进步主义的《儿童与课程》,科学主义的《课程论》《课程与教学的基本原理》《教育目标分类学》和《人类特点和学校学习》,结构主义的《教育过程》,文化与历史理论的《教学与发展》,信息技术主义的《教学的学习原理》以及后现代主义的《后现代课程观》等。

3. 课程与教学理论基础心理学化

前人萌生出的课程与教学理论“心理学化”的理想,在 20 世纪得以实现。20 世纪是心理学,特别是教育心理学、发展心理学和学习心理学的大发展时期,这样的发展既是教学理论发展需要所致,同时又有力地促进了课程与教学论的发展。可以说,在 20 世纪,凡是创新而有影响的课程与教学理论,总是有新的学习心理学理论做支撑,凡是著名而有创新的课程与教学论专家,必然是有成就的心理学家。

4. 课程论从教学论中分离出来而成为一门独立的教育学分支学科

到 20 世纪,课程理论日益丰富,逐步形成了比较完整的体系,使课程论脱胎而出,成了一门独立的教育学分支学科。为了表述丰富的理论认识成果,一批专门的课程著作诞生了,最为著名的有克劳德·弗莱里的《选择的历史与学习方法》(1695 年)、杜威的《儿童与课程》(1902 年)以及博比特的《课程》(1918 年)等。其中,有人认为,克劳德·弗莱里的《选择的历史与学习方法》也许是最早的课程论专著。

5. 现代教学媒体得到飞速发展和广泛应用

到 20 世纪 90 年代，以计算机为核心的多媒体教学技术蓬勃发展起来。90 年代中期，互联网飞速发展起来了，网络课程与教学迅速崛起。现代教学媒体的飞速发展和广泛应用，已经从开始时的教学手段，演变成了一种当代的新课程与教学思维、教学模式、教学原理。

二、中国数学课程与教学的发展历史

(一) 新中国成立以来我国数学课程与教学的发展历程

自新中国成立以来，我国颁布的小学数学教学大纲(课程标准)共计 12 部，如表 1 - 1 所示。

表 1 - 1 1949 年以来我国颁布的小学数学教学大纲(课程标准)

大纲/标准	50 大纲	52 大纲	56 大纲	63 大纲	78 大纲	86 大纲	88 大纲	92 大纲	00 大纲	01 标准	11 标准	12 标准
学制	5 年制	5 年制	5 年制	6 年制	6 年制	5 年制/6 年制	5 年制/6 年制	5 年制/6 年制	5 年制/6 年制	6 年制	6 年制	6 年制
总课时数	760	1 280	1 224	1 332	1 168	1 056/1 140	986/986	1 044/1 073	1 008/1 044	720		

新中国成立初期，1950 年颁布《小学算术课程暂行标准(草案)》，它规定的程度是学完整数、小数、分数四则运算，简单的几何图形的面积、体积计算以及比和比例等。相当于当时日本小学的教学程度。

1952 年，当时的教育部以苏联中小学数学教学大纲为基础，以苏联《初等学校算术教学大纲》为蓝本，并遵循“对苏联大纲的内容和体系一般不做大的改动”“先搬过来后中国化”的指导思想编写大纲。所以按大纲编写的教材基本上把苏联教材全盘搬过来，仅把插图中的苏联儿童改成中国儿童，由此制定了我国中小学数学教学大纲和教学计划。大纲中明确规定了数学教学的目的，奠定了我国中小学数学课程与教学体系的基础。

20 世纪 50 年代末期，受“大跃进”和国际数学教育现代化运动的影响，全国掀起了群众性的教育改革热潮，对数学教育的目的、任务、课程、教材、教学等问题展开了热烈的讨论,积极进行了各种数学课程和教学改革试验。1960 年 2 月在上海举行的中国数学会第二次代表大会的中心议题之一就是根本改革各级各类学校的数学课程与教学的问题。这一时期,纠正了全盘照搬苏联的做法,批判了教材陈旧落后、脱离实际、孤立割裂的现象,在建立新的数学课程体系方面做了有益的尝试。但是由于急躁冒进思潮的影响,一些做法违背了教育规律,如,对传统内容(几何)否定过多,削弱了知识的系统性;过分强调生产劳动,削弱了课堂教学;新的内容增加过多,学生难以掌握;等等。这致使教学质量有所下降,改革未能获得成功。

1961 年和 1963 年,在中央"调整、巩固、充实、提高"的方针指引下,教育部先后两次修订了中小学数学教学大纲,强调学校以教学为主,重视双基。大纲还第一次明确提出"培养学生正确而且迅速的运算能力、逻辑思维能力和空间想象能力"的教学要求。人民教育出版社根据这个大纲编写的教材增加了平面解析几何的内容,并适当拓宽、加深了数学各科的内容。大纲同时还要求加强教学研究,积累教学经验,稳步提高教学质量。这一时期,数学教学质量逐渐达到了较高的水平。十年内乱期间,虽然各省市组织编写了一些教材,但实用主义严重,大大削弱了基础知识和基本技能的培养,数学教学质量降到新中国成立以来最低水平。

1978 年,按照"精简、增加、渗透"的六字方针,教育部制定了《全日制十年制中小学数学教学大纲》,删去了传统教学中用处不大的内容,增加了微积分、概率统计、逻辑代数等初步知识,渗透集合、对应等思想。1978 年出台《小学数学教学大纲(试行草案)》(下简称"78 大纲"),在"78 大纲"中指出:为了使学生在小学切实打好基础,小学数学教学内容应该是学习现代科学技术所必需的、学生能够接受的基础知识。确定这些基础知识的具体做法是:"①精选传统的算术内容。传统的算术内容中,大部分仍然是学习现代科学技术需要的基础知识和基本技能,例如整数、小数、分数的四则计算,百分数,比例,常见的几何形体的认识和有关计算等。这些内容应当保留,而且要保证学好。从今后科学技术和生产的日益发展来看,学习过繁的四则运算、繁难的应用题、复杂的复名数化聚等意义不大。这些内容应予删减。珠算要求学好加减法和乘数是一、两数的乘法。②适当增加代数、几何的部分内容。精选了传统的算术内容之后，经过合理安排，在小学可以增加简单的正负数四则计算，简易方程，一些几何初步知识等。③适当渗透一些现代数学的思想。在小学，通过直观，使学生尽早接触集合、函数、统计等一些现代数学的思想，可以扩大学生的知识面，加深对某些内容的理解。有利于进一步学习数学和现代科学技术”。

经过 8 年试行，于 1986 年对“78 大纲”进行修订，颁布了《全日制小学数学教学大纲》，此大纲中所确定的教学内容与“78 大纲”基本一致。进入 20 世纪 90 年代，随着学制的调整和数学教育改革的进一步深入，国家教委于 1993 年颁布了《九年义务教育数学教学大纲》，1996 年颁布了《普通高中数学教学大纲》，进一步明确了数学教学目的，调整了部分内容和要求，以适应改革开放以来社会发展对于中小学数学教学的需要。在这一时期，数学课程与教学的研究开始走上学术研究的道路。数学课程和教学的理念不断更新，初步形成了以数学课程理论、数学教学理论和数学学习理论为支撑的数学教育理论体系。数学教育理论和数学教学实践得到了更好的结合，我国数学教育事业也获得了蓬勃发展。

2001 年和 2003 年，教育部分别颁布《全日制义务教育数学课程标准（实验稿）》和《普通高中数学课程标准（实验）》，由此拉开了新一轮数学课程和教学改革的大幕，数学课程和教学改革走上了新的发展阶段。

2001 年新课程改革开始，实施《全日制义务教育数学课程标准（实验稿）》（以下简称“01 标准”）。在“01 标准”中，将小学数学教学内容主要分为“数与代数”“空间与图形”“统计与概率”“时间与综合应用”四个部分进行阐述。首先，“数与代数”的内容有数的认识、数的运算、常见的量、探索规律、式与方程。其次，“空间与图形”的内容有图形的认识、测量、图形与变换、图形与位置。再次，“统计与概率”的内容主要是数据的统计活动初步、不确定现象、简单数据统计过程、可能性。最后，“时间与综合应用”主要是一类以问题为载体，在学习活动中，学生将综合运用学过的知识来解决问题的模块。

新课程改革在 1978 年实验的基础上广泛征求意见，进行了修订。并在 2011 年颁布了《义务教育数学课程标准（2011 年版）》（以下简称“2011 年版课程标准”），在“01 标准”的基础上对教学内容也进行了相应的调整。在“数与代数”中增加了数的大小、数量的估计、代数式及其运算。并将“空间与图形”

改为“图形与几何”，具体内容增加了图形的性质、分类与度量，图形的平移、旋转、轴对称、相似和投影、运用坐标描述位置。“统计与概率”中增加了绘制统计图表、从数据中提取信息并进行简单的推断、简单随机事件发生的概率。

《义务教育教与数学课程标准(2022版)》(以下简称“2022年版课程标准”)以核心素养为导向，不仅重视学生基础知识、基本技能、基本思想和基本活动经验的获得与发展，同时，进一步强调学生能运用数学知识与方法发现、提出、分析和解决问题的能力的培养，以及形成正确的情感、态度和价值观。将“四基”“四能”与发展核心素养融为一体。在课程内容的组织与处理上进行结构化整合，注重数学知识与方法的层次性和多样性，适当考虑跨学科主题学习。将核心素养提炼成“三会”：会用数据的眼光观察现实世界，会用数学的思维思考现实世界，会用数学的语言表达现实世界。在此基础上，进一步阐述了核心素养在各个学段的具体表现，既与《普通高中数学课程标准(2017版2020年修订)》的“三会”保持一致，也从具体的学段表现上蕴含2011年版课程标准的十个“核心词”。从内涵上将小学、初中、高中的核心素养表现贯通起来，使得整个基础教育阶段的数学课程标准达成统一。

通过对新中国成立以来小学数学课程具体内容发展演变的归纳整理，将小学数学课程内容分为4个知识领域、9个知识块、21个知识单元及相应的知识点。具体情况见表1-2：

表1-2 小学数学课程内容知识领域、知识块、知识单元划分表

知识领域	知识块	知识单元
数与代数	数与计算	整数的认识
		整数的四则
		分数的认识
		分数的四则
		小数的认识
		小数的四则
		比和比例
		百分数

续表

知识领域	知识块	知识单元
数与代数	代数初步	字母表示数
		方程
		规律
	量与计算	度量单位的认识
		度量单位的相互转换
图形与几何	平面几何	平面几何的认识
		平面几何的相互计算
	立体几何	立体几何的认识
		立体几何的相互计算
统计与概率	统计初步	统计初步
	概率初步	概率初步
综合与实践	应用题	应用题
	实践活动	实践活动

(二) 新中国成立以来我国数学教学的变化

纵观新中国成立以来我国数学教学的变化，有如下特点。

1. 由只重视教师的“教”到也关注学生的“学”

1951年，我国颁布新中国首个《中学数学课程标准草案》，其中“关于教授的”实施方案中列举了六项内容：“设备、准备、讲授、课外活动、作业的指定和检查、考试。”要求讲授时“须依教案进行，并须随时注意班情，加以变通。口齿要清楚，板书要整齐，画图要正确而有普遍性。多发问题，随时开导。上课时要照顾前课，下堂时须总结大纲”。“关于学习的”实施方案仅简单提出了“听讲、温习、演题、参考预习”四项内容，也是要求完成教师布置的任务。

1963年的《全日制中学数学教学大纲》中，在其“教学中应注意的几点”中，提出要“讲清概念、法则、定理、公式以及解题、证题的方法和步骤；突出重点、抓住关键、解决难点；加强练习，培养正确而迅速的计算能力、逻辑推理能力和空间想象能力；适当地联系实际”。大纲中很少论述学生的“学”的问题，还是以“教”为主。

1992 年，在《九年义务教育全日制初级中学数学教学大纲》中，提出要“重视改进教学方法”“在教学中，教师起主导作用，学生是学习的主体”“教学过程也是学生的认识过程，教师应着眼于调动学生学习的积极性、主动性”“教学中，要重视改进教学方法，坚持启发式，反对注入式”等。由此可见，至 20 世纪 90 年代，我国的数学教育界不仅重视教师的“教”，也关注学生如何学好数学。

2007 年《义务教育数学课程标准(修订稿)》中指出：“数学教学活动是师生积极参与、交往互动、共同发展的过程。有效的数学教学活动是学生学与教师教的统一，学生是数学学习的主体，教师是数学学习的组织者、引导者与合作者。”

2. 从强调听讲、练习的接受式学习到提倡多元化的学习方式

20 世纪 50 至 90 年代，我国一直把解题训练作为数学教学的重要组成部分。1951 年《中学数学课程标准草案》指出，数学学习必须重视听讲、温习、演练和参考预习。其中关于“演题”的要求是“演题是透彻理论，熟练方法、触类旁通、学以致用的不二法门，学者必须认真耐烦，及时演就，妥善保存”。

1963 年的《全日制中学数学教学大纲》对于数学练习的处理做了更详细的说明，明确了练习的目的是帮助学生掌握“双基”，发展“三大能力”，灵活运用所学知识的必需步骤，阐述了练习的组织安排，指出了练习的数量，提出了保证练习收到效果的要领，包括仔细审题、独立思考、格式规范、及时纠正。

21 世纪以来，我国数学课程与教学中关于数学学习的理念发生了很大变化，开始注重创新精神和探索能力的培养。2003 年《普通高中数学课程标准(实验)》把“倡导积极主动、勇于探索的学习方式”作为高中数学课程的基本理念之一，提出“学生的数学学习活动不应只限于接受、记忆、模仿和练习，还应倡导自主探索、动手实践、合作交流、阅读自学等学习数学的方式，鼓励学生在学习过程中，养成独立思考、积极探索的习惯，力求通过各种不同形式的自主学习、探究活动，让学生体验数学发现和创造的历程，发展他们的创新意识”。

随着研究的深入，人们对数学教学的认识也在不断深入，认为数学教学是师生积极参与、交往互动、共同发展的过程。数学教学应根据具体的教学内容，使学生在获得间接经验的同时也能够有机会获得直接经验，即从学生实际出发，创设有助于学生自主学习的问题情境，引导学生通过实践、思考、探索、交流等过程，获得数学的基础知识、基本技能、基本思想、基本活动经验，促使学生主动地、富有个性地学习，不断提高发现问题和提出问题的能力、分析问题和解决问题的能力。

在数学教学活动中，教师要把基本理念转化为自己的教学行为，处理好教师讲授与学生自主学习的关系，注重启发学生积极思考；发扬教学民主，当好学生数学活动的组织者、引导者、合作者；激发学生的学习潜能，鼓励学生大胆创新与实践；创造性地使用教材，积极开发、利用各种教学资源，为学生提供丰富多彩的学习素材；关注学生的个体差异，有效地实施有差异的教学，使每个学生都得到充分的发展；合理地运用现代信息技术，有条件的地区，要尽可能合理、有效地使用计算机和有关软件，提高教学效率。

第二节 教学论的发展历史

新中国成立70多年来，我国教学论研究的学术队伍日益壮大，理论研究不断深化，学科建设呈蓬勃兴旺之势。梳理新中国成立以来教学论的发展轨迹、总结教学论发展的基本经验，对于构建中国特色、中国风格、中国气派的教学论体系具有重要意义。

一、新中国成立以来教学论的发展轨迹

新中国成立70多年来，我国教学论的发展经历了三个阶段：1949—1976

年的艰难探索阶段、1977—2000 年的初步发展阶段和 2001 年至今的深化发展阶段。纵观 70 多年的发展轨迹，教学论在引进、吸收、批判、反思、重构中不断成长，学科建设硕果累累并日渐繁荣。

(一) 学科萌芽与混沌的前学科阶段(1919—1949 年)

教育具有历史继承性，中国教育教学思想亦不例外。自春秋时期以来，教育先贤、经典论著所阐发的教学思想弥足珍贵——如记载著名教育家孔子及其弟子之言行的《论语》，便提出诸如“学思结合”“博约相依”“因材施教”和“有教无类”等教学主张，成为古代教学思想的瑰宝；被视为世界上最早专门论述教育、教学问题的《学记》，“通篇虽仅有 1 229 个字，却全面而精到地阐明了教育目的、教育制度、教学原则、教学方法”等主张；南宋时期理学大师、教育家朱熹，提出了“循序渐进”“熟读精思”“切己体察”等读书法……这些具有浓郁本土气息的教育教学思想，为后来与舶来的欧美课程论、教学论进行对话和本土化改造，奠定了重要的思想“底料”。

我国教学论“萌芽和兴起于民国时期”。清末民初，学习从日本引进的以“五段教学法”为中心的赫尔巴特传统教育学成为彼时一大热潮。1919 年 2 月，陶行知撰文提出并论证“教学合一”理论。次月，陶行知又发表《介绍杜威先生的教育学说》一文，并用“教学之法”取代“教授之法”，彰显了“教学相长”的思想底蕴。

受欧美教育思潮尤其是以杜威实用主义教育学为代表的现代教育学影响，中国教育研究界亦开始探讨课程领域的问题，由此拉开我国课程研究序幕。1922 年廖世承的《关于新学制草案中等教育课程之研究》和 1923 年程湘帆的《小学课程概论》面世，分别被视为中国近现代最早探讨课程论方面的文章和专著。此后 20 年间，一些课程专著、译著陆续面世。这些著作就小学课程教材的目的与范围、性质与功用、内容选择与分配、组织与编排以及各科教材情况等进行了重点论述。而从学科认可的标准看，它仅处于前学科阶段，而不能视为一个独立的学科。但是，早期的学科探索，为日后构建整合的、具有丰富蕴涵的课程与教学论奠定了一定基础，亦对彼时的基础教育课程改革起到一定的指引作用。

（二）艰难探索阶段(1949—1976 年)

从 1949 年至 1976 年的这 20 多年间，我国教学论走过了一段艰难探索的历程。在这一时期，教学论发展面对一系列重大问题，包括：如何正确继承我国传统教学思想；如何正确吸收与批判西方与苏联的教学理论；如何正确运用马克思主义认识论指导我国教学论等。这一艰难探索的发展过程具体可分为两个阶段。

1. 全面学习苏联教学理论时期(1949—1957 年)

在这一阶段，译介和讨论苏联的教学理论著作是我国教学论的主题，尤其是苏联教育学家凯洛夫的《教育学》对我国教学论发展产生了广泛而深刻的影响。当然，学习甚至照搬苏联的教学理论也对我国教学论发展产生了一些负面影响，即对于苏联教学理论不加分析批判地全盘吸收、机械移植，缺乏反思、质疑和创新的意识，未能充分认识到其片面强调“双基”而忽视学生个性发展等不足，对我国教学实践造成了一些不利影响。

2. 初步自主探索时期(1958—1976 年)

在教学论发展方面，开始批判苏联的教学理论并尝试自主探索本土的教学理论，认为苏联的教学理论片面强调书本知识，教学脱离生活实际，也过分强调教师权威，忽视学生主体地位，主张教学要走出课堂，向劳动实践和工农群众学习。从 1958 年至“文化大革命”开始之前，对教学论的自主探索也获得了一些成果。

（三）初步发展阶段(1977—2000 年)

随着“文化大革命”的结束和党的十一届三中全会的召开，我国教学论在“解放思想、实事求是”的思想路线指导下重新起航。《中共中央关于教育体制改革的决定》(1985)和《中国教育改革和发展纲要》(1993)的颁布为我国教育事业的改革和发展指明了前进方向，对于建设中国特色社会主义教育体系具有重要指导意义，进一步推动了我国教学论的发展。这 20 多年间，在借鉴国外教学理论学术成果的基础上，就教学的理论和实际问题展开了一系列探讨，教学论发展初见成效，具体表现在以下方面：

第一，全面引介国外教学理论，为我国教学论发展提供借鉴。一方面，对苏联教学理论开展了进一步研究，对凯洛夫的教学思想进行了再探讨，引介了赞科夫的发展性教学理论、苏霍姆林斯基的学生全面和谐发展理论和巴班斯基的教学过程最优化理论；另一方面，也开始全面研究西方教学理论，对夸美纽斯、赫尔巴特、杜威等教育大家的经典理论进行研讨，引介了布鲁纳的结构课程理论、布鲁姆的掌握学习理论、加涅的学习信息加工理论、罗杰斯的非指导性教学理论、奥苏伯尔的有意义接受学习理论以及瓦根舍因的范例教学理论。

第二，学科建设成效明显，初步构建了具有中国特色的教学理论体系。在这一时期，我国教学论研究开始全方位展开，出版了大量关于教学理论的著作，新的研究成果层出不穷。20 世纪 80 年代，游正伦的《教学论》(1982 年)、董远骞等的《教学论》(1984 年)、王策三的《教学论稿》(1985 年)等著作相继出版。这些著作对我国教学论体系构建发挥了奠基性的作用，其中王策三先生的《教学论稿》认为，教学过程在本质上是学生的个体认识过程，课程是教学内容，其秉持的大教学观以及其他教学论观点对我国教学论体系构建影响深远。总之，在这 20 多年间，我国教学论发展取得了丰硕成果，初步构建了以教学本质、教学目的、教学原则、教学过程、教学内容、教学方法、教学环境、教学组织形式及教学评价为主体内容的中国特色的教学论体系。

1980 年，《教育研究》编辑部举行了“教育实验座谈会”，提出了“教育科学的生命在于教育实验”的口号，在教育界引导和掀起了一场教育实验的热潮。一是综合教学改革实验，如华东师范大学小学综合实验组进行的“小学教育综合整体实验”、华中师范大学教育系进行的“小学教育整体结构改革实验”等。二是单科教学改革实验，如吕敬先开展的“小学生语文能力整体发展实验”、姜乐仁开展的“小学数学启发式教学实验”、张思中开展的“外语十六字教学法实验”、卢仲衡开展的自学辅导教学实验等。

(四) 深化发展阶段(2001 年以来)

进入 21 世纪，我国基础教育领域开启了课程改革的浪潮。2001 年 6 月，教育部印发《基础教育课程改革纲要(试行)》，明确提出了“教学过程是课程实施环节的一部分，是执行课程改革新理念的核心环节”，即课程包括教学的大课程观，强调要“改变课程过于注重知识传授的倾向，强调形成积极主动的学习态度”。

《教育部关于全面深化课程改革落实立德树人根本任务的意见》(2014)指出，“注重课程改革的连续性和可持续性，适应新时期教育发展的新要求，积极开拓，大胆试验。”

随着课程改革全面展开，新的理论和实践问题不断进入研究者视野，教学论不断拓展与深入，具体表现在以下方面：

第一，围绕基础教育课程改革开展深入研究，新的教学理论层出不穷。在基础教育课程改革过程中，围绕主体性教学、发展性教学、反思性教学、创造性教学、个性化教学、差异性教学、合作教学、探究教学、体验教学、情境教学、活动教学、对话教学、交往教学、理解教学、尝试教学、自然分材教学等问题进行探讨，各种教学理论不断涌现，从不同角度推动教学论发展。

第二，教学论理论基础不断拓宽，跨学科研究推动了教学论发展。经过改革开放以来的发展，我国教学论逐步走出了苏联凯洛夫教育学的单一体系，传统的教学认识论思想在基础教育课程改革中受到了挑战。新的教学实践问题对教学论发展提出了新要求，教学论领域积极引入其他学科理论以进一步拓展教学论体系，从而更好地应对日益复杂的教学实践问题：一是继续深化与哲学、心理学、系统科学等学科的交叉与综合，推动教学哲学、教学心理学、教学系统论、教学认识论、教学研究方法论等领域发展；二是从生态学、文化学、社会学、人类学、现象学、解释学、创造学、信息科学、思维科学、模糊数学等新学科视角切入，为教学论发展提供新的理论基础与思维方法。通过打破学科壁垒、加强跨学科研究，教学论得以综合吸收其他学科的理论和方法，有利于全方位、多维度地研究教学现象，探索教学规律。

第三，信息技术与课程教学日益融合，“互联网＋教学”成为教学论发展的新热点。进入21世纪，信息技术向人类生产和生活的各个领域全面覆盖，“互联网＋教学”对传统的教学理念、教学方法、教学组织形式等提出了挑战，也为教学理论发展提供了契机。“互联网＋教学”引起了课堂教学变革，教学论研究者和教育实践工作者积极回应“互联网＋”时代下教学实践对教学理论的发展诉求，对慕课、微课、翻转课堂、智慧课堂、混合式教学等新型教学方式开展了一系列研究和探索，较为全面地分析了信息技术和教学理念更新、教学过程优化、教学资源共享的整合，并深入探讨信息技术与教学设计、教学组织、课堂讨论、课堂作业、教学评价等教学环节的融合。

二、国外教学论发展的人本走向

教学活动的主体是人，教学论在某种意义上也是“人”论，是人的主体价值和生命价值的反映。虽然国外教学论发展中的人学立场都经历了从“无主体”到“单极化”的变化过程，但是从教与学及其主体的内生关系来看，坚持师生共生主体的人学立场是教学论发展的必然价值方向。

纵观国外教学论发展中“人”的地位变化，我们可以清晰地看到教学论人学立场的遮蔽与回归的基本脉络与发展趋势。

但自赫尔巴特确立了教育学的科学地位以来，教学论的科学化发展步伐逐步加快，尤其是20世纪以来，教学论的发展进入了分化时期，以赫尔巴特为代表的传统教学论受到了以杜威为代表的现代教学论的否定和批判。不仅以凯洛夫为代表的教学论思想成了社会主义国家教学论思想的一面旗帜，而且，自20世纪中叶以降，教学论流派进一步多样与分化，并逐渐形成了“科学主义”“经验主义”和“人本主义”三大阵营，并分别呈现出侧重“关注方法”“关注知识”“关注人”的三大特征。国外教学论思想很多，但大体上可以归结为上述三大阵营。

赫尔巴特学派是科学主义教学论的先驱。受其影响，以斯金纳的程序教学、布鲁纳的结构主义、巴班斯基的教学过程最优化理论和瓦根舍因的范例教学、凯洛夫的理性主义为代表的“科学主义”教学论，注重教学规律和教学技术的习得性探究，“把教学主要理解为一个认知、理性和逻辑的过程，注意探寻教学的普遍规律和通用模式，在教学目的方面强调科学知识、技能和智慧的习得，在教学过程方面强调教学的精准性、控制性、计划性，在课程内容方面注意吸收科技发展的最新成果，在教学手段方面重视新技术工具的使用”，其主要特征是“重视‘科学’因素而忽视‘人’的因素”。

以卢梭的发现教学和杜威的儿童活动中心、皮亚杰的建构主义为代表的“经验主义”教学论，更加注重儿童经验的获得及其以直接经验为主要知识来源的自我建构的教学价值取向。在教学方法上，强调以活动为主的参与式和体验式实践教学，其本质是一种实践知识取向的教学论。其主要特征是重视“人”(学生)的“经验本位”。以赞科夫的发展性教学、罗杰斯的非指导性教学、洛扎诺夫的暗示教学、阿莫纳什维利等人的“合作教育学”为代表的“人本主义”教学论，则将教学看作激发人的潜能、满足人的需要、服务人的发展的途径，认为教学过程即人的自主发展和自我实现的过程，“把教学主要视为一种个性交往、情感交流、艺术创造的过程，以价值实现、情感满足、艺术感受、心灵沟通等为教学的基本追求，在课程方面突出人文知识的重要性，在教学方法上推崇即兴发挥、灵感直觉和主观感悟”，其主要特征是“重视‘人’的因素而忽视‘科学’因素”。

三、当代教学论的发展

改革开放以来，尤其是近20年，中国课程与教学论无论是理论的深化抑或是学科体系的构建，都取得了较大进展，主要体现在：建立了较大规模的博士、硕士学位点和专属性的学术期刊、学术团体；确立了较为稳固的学科地位；形成了庞大的学科研究队伍并催生了一批学术精英、学科骨干；涌现了一系列标志性研究成果；推进了学术交流进而深化了基本理论问题研究，完善了子学科群结构层次。成绩固然喜人，但我国课程与教学论学科仍显“稚嫩”，发展过程中亦暴露出一些不足。

四、小学数学课程与教学论当前的状况及建设策略

(一) 小学数学课程与教学论当前的状况

作为培养数学师范生主干课程的“数学教学论”，它的研究对象“是什么”一直是备受关注的问题。美国汤姆·凯伦所写《数学教育研究——三角形》一文中，把数学教育课程的研究对象形象地比喻为三角形，即以数学教

学论、数学学习论和数学课程论为 3 个顶点而构成的三角形。由此，数学教学论可以看成数学教育研究课程的子课程，它的主要任务是研究“如何教”的教学方法问题。围绕数学教学论，研究范围应该包括：研究数学教学的价值，探讨“为什么教”的问题；研究数学教学的原则，揭示数学教学的基本规律；研究数学教学过程的本质和数学教学过程的设计，探索有效教学的基本途径；研究数学教学方法的科学体系和具体教学方法的运用；研究数学教学内容与现代教育技术的有机整合；研究教学环境与教学条件创设的科学化；研究数学教学效果的科学测定与评价；研究数学教学的教学研究活动。当然，数学教学论是以一般教学论和教育学的基本理论为基础的。与数学教学论密切相关的学科还有数学、数学史和数学方法论、心理学、哲学、逻辑学等。

它是由以往的教学法发展而来，伴随教学所进行的一些教育改革，人们已经深深地认识到这门学科当前的发展已经不能适应当今的学习环境，根本不能满足如今的教育发展需求，因此人们必须重新对数学这门学科当前的现状加以分析。

1. 课程内容过于陈旧，不能满足新课程实施的需要

(1) 课程理论的最新研究成果并没有被充分展现。传统意义上的“课程”一般是指学科的教材内容，“教材”几乎已经等同于“课程”，随着持续深入地研究、从多个角度重新对课程理论加以审视，人们对课程有了新的认识：它是目标、计划，同时也是经验，不再仅仅是教学材料。同时，课程被人们从“理想课程”“理解课程”“文件课程”“实施课程”以及“经验课程”等多个层面加以诠释，提出了“显性课程”和“隐性课程”等新的概念，进一步丰富了课程的内涵，但是这些最新的课程研究成果却没有被及时反映在学科教学论上，成为该研究很大的欠缺。

(2) “建构主义学习观”等学习理论的实质没有被充分体现，“建构主义学习观”在近几年得到了普遍的推行，它体现了学生主动构建学习内容的观念。这一理论在新式课改里，有效应用主要体现在新课程学习方式所倡导的“自主、探究与合作”和新课程学习理念所推崇的“发现学生主体对知识的建构”上。但是由于受到以往的教学观念的束缚，传统教学理念的影响，教学论忽视了讲授学习理论知识的重要性，导致教学仍然依靠死记硬背，这样的做法使学生根本不能主动地参与到教学过程中，久而久之，逐渐丢失了本应该具备的探究欲望和创新精神，甚至是最基本的主体意识。

2. 学科自身特色体现不充分

在过去的长时间里，人们一直过分地依赖于教学论，并且未将其和自身学科进行互融，并未重视探讨数学教学的规律，进而没有体现出数学这门学科的个性，在研究的视角以及技巧上也没有特性。

3. 学科队伍薄弱，知识结构不尽合理

教学论本就是新兴的一门课程，它发展比较缓慢，并且各个高等院校也没有对此加以关注，所以降低了这门学科的层次，但是这门学科又注重实践和理论之间的互相结合。不仅如此，它还对教师在理论方面的素养有要求，但是如今的师资团队仍难以符合教学工作的实际要求。就实际情况来讲，这门学科的团队能够分成如下几类：第一类，具备一些理论知识但缺少实践的博士以及硕士；第二类，缺少理论素养但是实践较多的中学教师；最后一类是两方面均比较欠缺的人。如上几类情况均严重制约了学科的发展。

（二）“小学数学课程与教学论”课程建设的策略

从新式课程的新理念与数学教学论的当前情况出发，我们一定要加快“小学数学课程与教学论”的建设速度，并对上述所存在的缺陷还要提出一些合理化的解决方法。

1. 明确课程性质，确立新的教学内容

从教学方法慢慢地发展为小学数学课程与教学论，这门学科已经不将传授方法当作核心内容，它已经发展成为一种应用型理论科目，它当前的任务就是建立学科理论。除此之外，积累实践性经验还是它主要的任务。建立理论知识不但能够反映目前教学理论的进步，同时还要根据当前所提倡的教学理论，结合以往的教学经验，来集中反映改革之后的教学成果，让构建的理论知识可以引导当前教学改革实践。

2. 体现学科特点，凸显学科特色

学科的教学特色作为教学论发展的基础，只有数学学科具有特色，才能够形成独具特色的教学论，所以，教师要注重凸显数学这门学科的特色。古往今来,因为人们始终过分地依赖于教学论,所以在对理论进行确立的过程中,一直实行“拿来主义”,并未能够把教学理论知识和数学学科自身的特点以及教学实践进行结合。数学学科的教学规律就是揭示数学课程与教学论的基本内容。

3. 加强学科队伍建设,提高教师的综合素质

对于研究范式的改革和学科体系的创新和推行,仍需要该学科高素质教育职工来执行,因为强大的师资力量才是促进学科发展和建设的必要条件。因为该学科归类于“应用型理论学科”,它的特别之处在于实践和理论的密切结合。所以,本学科的所有教师搭建合理的知识框架理当从以下四点着手:第一,要具有一定的专业知识,只有根据其学科特点,才能对学科所特有的教学规律进行探讨,并确定出合适的方法;第二,一定要把本学科所具有的特殊性与一般的教育概念相结合,形成自己的教育理念素养;第三,学会利用当前的一些现代化教学用具,能够制作一些相关课件,懂得现代教育手段以迎合教育化信息化需要同样也是重要方面之一;第四,该学科的教师一定要具备一些基础性教育的教学经验以及基础,以便于适应该学科特有的实践性。

(三) 教学论学科发展的未来展望

新中国成立以来,教学论学科在取得重要进展并有力推进教学实践改革和发展的同时,如何走出学科的存在性危机和发展进程中的“迷茫期”,需要基于学科定位、学科范式、学科发展道路的历史回顾及对各种学术观点和歧见的理性反思,正确选择学科发展的未来走向。

1. 学科定位由“两极化”走向“中介化”

“两极化”与“中介化”是教学论学科定位的现实状态与应然状态的两种不同表征。从现实发展看,教学论的学科发展既没有得偿“乐观派”之所愿,迎来教学论枝繁叶茂的学科繁荣,也没有像“非教学论”主张的那样,归入课程论或心理学的学科范畴。王策三先生早在20世纪90年代初就提出,夸美纽斯《大教学论》以来,通过向上、向下以及横向的分化与综合,“教学论学科正在发展为一个学科群”,问题是分化之后“剩下的一般教学论究竟是什么

性质的学科?”这些追问为教学论的学科定位及其未来走向提供了重要启示。教学论具有开放性和多元性,而不应束缚于某种先在或固化的学科体系框架之中。在本书研究所得出的教学论研究热点聚类群中,紧随“教学论”之后是“课堂教学”“理论与实践”“语文教学”“课程论”“教学研究”,足见教学论应当扎根教学实践特别是学科教学的理论和实践土壤之上,这才是教学论发展的源头活水。如何打破两极分化对立及其带来的教学论学科危机,社会学提出的介乎于日常研究中低层次的而又必需的微观理论与无所不包的系统化的宏观理论之间的中层理论,或许为我们提供了一条“中介化”发展出路。

2. 学科范式由“普化”走向兼重“普化”和“具化”

“普化”与“具化”是指教学论的普适化与具体领域化两种不同的学科范式。中国当代教学论的发展,无论是教学认识论,还是教学要素论,抑或“生命·实践”取向的教学论,其学术源头、核心观点和生成路径各异,但都面临一个共同的课题即理论与实践、归纳与演绎之间关系的处理与构建。显然,执其一端都存在先天性缺陷。因此,固守教学论(尤其是普通教学论或一般教学论)的一尊地位,难以适应人民日益增长的多样化个性化教育对教学实践的现实要求,在学科范式上应当兼顾“普化”和“具化”,促进普通教学论与具体领域的教学论的互动与融会。正像德国教学论专家希尔伯特·迈尔教授形容的那样,两者犹如织针与毛线的关系一样,学科教学论像是毛线,而普通教学论就像织针,没有学科教学论,普通教学论只有织针而没有毛线,什么物品也织不出来;相反,没有普通教学论这根织针,学科教学论这团毛线就乱作一团,也织不出什么物品。

3. 学科发展道路由“歧化”走向“融化”

“歧化”和“融化”代表教学论的发展道路之国际化与本土化关系上的两种不同取向。引入和借鉴国外教学论是中国教学论研究及学科发展的一种重要路径,但一个不争的事实是,单纯的国际化或本土化都难以实现教学论由传统向现代的转型发展。“现代教学论就是适应现代社会的需要,把受教育者培养成适应现代社会的一代人的理论。”“必须以宏大的社会和教育以往的历史为背景,以现实的教育教学的要求为基础,以未来的目标为归宿而进行高度的抽象与概括。”尤其是人类面临许多共同挑战和机遇，知识和教育将被视为“一项全球共同利益”“这意味着知识的创造、控制、习得、认证和运用向所有人开放，是社会集体努力的结果”。一种由正式学习、非正规学习以及非正式学习混合构成的多样化和复杂的学习格局正在形成。由此带来学习空间、时间和关系的深刻变化，正在使各个国家、民族和文化背景的教学理论和实践站在一起。

思考题

1. 阅读作业：找一些关于数学史的书籍或资料，阅读并思考。
2. 探究小论文：经济发展对教育发展的影响。

第二章 小学数学课程与教学的组织与实施

知识要点与思政目标

知识要点	思政要点	案　例
小学数学课程教学的基本原则	责任担当、文化自信、文化自觉、学科素养、教育情怀	通过设计题目探究过程培养学生的学科素养、责任担当、文化自觉、文化自信
		通过设计内容,来增广学生的见闻,培养学科素养、教育情怀
小学数学教学过程分析	文化自信、教育情怀、综合育人	通过内容阅读,来增长学生的见闻,培养学生的文化自信、教育情怀、综合育人
小学数学课程与教学的组织与实施策略	学科素养、教育情怀、综合育人	通过课程实录,培养学生的学科素养、教育情怀、综合育人能力

知识目标

知识目标1:根据新课程标准"以人为本"的教学目标要求,使学生通过对小学数学教学基本原则的学习,理解符合学生年龄特点和接受能力的原则,认识小学数学及小学数学知识,完善小学数学知识结构。

知识目标2:通过对小学数学教学过程的分析,研究学生掌握小学数学课程教学的基础知识和基本技能的路径。

知识目标 3:使教师形成从事小学数学教学的能力,为做好一名小学数学教师打下坚实的理论、实践基础。

问题导引

随着我国基础教育课程改革不断深入推进,小学数学教学作为发展学生数学思维、提升学生综合素质的课程,该如何提升小学数学教学组织和实施的有效性,提升数学教学质量呢?该如何分析教学过程、组织实施数学教学呢?

第一节　小学数学课程教学的基本原则

教学原则是教学规律的反映、教学经验的结晶,是指导教学工作的基本要求,也是教师在教学工作中必须遵守的基本准则。同时,新课程标准指出,数学教学原则应该作为课程研究的一项重要内容。

在一般教学原则的指导下,各学科的教学还应遵循符合本学科特点和学生年龄特征的学科教学原则。

我国广大的数学教育工作者和数学教师根据小学数学的特点、教学实践经验和学生的年龄特征,总结出了许多行之有效的小学数学教学原则。

一、严谨性与量力性相结合的原则

(一) 数学理论的严谨性

严谨性是数学学科理论的基本特点之一,它主要是指数学逻辑的严密性及结论的精确性。数学的严谨性要求数学结论的叙述必须精练、准确,推理论证须缜密、言必有据。这种严谨不仅体现在数学解答的过程中,还包括语言、符号的规范性,要求学生语言精确、思路清晰。那如何指导学生进行规范的数学表达?针对学生存在的在解题说理方面不严谨问题,教师应当剖析其表现及原因,给予方法指导,切实提高学生数学解题的严谨性。

[案例]

四(1)班 32 名同学要租船游玩。租船处写着"每条大船限载 6 人,租金 30 元/条;每条小船限载 4 人,租金 28 元/条"。怎样租船最省钱?

学生得出最省钱方案:租 4 条大船,2 条小船。然而教师在批改时对于钱数到底要不要算,不算要不要扣分产生了很大的分歧。有的认为不应扣分,学生都能搞清怎样租船最省钱,没必要算出钱来;有的则认为这样答题要扣分,理由是只有通过算钱才知道哪个更便宜,不算钱,就是答题不完整,有瑕疵;还有的认为答题不够严谨,如果宽一点可以不扣分,紧一点就扣分。

由此可见,教师在答题的严谨性上有不同的认识。有的认为四年级的学生能写个大概就行,不必在意细小的问题,也没必要扣分;有的认为习惯要从小养成,基本的要点步骤必须齐全。关键性的步骤少了,就该扣分,解题过程也是一个推理过程,不仅要自己心里明了,更要让阅卷人感到顺理成章、思路连贯。

(二) 对学生的量力性

教育的本质是使学生得到全面的发展,这种发展的具体表现主要是:理解和掌握的知识技能越来越多;对数学思想的感悟越来越深入,思维能力不断提高;良好的学习习惯逐步养成,人格不断健全。要使学生获得这样的全面发展,必须认真落实学生的主体地位。

在掌握数学学科的严谨性方面,必须根据学生的知识水平和接受能力量力而行。对学生的量力性,应该注意以下两点:

(1) 对数学严谨性的要求,只能逐步适应。开始学习时往往都是不够严谨的,理解上依赖于直观,解题中依赖于模仿。因此,在教学中必须顺应学生认识的发展规律，要求恰当，量力而行，要有计划、有步骤地逐步提高要求。

(2) 学生智力发展的可塑性很大。小学生思维尚不成熟，还处于一个启蒙阶段，行为与思维多与兴趣关联紧密，对新鲜事物的求知欲很强，但也容易被新事物分散注意力。小学生的意义识记也尚未成形，多为机械性、模仿性以及选择性的记忆，主观能动性和自主学习能力相对较差。但是由于小学生拥有极其丰富的好奇心和强烈的求知欲，因而其创新思维的潜力巨大。在成长过程中，小学生的自我评价和自我意识在所见所闻中不断发展，性格也在逐步形成。因此，教师应了解学生成长中的不同变化和每个时期的特征，针对性地设计教学方案。

(三) 严谨性与量力性相结合

数学学科是严谨的，学生认识数学科学又要受量力性原则的制约。因此，在数学教学中，既要体现数学科学的本色，又要符合学生的实际，这就是严谨性与量力性相结合的原则对数学教学的总要求。一方面对数学教学的各个阶段要提出恰当而又明确的任务，另一方面要循序渐进地培养学生的逻辑思维能力。

在数学教学中，主要通过下列的各项要求来贯彻严谨性与量力性相结合的原则。例如，在小学初始学习竖式运算时，数位对齐，小横线借助尺子画整齐就是严谨。

(1) 教学要求应恰当、明确。要针对学情向学生提出具体的要求。

(2) 教学中要培养学生严谨的思维品质和准确的语言表达。在新课标中，要求学生“会用数学的语言表达现实世界”，因此，在教学中应该要求学生掌握精确的数学语言。在教学过程中逐步用“你能找出图中有哪些数学信息吗?”“你能提出哪些数学问题吗?”引导学生用数学语言去表达，并用“你觉得他说得对吗?”“你觉得他说得完整吗?”“谁还能有更完整的数学表述?”等语言引导其思维，使学生逐步形成逻辑严谨、思路清晰、语言准确的优秀品质。

因此，数学教师的语言应该既简练又精确，力争达到规范化的要求。要防止随意制作定义，乱下判断的现象在教学中出现，不能为了通俗易懂，就用含义不十分确切的生活用语来代替数学术语。

(3) 教学中注意由浅入深、由易到难、由已知到未知、由具体到抽象、由特殊到一般地讲解数学知识，要善于激发学生的求知欲，但所涉及的问题不宜太难，不能让学生望而生畏，这样才能取得好的教学效果。

例如，在人教版小学一年级上册“认识图形(一)”中，学生的口语描述“长方体是长长方方的”，这种语言内容针对小学生的学情，就是非常严谨的描述。但在人教版小学五年级下册“长方体与正方体”中，再针对学生学情，这样陈述就是不严谨的，而应该描述为“长方体是由 6 个长方形(特殊情况有两个相对的正方形)围成的立体图形”。在这个例子中，对应年级教学的内容和语言表达是严谨的，同时，教师对数学语言的准确表达需要遵循学生身心发展规律以及具体的教学内容。

总之，在强调严谨性时，不可忽视学生的可接受性；在强调量力性时，又不可忽视内容的科学性。只有将两者有机地结合起来，才能提高教学质量。

二、抽象与具体相结合的原则

(一) 数学的抽象性

数学是对客观对象的空间形式和数量关系这一特性的抽象。数学的抽象性还表现为高度的概括性和应用的广泛性。概括，就是把从部分对象中抽象出来的某一属性，推广到同类对象中去的思维过程。数学的抽象性还表现为广泛而系统地使用了数学符号，具有词语、词义、符号三位一体的特性，这是其他学科所无法比拟的。例如“平行”这个词，其词义是表示空间中直线与直线、直线与平面、平面与平面的一种特定位置关系，有专门符号“//”表示，并可用具体图形表示。数学的抽象是一个逐级抽象、逐次提高，抽象再抽象的过程。数学教学中充分注意到这个特点，就能有效地培养学生的抽象概括能力。由于受年龄、理解问题的能力、认识问题的方位等特点的影响，学生的抽象思维具有一定的局限性，要针对学生的年龄、思维、生活与学习经验等进行逐步抽象。

例如，人教版小学数学“1—5 的认识”中，先对物体进行初步抽象，比如一只小狗，抽象为一根小棒，是对物体的初步抽象，物体去掉它的外部特征，抽象为一个集合，用一个小棒代替即可。再进行二次抽象，再去掉小木棒所具备的物质属性，抽象出数学符号“1”，由此形成数字“1”这个符号具备的数学属性，也是最终抽象和高度概括。为了体现数学符号“1”所具有的应用的广泛性，体现其集合属性，可以让同学们再举例，如：1 位老奶奶、1 栋房子等。

（二）化抽象为具体原则

数学理论的抽象性与学生抽象思维的局限性是小学数学教学中的一对矛盾。如何处理好这对矛盾的关系，关键在于正确认识具体与抽象的基本关系——具体是抽象的基础，抽象又以具体为归宿，且有待于上升到高一级的抽象。

在小学数学教学中，首先，应该注意从实例引入。灵活选用实物（包括教具）直观、模型直观和言语直观，调动多种感官参与，形成直观形象，提供感性材料，这是促进和发展学生抽象思维能力的有效途径。应注意从特例引入，讲解一般性的规律。数形结合的方法作为直观化的一种重要手段，有利于学生分析、发现和理解。在小学数学教学中，为了培养和发展学生的抽象思维能力，教师的主要任务在于创设具体的数学情境，引导学生积极参与教学活动。小学阶段的数学知识往往都是比较接近实际生活的，以生活中的一些简单数学问题为起点。只有教师在教学过程中把书本上的知识实实在在地反映到生活中来，才更加容易让学生理解知识。其次，教师要善于运用数学模型。为了教学的方便，很多学校都具有不同的教学模型或者道具，都是为了让学生能够更好地理解数学知识而设立的。最后，教师要强化学生的数学思维。数学思维不同于其他学科的思维，数学思维一方面讲究抽象性，另一方面讲究务实性，教师在教学过程中只有不断培养与强化学生的数学思维，才能更好地培养学生的数学运用能力，真正培养学生的数学能力。例如，在讲解“图形的认识”相关知识时，如果教师只是按照教材的内容给学生讲解，很多学生就只会认识课本中的图形，在实际中就分不清楚，这个时候就可以多给学生举一些生活中的实际例子，文具盒是什么形状？黑板是什么形状？让每个学生说一说生活中的图形，这样既落实了数学教育，又可以让学生体验到生活处处有数学的道理。

三、数学活动教学原则

学生学习的数学理论知识，是经过前人若干世纪的实践锤炼、整理而形成的，它与现实世界有密切的联系。理论联系实际原则就是尽可能地从学生已有的生活经验出发，注意突出某些数学对象的实际背景，培养学生运用数学的意识，使抽象的理论化的数学与现实原型紧密结合起来。应用这一原则进行教学时，应该注意以下几个方面：

(1) 注重小学数学与实际的联系。在教学中，教师必须从实际出发，从学生熟知的生活出发，创设适当的数学情境，逐步教会学生解决数学问题，逐步达到数学知识与实践的统一。

(2) 掌握好理论与实践相结合的度。在小学数学教学中，如何创设数学情境，使之与要学习的数学知识密切相关，从而有利于培养学生提出问题的能力；学生应当掌握哪些典型实际问题，根据数学情境提出数学问题应该达到什么程度与要求，根据数学建模的思想方法，从实际问题中抽象出数学问题的训练；如何有计划地培养学生的抽象能力、分析与综合能力、类比能力等各种能力，进而建立数学模型，解决数学问题，从而解决实际问题，都需要有计划、经常化、全面地进行考虑。

2022 年版课程标准将“基本数学活动经验”作为数学学习的“四基”目标之一，并指出：“学生在获得知识技能的过程中，只有亲身参与教师精心设计的教学活动，才能在数学思考、问题解决和情感态度方面得到发展。”其中提到的数学活动有观察、实验、猜想、证明、综合实践等。数学活动有两个基本特点：主动性和合作性。也就是说，数学活动是学生的一种主动的合作学习。这种形式的学习可以极大地培养学生理论联系实际的能力。

[案例]

这一年我有一个星期代替一位一年级老师上数学课，这位老师有个习惯，每次上课之前她总要在黑板上写几道题让来校较早的学生在上课以前做，一般是十以内的加减法，很少超过10，从来没有超过20。

有一天，我忘了在黑板上出题目，有两三个学生进了教室，一看黑板上没有题目。想了一会，问我能不能让他们把问题写在黑板上。我说："可以，写吧。"他们开始出了一些和往日相仿的题，接着胆子大起来了，出了像"70＋20＝？"这类题目。在计算的时候他们经常发生争论，但总是要等到他们确实知道该怎么做时方肯罢休。他们往往能在短时间内就取得一致意见，而他们所同意的答案总是对的……他们很少前来要求我帮忙，只有在他们争论不休时，他们中的一部分人确信自己是对的，在那种情况下才来问我。过不久他们开始做"200＋400"，甚至"235＋500"或"340＋420"之类的题目。一步一步地他们的题目越来越复杂，学生们——不是全部，但数目相当大——自己研究出绝大部分加法的运算法则。在一个星期之内——每天只用几分钟时间做这类题目——他们完成了学校准备花几年教他们的内容。

一个星期过去了，我离开了这个班……但是据我所见，使我感到，如果数学是按照它的本来面目来对待的话——一个可供探索的领域而不是去学一大堆干巴巴的事实——学生们，至少是许多学生，将以我们难以置信的速度进入这个领域。

分析：这是一项儿童自发的数学活动，但具备数学活动教学的基本特点，取得的效果却是惊人的。从这个案例可看出，活动教学具备以下优点：

(1) 全体性。即全体学生都在小组中参加数学活动。

(2) 自主性。学生可以自主决定学习方法、学习进度，甚至决定学习目标和学习内容。

(3) 探究性。教师不解释、不示范，学生自己提出问题、分析问题、解决问题。

(4) 合作性。学生之间有交流、讨论、分享，完成共同的学习任务。

四、巩固与发展相结合的原则

巩固与发展相结合，是数学的教学原则之一，它是由小学数学的课程目标、教学特点与规律所决定的，是受人的记忆发展的规律所制约的。巩固是为了发展知识，而发展了的知识反过来又可以促进知识的牢固掌握。

(一) 学会阅读是巩固与发展相结合的基础

数学教材是数学课程教材编制专家在充分考虑学生生理心理特征、教育教学原理、数学学科特点等诸多因素的基础上精心编写而成的，具有极高的阅读价值。因此，培养学生的阅读能力，必须成为数学教学的一种时刻性意识，要将培养学生阅读灌输到平时的每一堂课中。

数学阅读能力是数学能力不可或缺的一部分。数学阅读能力能够帮助学生提高学习效率，更快地理解数学材料的内涵和逻辑，高效整合数学材料。比如，减少不必要的丢分。无论是考试还是平时做题过程中，很多学生都会由于“看错”“粗心”而丢分，这不是小概率的情况，而是从小学甚至到后续的学习中都普遍存在的情况。因此，数学阅读能力的培养能够有效降低这种情况出现的概率，让学生更准确、高效地理解题意，避免误判。

第一，立足教材，带着问题去阅读。有明确目的的阅读能够提升学生的阅读效率，学生就更能注意到重点的内容，对阅读材料的主旨也能有一个大致的把握，阅读起来也就更加得心应手，不容易理解错误或遗漏重要信息，或是在不必要的内容中花费过多的阅读时间。而且这种阅读模式还能促进学生养成总结的习惯。没有总结这一步骤的阅读是低效率、低收益的，无论是教师还是学生都应当建立起重总结、有目的的阅读观念。

[案例]

问题探究是自主学习中的有效学习形式，是发展学生思维能力、提高学生数学学习效率的主要活动方式。所以，在“除数是两位数的除法”这节课的教学中，我创设了下面的问题情境来引导学生进行思考交流活动。

(1) 有80面红旗，如果要分给每个班20面红旗，请问，能够分给几个班？

(2) 一本故事书有120个小故事，如果小明想要30天读完，思考：每天应该读几个小故事？

(3) 想一想：$83 \div 20 \approx$________；$80 \div 19 \approx$________。

……

鼓励学生带着本节课的教学目标对上述问题进行思考，说一说该如何计算最为方便，为什么要这样计算。

比如，有学生说：80是由4个20组成的，所以，可以分给4个班，即：$20+20+20+20=80$。

有学生说：我们可以把80看作8，把20看作2来进行计算，即：$80 \div 20=8 \div 2=4$

……

鼓励学生从自己的生活经验入手说一说自己的观点，这样的自主探究学习不仅能提高学生的知识灵活应用能力，同时，也能强化学生对除数是两位数的除法核心思想的理解，进而提高学生的知识应用能力。

第二，独立思考，以解决问题的态度去阅读。教师在日常教学中可以更多地增加一些实战解题的机会，让学生尝试独立思考，分析题干主旨，拆分、归纳、整合题干信息。例如，在学习五年级上册第七课“数学广角——植树问题”时，教师先提出一个具体的情境，将其作为本堂课学习间隔的案例习题：“学校开展植树活动，组织同学们一起为城市植树。现在同学们要在20米长的马路一侧上植树，每隔5米植一棵树，马路的两端都要植树，那么一共需要植多少棵树呢？同学们仔细阅读题干，一起开动脑筋思考吧。”教师给学生留出阅读题干的时间，让学生自主思考5分钟，充分理解题干的意思，将有效信息一一整理出来。在学生自主思考的过程中，教师可以进行一些言语提示，包括“同学们要仔细审题，不要错过信息哦”“题干的每句话都要仔细阅读、理解”“同学们有没有找到所有的信息呢”等。5分钟时间到，教师可以带着学生一起阅读、分析题目，逐句理解题目要求，依次将阅读中获取的信息清晰明白地板书出来，然后进行解题、计算。这样能够让学生在阅读中培养阅读的习惯，通过独立解题，不断熟悉和精进阅读技巧。

[教学阅读材料]

一提起数学，很多人觉得想要数学好就得多做题，其实数学不光是练出来的，更是读出来的。通过阅读，学生形成了较好的数学思维，做起题来更是事半功倍。

在人们的惯性思维里，阅读是文科的事情，如语文、英语等科目，跟理科关系不大，特别是数学这一门科目，直观地认为数学不需要阅读，只要记住知识概念、基本公式、定理等就可以了。

其实这是一个很大的误区，数学知识看似“分散”，实则紧密联系，任何新知识的出现，需要建立在“旧知识”的基础上，这就强调一个知识的连贯性。在数学的学习过程中，仅仅关注数式的演算步骤，而忽略对数学语言的理解，这相当于摒弃了数学思维能力的建立。

数学成绩好跟阅读理解能力好是分不开的，众所周知，解数学题的时候，我们都需要先理解题然后才能进行解题。一旦理解错误，解出来的答案也一定是错误的。数学比较难，理解难，思考难，而数学阅读对于促进理解、思考具有不可替代的作用。因此，学习数学应该有3个环节：听课，做题，读书。读书就是“数学阅读”。

进入初中后，与小学完全不同，有越来越多的学生开始听不懂数学课。进入高中以后，有些初中数学成绩比较好的学生也开始听不懂数学课，有的学生甚至出现了一个学期都没有听懂数学课的现象。是什么原因导致这种现象发生呢？问题就出在“缺少了数学阅读”。

为什么学数学也需要阅读？

很多国际大规模学力测评已经证明：数学阅读与数学学业成就呈正相关，也就是说会阅读的人成绩更好。

从具体教学中也不难发现，数学阅读的好处非常多：

(1) 增强对数学学科内容的好奇心和兴趣。

(2) 拓宽数学知识视野，知晓更多数学与社会生活的联系。

(3) 学习在课堂学不好的方法与数学思想。

(4) 培养自己攻克难题坚持不懈的意志品质。

(5) 培养自己“数学家”的眼光与慧眼，形成良好的思维方式与思维习惯。

(6) 体会数学的内在美，感受数学学科的魅力，走上数学研究之路。

在这么多好处之间，其实最大的好处就是激发学生对数学的兴趣。

数学游戏、自然界中的数学、数学故事、数学家的故事、数学小历史、生活中的数学等，以上这些，都可以从数学书中找到答案！

在阅读中，学生可以感悟思想方法。数学思想与方法密不可分，它们是数学的灵魂，内涵十分丰富。在小学数学教学中，数学思想方法主要有数形结合、转化、对应、类比迁移等几种。优秀的数学课外读物将学生平时学习到的数学知识、数学方法、数学思想与有趣的故事融为一体，有利于学生感悟数学思想与方法。

阅读能激发学生的创新意识。充满探究趣味的数学课外读物也是培养学生“发现问题—提出问题—解决问题”的意识和能力的一种重要方式。

如何进行数学阅读？

数学有很多数学符号和图形，从小学高年级和初中低年级开始，数学符号和图形越来越多，数学定理越来越多，逻辑思考的体系越来越庞大，越来越严密，并且，那种“纯粹数学”的概念、定理、规则远离日常生活经验的感觉越来越明显，所以，数学阅读中对理解与思考的要求越来越高，学生只有完成从具体到抽象、从零散到逻辑的转折和跨越才行。

对于数学较弱的同学，要跨越数学阅读这个坎，需要相当时间的培养和训练。可以参考下面几个方法：

(1) 至少要阅读例题：读懂例题中的每一步，读懂每一句话、每个公式算式和每个图形。

(2) 课前预习式阅读。

(3) 课后复习式阅读。

(4) 系统性通读式阅读：对整本的教材或参考书籍开展系统性通读式的阅读。

(5) 温故知新回头式阅读：初中时，根据需要可以翻一翻小学教材；高中时，根据需要可以翻一翻初中教材，发现新旧知识的联系，建立起新的更稳定的知识结构。

教师在指导阅读时，也要讲究方法，同时也有很多种方式可以激发出学生的兴趣：

(1) 讲述自己的故事：指导学生读书时，教师可以给学生们讲自己小时候读数学课外书的故事，激发学生的阅读兴趣。

(2) 多种奖励举措，让学生读书热情不减：奖励图书、委任学生做数学小报编辑或主编、奖励学生到图书馆读书、给家长发“奖励孩子买书通知单”等，用新媒体引导学生把课外阅读引向深入。

(3) 说一半留一半：从书中的一个有趣的例子引入，采用“说一半、留一半”方法，吊起他们的胃口，激发读书求索的欲望。

(4) 不动笔墨不读书：指导学生读书时，注意教给他们“做记号”的方法。《深度学习的7种有力策略》一书中强调：你标记得越多，将学到越多。

(5) 读议结合：为了更深一层提高学生的阅读能力，还要“说数学”“议数学”，以说促读，以议促读。由于受认知发展不同的影响，学生阅读和应用不可避免地带有个人特色。在阅读之后，组织学生说一说，议一议，穿插交流一下。让学生分别用文字语言、图形语言、符号语言诠释同一个定理，提高学生的语言“互译”能力。

(6) 读用结合：鼓励学生走出课堂，去阅读生活本身这本大书。不仅鼓励学生学会用眼睛去阅读，还要学会用耳朵去阅读，用手去阅读；不仅会读课本，读教辅，还要会读生活，读生活中的数学。

(7) 不同学生区别对待：每个学生都有自己的特点。正是这些特殊性，造成了我们教学的难度。2000多年前孔子提出过“因材施教”，我们现代更需要不同学生区别对待。在我们备课、上课、批改作业的时候，都需要这样的区别对待，不同层次的学生有不同层次的需求。

（二）有效复习是巩固与发展相结合的核心

遗忘曲线表明，遗忘进程是先慢后快。遗忘在识记时就开始了，据统计，20分钟后已遗忘41.8%，如果时间过长，遗忘差不多时才复习，那就几乎等于重新学习，所以课堂学习的知识必须及时复习，课后把知识回忆一遍，它具有检验效果的作用。及时复习是一种积极主动的活动，需要高度集中注意力，把学过的知识在头脑中“再现”一遍，从而巩固所学知识。

知识的掌握包括感知、领会、巩固与应用四个有联系的层次和过程。感知是由不知到知，领会是由浅知到深知，巩固是由遗忘到保持，应用是由认识到行动的过程。掌握知识的目的在于应用，但如果所学的知识得不到巩固，应用也就成了空话。要巩固所学的知识，关键在于记忆，只有提高记忆力，才能牢固掌握数学基础知识和基本技能。

首先，理解是记忆的基础。数学知识只有在被深刻理解的基础上才能被牢固地记忆。其次，注意数形结合的有效利用。将抽象的数学语言结合直观图形展现，能帮助学生更好地理解题意。最后，通过归纳、类比，引发联想促进记忆。例如，可以进行大单元整体教学：数的概念的扩充，其知识内容一环套一环，在逻辑上是因果关系、从属关系，形成体系化、结构化的知识，有利于记忆。

（三）交流探索是巩固与发展相结合的有效工具

小组合作这种教学方式可放手让有备而来的学生汇报复习整理的成果，把展示空间、提问权利、评价机会交给学生，努力为学生搭建自由发展的舞台。此时教师课前要充分了解不同思维层次的学生复习整理的情况，引导学生有序地进行汇报交流，展示小组中最有代表性的知识体系与整理方式，在全班展示交流时，其他学生可以补充不同观点、质疑问难或分享自己的新发现。

[案例]

五年级下册“长方体、正方体的复习”，在学生汇报交流后教师再以问题为驱动适时强调与点拨。

师：在这些计算方法中，长方体的计算公式，正方体能用吗？为什么？

容积和体积的应用有何区别？

长方体和正方体在实际应用中应注意哪些事项?

假如在实际生活中,我们遇到的是正五棱柱、六棱柱……你有解决的办法吗?

学生课前自主整理的知识带有局限性、片面性,但通过课堂上的汇报交流、补充完善,教师适时点拨、有效引导,使学生对所学知识有一个更加清晰明了、全面深刻的认识。

五、坚持课堂平等互动的原则

教师是数学知识的引导者,学生是数学知识的学习者,只有两者共同努力才可以更好地落实数学教育。由此来看,在课堂教学的过程中,师生之间的互动交流是非常有必要的。首先,教师与学生之间要培养平等的课堂互动模式。其次,教师要注重学生与学生之间的交流与活动。学生与学生之间进行适当的交流与互动,才能更好地了解彼此之间的学习状态、明晰彼此之间的学习方法,才能实现学生与学生之间的优势互补。最后,教师要树立教学相长的教学意识。所谓的教学相长,指的是教师不仅要在教学过程中了解学生学习知识的薄弱之处,同时也要学会在自己的教学总结中明晰自己教学的不足之处。实际上,有效课堂互动与交流能让学生更好学习数学知识、理解数学思维。

第二节 小学数学教学过程分析

教学过程是教师根据教学目的任务和学生身心发展的特点,通过指导学生有目的、有计划地掌握系统的科学文化基础知识和基本技能,发展学生智力和体力,形成科学世界观及培养道德品质,发展个性的过程。

就其本质而言，教学过程是一种特殊的认知过程。因为教学过程是认识的一种特殊形式，旨在使学生在教师的指导下，把社会历史经验转变为学生个体的精神财富。不仅使学生获得关于客观的印象和知识经验，也促使学生个体获得身心发展。

一、教学的四个阶段

遵循辩证唯物主义的认识论，教学过程一般经过以下 4 个阶段：

（一）引导学生获得感性知识

包括通过观察、实际操作（如数小棒计算、剪纸认识几何图形）以及实验等活动丰富学生的表象，并要求这些表象有明确的目的性和典型性，以便迅速有效地达于理性认识，同时发展学生的观察能力、想象能力。

（二）引导学生理解知识

即引导学生由感性认识向理性认识转化达于理解阶段。所谓理解，就是揭示事物之间的内在联系，把新概念在头脑中纳入已知概念的系统，由已知概念向新概念转化，即形成新概念。引导学生学会独立地利用已知概念探索新知识，是发展创造性思维和独立学习能力的中心环节，是不断形成和发展认识结构的基本条件。

（三）引导和组织学生进行实践作业

教学过程的实践形式和一般社会实践形式相比较，既有共同性又有特殊性。口头作业、书面作业、实验、实习、实际操作以及美术、音乐和体育活动等，是教学过程中的特殊实践形式，其目的在于印证知识或运用知识形成各种基本技能和技巧，培养独立学习能力并促进学生全面发展。教学还包括组织学生参加一定的社会生产劳动或必要的社会政治文化活动，以便扩展知识、技能和技巧的运用领域。此外，在教学过程中还要求充分利用学生在生活中获得的直接经验，同时要求防止某些错误的直接经验对学习新知识和技能的干扰作用。学生的技能、技巧的形成，一般是由掌握知识开始，逐步转向半独立作业，并通过合理的练习，达到较完全的独立作业。

（四）检查和巩固知识

无论是在形成感性认识或形成新概念时期，还是在从事实际作业阶段，都包括了合理的检查和巩固工作。而检查和巩固又是构成教学过程相对独立的特殊环节，系统的检查和巩固工作是教学过程继续前进的基本条件之一。检查和巩固是教与学双方的活动，其最终目的是教学生学会自我检查和纠正学习中的错误，并善于充分利用意义识记和逻辑记忆来巩固知识、技能和技巧。教学过程的四个阶段是相互渗透、相互促进的，并具有相对的独立性。但并不是每一堂课的教学都必经这些步骤，因此不能将其作为呆板的公式看待。教学过程既可以由具体到抽象，又可以由抽象到具体；既可以由认识到实践，又可以由实践到认识。

二、教学过程中几种必然的联系

（一）间接经验和直接经验的必然联系

学生认识的主要任务是学习间接经验；学习间接经验必须以学生个人的直接经验为基础；防止忽视系统知识传授或直接经验积累的倾向。

（二）掌握知识与发展智力的必然联系

智力的发展依赖于知识的掌握，知识的掌握又依赖于智力的发展；引导学生自觉地掌握知识和运用知识才能有效地发展他们的智力；防止单纯抓知识教学或只重能力发展的片面性。

（三）掌握知识和提高思想的必然联系

学生思想的提高以知识为基础；引导学生对所学知识产生积极的态度才能使他们的思想得到提高；学生思想的提高又推动他们积极地学习知识。

(四) 智力活动与非智力活动的必然联系

非智力活动依赖于智力活动并积极作用于智力活动；按教学需要调节学生的非智力活动才能有效地进行智力活动、完成教学任务。

(五) 教师主导作用与学生主动性的必然联系

发挥教师的主导作用是学生简洁有效地学习知识、发展身心的必要条件；调动学生的学习主动性是教师有效地教学的一个主要因素；防止忽视学生积极性和忽视教师主导作用的偏向。

三、教学过程中的基本要素

在教学过程中，学生、教师、教学中介、教学方法、教学媒体、教学环境等，是影响教学效果的基本因素，但就整体而言，教师、学生和教学中介是教学过程的三个要素。

(一) 教师

教师是教学过程中的基本要素之一。教师是履行教育教学职责的专业人员，承担教书育人、培养社会建设者、提高民族素质的使命。教师通过承担各门课程的教学，向学生传授系统的科学文化知识，引导他们树立科学的世界观、人生观，指导学生主动地、有效地进行学习，营造良好的教学氛围来促进学生健康、快速地成长。正如前文所谈的，教师在教学过程中的作用集中体现为“点拨”和“引导”。教师是教学过程中的主体之一，他必须根据一定的教学目标，协调教学内容、学生等因素及其关系。

(二) 学生

学生既是教学的对象又是学习的主体。在“教”与“学”的矛盾中，矛盾的主要方面是“学”，即学生的学是教学中的关键问题，教师的教应围绕学生的学展开。学生通过自己的独立思考认识客观世界、认识社会，把课程、教材中的知识结构转化、纳入自身的认知结构中去；学生发挥主观积极性，在主动探究的学习中锻炼自己，发挥自己的才能；学生经过自己的体验，树立正确的世界观、人生观、价值观。

（三）教学中介

教学中介也称为教学影响、教学资料，是教学活动中教师作用于学生的全部信息，包括教学目标，教学的具体内容，课程、教学方法和手段，教学组织形式，反馈和教学环境等要素。

上述教学的三要素之间既相互独立，又相互制约，共同构成一个完整的实践活动系统。教师与学生是教学活动的主要承担者，没有教师，教学活动就不可能展开，学生也不可能得到有效的指导；没有学生，教学活动就失去了对象，无的放矢；没有教学中介，教学活动就成了无米之炊、无源之水，再好的教学意图、再好的发展目标，也都无法实现。因此，教学是由上述三个基本要素构成的一种社会实践活动系统，是上述三个基本要素的有机组合。各个要素本身的变化，必然导致教学系统状况的改变。教师在教学过程中应致力于充分发挥各种要素的作用，改善各种要素之间的相互关系，使之产生一种更大的整体“合力”，从而取得更好的教学效果。

四、教学过程中的重要理念——“以学为中心”

1986 年，联合国教科文组织出版了 *Mathematics for all* 的文集。至此，“数学为大众”成为全球性的数学教育的基本准则。波利亚认为必须坚持“把数学教给所有人”，要让“每个学生从数学教学中获得教益”；弗莱登塔尔进一步指出，并不是教给所有学生同样的数学，而是在学习中使不同的人达到与之相应的不同水平，而其中必存在一个共同的、人人都必须，而且可能达到的水平。在素质教育背景下，教师要注重学生主体地位的呈现，科学转换师生角色，将课堂主动权交给学生。“面向全体学生”还意味着要以真诚的态度对待所有学困生，在教学中促进学困生的转化，让学优生、中等生与学困生在共同的学习过程中，不断反思进而提高自己。以达到全体学生共同进步的目的。面向全体原则，是数学教学原则中实施性原则的基础。

（一）以学习为中心进行小学数学教学的意义

1. 因材施教

每个学生的接受能力和对教材内容的理解是不同的。在统一的教学模式下，教师很容易忽视学生个性的发展和需求。以学习为中心使得教师可以因人而异进行教学，根据不同层次的学生灵活变换教学方式。

2. 灵活实验

教师可以在教学过程中灵活调整教学程序，改变教学与学习方式。一种有效的教学方式可以在课堂反复地使用，可以直接省略掉不必要的程序，也可以与相关的教学程序有机结合，根据教学内容科学调整教学的前后顺序。

3. 信息技术的灵活运用

信息技术的灵活运用可以自由地通过学生喜好，在课程内容讲解中运用相关的视频资料和画面呈现，为学生创造出更佳的教学环境。学校以及社会各界不断完善和提升设施以及教学条件，为学生呈现出更加生动有趣的课堂。

（二）以学习为中心的小学数学教学要求

1. 在小学数学教学过程中重视核心素养教育观念

教师要想切实搞好小学教学过程中学生数学核心素养的培养与渗透工作，就要从自身出发，通过更新自身的教学理念，提升对数学核心素养的关注与重视。具体说来，小学数学教师可以从两个方面出发进行这一工作。一方面，教师要认真研读素质教育的相关要求，加强自身对数学核心素养培养与渗透重要性的认知和理解，促进教师自身从内心深处认可其所具有的价值；另一方面，教师可以积极地参与学校或者教育部门组织的相关专题的数学培训，加强同优秀数学教师的沟通交流，了解他们对数学核心素养渗透的观点看法，了解他们在教材内容中如何有效进行这一工作，从中吸取他人之长为自身所用。这样通过自身的理论学习和相关的经验借鉴，做好教学理念的更新工作,使自身真正关注和重视数学核心素养的渗透。这是小学数学核心素养渗透的重要抓手。

2. 进行多样化的互动活动,密切师生之间的沟通交流

进行多样化的互动活动,密切师生之间的沟通交流,这也是小学教学过程中渗透数学核心素养的重要举措。互动式教学对学生有以下影响。首先,互动式教学能激发学生的学习情感。互动式教学以生生互动、师生互动为途径展开,应用它能够让教师转变陈旧的教学思想,发挥互动模式的优势,让学生在兴致高昂中互动学习,让学生有耐心地探究,从而使数学教学的质量得以提升。其次,互动式教学能拓宽学生的数学思维。应用互动式课堂模式,引导学生结合教学目标去讨论数学知识,促进数学氛围的营造,引导学生思考,让学生在探究数学问题时学习更多的数学文化知识,使学生的数学思维得到拓展与创新。最后,全面提高数学教学质量和效率。互动式课堂其根本在于学生学习方式的转变,全面落实以学生为根本的教学策略,将培养学生学习能力、文化素养、思想品质的教学战略隐藏于互动式课堂教学中,让学生更好地学习数学知识,全面提高数学教学效率。

数学课堂教学不是教师的一言堂,需要师生双方共同参与和配合。因此,要切实做好数学核心素养的渗透工作,单单依靠教师个人的努力是不够的,作为课堂学习的主体,学生的参与也十分重要。故而,密切师生之间的沟通交流,构建和谐融洽的师生关系和课堂氛围,这也是小学教学过程中渗透数学核心素养的重要保障。具体来说,数学教师一方面可以丰富自身的课堂教学方法,一改传统的一言堂,转而积极运用互动教学、小组合作教学等方法,增加师生互动的机会和频率,使师生在不断的知识互动中加深对彼此的了解;另一方面,数学教师可以适当组织安排一些同数学教学相关的趣味活动,并且积极参与其中,进而降低师生之间的距离感。比如,数学教师在进行“年、月、日”的内容教学时,就可以组织趣味日历制作的活动,师生在手工活动中巩固已学过的知识,感受时间的宝贵和易逝,这样轻松愉悦的氛围更能够让学生放下防备和对教师的误解。这对于小学教学过程中数学核心素养的渗透不可谓不重要。

3. 以教材内容为基，密切理论知识同生活实际的联系

小学教学过程中学生核心素养的渗透既是一个长期的过程，又是一个潜移默化的影响过程。为了切实做好这一工作，教师要以教材内容为基，深入挖掘其中的数学文化，且密切数学知识同生活实际的关系当为必行之策。具体来说，数学知识内容繁多复杂，且较为抽象，这就给小学生的学习和理解带来了一定的挑战。推动数学学习的生活化能够在一定程度上提高小学生的理解水平，帮助小学生养成以观察和思考的眼光看待生活事物的习惯。比如，小学数学教师在进行"百分数"的内容教学时，就可以将其同商场中的商品打折联系在一起。教师可以进行这样的例子举证："小明和妈妈一起去商场购买新年服饰，小明挑选了两件同色不同款的衣服，其中一件的价格为230元，新年促销打八折，另一件245元，商场统一优惠力度为满200元减30元，请问小明购买哪一件衣服更加划算？"这样的情景设置既同教材内容密切相关，同时又巧妙地联系了生活，可谓一举两得。

在以学习为中心的小学数学教学中，必须强调以"学习"为重点。因此教师要努力以学生为主体、以教师为主导、以活动为中心来培养学生的自主能力。

第三节　小学数学课程与教学的组织与实施策略

新课程理念下，有效的数学教学要以学生的进步和发展为宗旨，教师必须具有一切为学生发展的思想，运用科学的教学策略，使学生乐学、会学，促进学生的全面发展、主动发展和个性发展。

针对小学数学教学过程，提出以下教学实施方法。

一、树立多元化的教学目标

"义务教育阶段的数学课程，强调从学生已有的生活经验出发，让学生亲身经历将实际问题抽象成数学模型并进行解释与应用的过程，进而使学生获得对数学理解的同时，思维能力、情感态度与价值观等多方面得到进步

和发展。”基于这样的理念，数学课程从知识与技能、数学思考、解决问题、情感与态度等四个方面树立起多元化的教学目标。教学中，不仅要关注知识技能，也要关注情感态度，将智力因素和非智力因素放在同等重要的位置上；数学教学不仅要关注问题解决，也要关注数学思考过程，将结果和过程放在同等重要的位置上。

（一）结合学生知识起点，制定清晰、准确的教学目标

基于教、学、评一致性的原则，教师在制定教学目标前要先掌握教授、学习及评价的相关信息，然后以此为基础确定统一的教学目标。其中教师只是课堂教学的组织者、引导者，学生才是学习的主体。学习效果除了受教师引导的影响之外，绝大部分是由学生决定的，而学生本身知识建构是存在差异的。因此，教师应当全面了解学生的知识建构，并结合评价目标来确立统一的教学目标。例如，在“圆的面积”一课教学中，教师除了要了解学生是否理解面积的概念以及圆的半径、直径、周长等基础概念，还要了解其是否掌握了画圆的技巧。如果教师发现部分学生对圆的基础概念没掌握，就应将此添加到教学目标中，利用课堂教学，引导学生从圆的基础概念到圆的面积概念的过渡，并提出圆的面积和什么有关。

（二）基于课标分解，制定分阶段的教学目标

课程标准是一个宏观层面的教学目标体系，具有综合性、抽象性、宽泛性。教师应仔细研读课标，尝试进行课标分解，将其转化为具体化、可操作的目标，并落实到每一节课堂教学中。例如“圆的面积”一课，其中的知识目标应分为三个阶段：

1. 猜想阶段

这个阶段的目标是让学生知道圆的面积是它半径的平方的 3 倍再多一点。还要让学生直观地观察图形，看出半径的平方是一个正方形，也就是要知道圆的面积与以半径为边长的正方形的关系。这也正是数学思想方法中的数形结合方法，学生可能很容易忘记圆的面积公式 $S=\pi r^2$，但却很容易记住圆这个图形与以它的半径为边长的正方形的关系，从而记住圆的面积

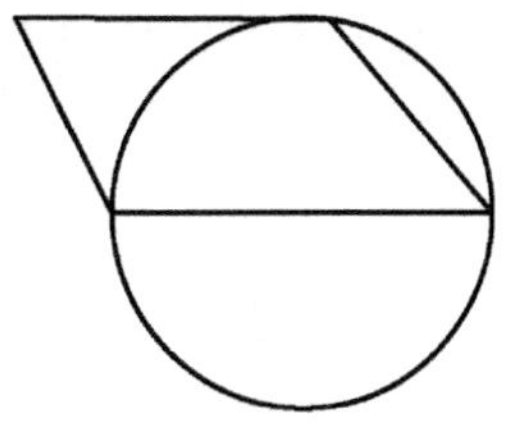

图 2-1　求圆的面积

公式。例如,2018 年古田县教育质量检测五年级试卷的最后一题是这样的:如图 2-1 所示,平行四边形的面积是 10 平方厘米,圆的面积是多少平方厘米?这道题,小学生无法求出圆的半径,但可以求半径的平方,进而求圆的面积。

2. 验证阶段

这个阶段的目标是经历圆面积计算公式的推导过程,掌握圆的面积计算公式,并体会转化的数学思想方法,初步感受极限的思想。通过前面的猜想,接下来要验证,先通过回忆平行四边形的面积公式是怎么得来的,引导学生通过化曲为直,把圆的面积转化成近似长方形的面积,推导出圆的面积公式。2018 年宁德市六年级质量检测就出了这样一道题:如图 2-2,把圆平均分成若干份,再拼成一个近似的长方形。观察拼成的长方形与原来的圆的关系,写出圆面积计算公式 $S=\pi r^2$ 的推导过程。

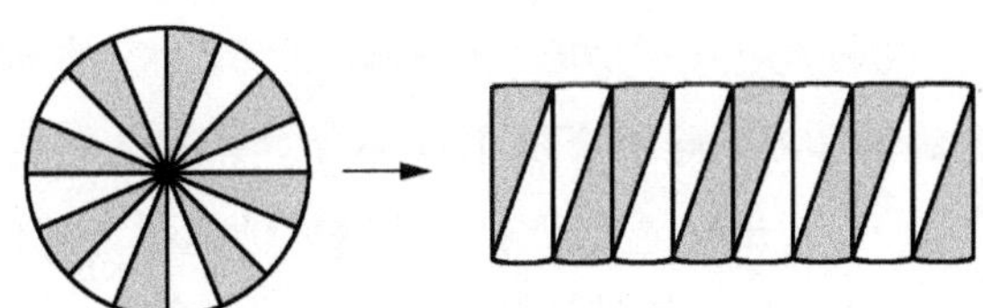

图 2-2　圆面积的推导

学生只有经历了这个转换过程,并对这个转换过程有深刻的印象,才知道长方形的长就是圆周长的一半,宽就是圆的半径,进而推导出圆的面积公式,学生才会完整地完成这道题。

3. 掌握运用阶段

这个阶段的目标是能正确运用圆的面积计算公式计算圆的面积。在学生已经推导出圆的面积公式 $S=\pi r^2$、知道圆的半径以及半径的平方求圆的面积的基础上,对于圆的面积公式的运用显然就水到渠成了。可是在教学过程中,很多教师会忽略前两个例子的教学,使学生对圆的面积公式 $S=\pi r^2$ 怎么来的不甚了解,或者似是而非,甚至会与圆的周长公式相混淆。所以必须把本课的教学目标分成多个阶段，只有这样，小学生才能更好地理解和掌握。

二、创造性地分析使用教材

首先，新课程倡导学生的数学学习内容应当是现实的、有意义的、富有挑战性的，这些内容要有利于学生主动地进行观察、实验、猜测、验证、推理与交流等数学活动。要体现这一点，就要求教师要创造性地使用教材。新课程的理念是创造性地使用教材的依据，教师创造性地使用教材不仅要符合学生的认知规律、心理特点，还要遵循科学性的特点，同时根据学生的认知水平适当地调整教学内容的难易程度。只有这样，才会为他们提供思考的空间和自主学习的机会，才会培养他们的创新意识，以及解决问题的能力。同时，利用知识间的密切关系帮助学生迁移、渗透转化思想。

其次，创造性地使用好教学内容，可以选用开放性的教学内容。新的数学课程改革强调，数学学习并不是单纯的解题训练，现实的和探索性的数学学习活动要成为数学学习内容的有机组成部分。开放性的教学内容首先表现在开放题的应用上，以开放题为载体来促进数学学习方式的转变，弥补了数学教学开放性、培养学生主体精神和创新能力的不足。

再次，创造性地使用好教学内容，要引入生活化的学习情境。数学教学活动要以学生的发展为本，要把学生的个人知识、直接经验和现实世界作为数学教学的重要资源。如教学"时、分、秒"时，可以先编一个情境：钟妈妈有三个孩子，大哥时针又胖又矮，二哥分针中等身材，小弟吃饭挑食，又细又瘦。三兄弟淘气极了，老是不停地跑，结果跑得怎样呢？孩子们听了童话，学了知识，初步感知了时针、分针、秒针的特征。同时大大地激发了学生的学习兴趣，为掌握新知架设了台阶。这种生活化、趣味化的情境有助于激发学生的学习兴趣，使学习成为一种乐趣，成为学生的一种自觉行为。

最后，根据新课程标准，进行大单元教学设计。大单元在教学实施过程中应按照"整体教学论"的设计思路，整体统筹确定课时计划。小学数学开展大单元教学，是指以单元为教学基本单位，以知识结构为载体和媒介而进行的教与学的互动活动。教师开展大单元教学，可以依照教材中的单元划分内容，也可以突破教材中的单元，结合教材之外的教学资源进行整合而划分内容，从而更为系统地开展数学教学。开展大单元教学其实是一种再创造的过程。教材整合是展开大单元教学的前提和基础。例如，人教版教材把“20 以内加减法”分别放在一年级上册和下册两册教材中进行教学，具体安排如表 2 - 1 所示。

表 2 - 1 20 以内加减法的教材安排

单元	一年级上册				一年级下册
	第三单元 1—5 的认识 和加减法	第五单元 6—10 的认识 和加减法	第六单元 20 以内数 的认识	第八单元 20 以内进 位加法	第二单元 20 以内 退位减法
课时	11 课时	20 课时	5 课时	10 课时	13 课时

这样的安排，教学内容分布广，持续时间长，导致知识过于碎片化，不利于让学生形成完整的知识系统。因此，可以把这几个单元的内容整合为“20 以内加减法”，然后分成“数的认识”和“数的加减”两部分，在数的认识中分成“1—10 的认识”以及“11—20 的认识”；把数的加减分成“10 以内加减法”“20 以内进位加法”和“20 以内退位减法”三部分。通过这样的整合，教材的知识点更为集中，加强了知识前后之间的联系，学生学习完 1—10 的认识的方法可以直接迁移到 11—20 的数的认识中，更突出数学思想方法的渗透。而且学生可以积累前期学习的学习经验，运用到后期的知识点学习上，有助于培养学生知识迁移的能力。

三、采用多样性教学方法

科学、合理地选择和有效地运用教学方法，要求教师能够在现代教学理论的指导下，熟练地把握各类教学方法的特性，能够综合地考虑各种教学方法的各种要素，合理地选择适宜的教学方法并能进行优化组合。数学教学传统的教学方法有以下几种。

(1) 讲授法。讲授法是教师通过简明、生动的口头语言向学生传授知识、发展学生智力的方法。它是通过叙述、描绘、解释、推论来传递信息、传授知识、阐明概念、论证定律和公式,引导学生分析和认识问题。运用讲授法的基本要求是:①讲授既要重视内容的科学性和思想性,同时又要应尽可能地与学生的认知基础发生联系;②讲授应注意培养学生的学科思维;③讲授应具有启发性;④讲授要讲究语言艺术。语言要生动形象、富有感染力,清晰、准确、简练,条理清楚、通俗易懂,尽可能做到音量、语速适度,语调抑扬顿挫,适应学生的心理节奏。

讲授法的优点是教师容易控制教学进程,能够使学生在较短时间内获得大量系统的科学知识。但如果运用不好,学生学习的主动性、积极性不易发挥,就会出现教师满堂灌、学生被动听的局面。

(2) 讨论法。讨论法是在教师的指导下,学生以全班或小组为单位,围绕教材的中心问题,各抒己见,通过讨论或辩论活动,获得知识或巩固知识的一种教学方法。优点在于,由于全体学生都参加活动,可以培养合作精神,激发学生的学习兴趣,提高学生学习的独立性。一般在高年级学生或成人教学中采用。运用讨论法的基本要求是:①讨论的问题要具有吸引力。讨论前教师应提出讨论题和讨论的具体要求,指导学生收集阅读有关资料或进行调查研究,认真写好发言提纲。②讨论时,要善于启发引导学生自由发表意见。讨论要围绕中心,联系实际,让每个学生都有发言机会。③讨论结束时,教师应进行小结,概括讨论的情况,使学生获得正确的观点和系统的知识。

(3) 直观演示法。演示法是教师在课堂上通过展示各种实物、直观教具或进行示范性实验,让学生通过观察获得感性认识的教学方法。这是一种辅助性教学方法,要和讲授法、讨论法等教学方法结合使用。运用演示法的基本要求是:目的要明确;现象要明显且容易观察;尽量排除次要因素或减小次要因素的影响。

(4) 练习法。练习法是学生在教师的指导下巩固知识、运用知识、形成技能技巧的方法。在教学中,练习法被各科教学广泛采用。练习一般可分为以下几种:①语言的练习。包括口头语言和书面语言的练习,旨在培养学生的表达能力。②解答问题的练习。包括口头和书面解答问题的练习,旨在培养学生运用知识解决问题的能力。③实际操作的练习。旨在形成操作技能,在技术性学科中占重要地位。

(5) 任务驱动法。教师给学生布置探究性的学习任务,学生查阅资料,对知识体系进行整理,再选出代表进行讲解,最后由教师进行总结。任务驱动教学法可以以小组为单位进行,也可以以个人为单位组织进行,它要求教师布置任务要具体,其他学生要积极提问,以达到共同学习的目的。任务驱动教学法可以让学生在完成"任务"的过程中,培养分析问题、解决问题的能力,培养学生独立探索及合作精神。

(6) 自主学习法。为了充分拓宽学生的视野,培养学生的学习习惯和自主学习能力,锻炼学生的综合素质,通常给学生留思考题,让学生利用网络资源以自主学习的方式寻找一些生产、生活问题的答案,提出解决问题的措施,然后提出讨论评价。自主学习法主要应用于课程拓展内容的教学,如项目教学未涉及的小作物具体的育种方法和特点,组织学生自主学习,按照论文的形式并撰写学习小论文,交由教师评价。锻炼学生提出问题、解决问题和科技写作能力。

(7) 问题探究法。教师或教师引导学生提出问题,在教师的组织和指导下,学生通过比较独立的探究和研究活动,探求问题的答案从而获得知识。主要有问题教学法、探究教学法、发现教学法。

运用发现教学法与探究教学法时,应注意以下几个方面的要求:①努力创设一个有利于学生进行探究发现的良好的教学情境。②选择和确定探究发现的问题(课题)与过程。③有序组织教学,积极引导学生的探究发现活动。

问题探究式教学方法实施的基本步骤如下:创设问题的情境—选择与确定问题—讨论与提出假设—实践与寻求结果—验证与得出结论。

随着新课改的不断深入,其对小学数学教学提出了更加严格的要求。因此小学数学教师必须改进传统的教学方法,给学生营造富有活力的数学课堂。

现今小学数学课堂对教学方法进行综合与改进，大致有以下几个方面。

（一）巧用信息技术

信息技术集文本、图片、声频、视频等多种形式于一身。利用信息技术辅助教学可以使教学内容变得更加丰富多彩，符合学生的认知特点，能够增强课堂教学的吸引力。在日常教学过程中，小学数学教师可以利用信息技术来创设教学情境，将数学知识融于生动、有趣的情境之中，让学生在情境中去感受、去体验数学知识，丰富学生的学习体验。小学数学教师可以为学生构建真实的问题情境，运用多媒体的功能再现生活中的真实场景或向学生展示生活中的数学现象，拉近数学知识和学生之间的距离，让学生对陌生的数学知识产生熟悉感和亲近感，增强学生的探究意识。

（二）强化师生互动

课堂教学是数学活动的教学，是师生交往、互动与共同发展的过程。课堂教学是师生双方参与的教学活动，教师和学生在课堂教学中是相互联系的。师生间要建立良好的互动型关系，就要求教师在备课时从学生知识状况和生活实际出发，更多地考虑如何让学生通过自己的学习来学会有关知识和技能；在课堂上尊重学生，尊重学生的经验与认知水平，让学生大胆提问、主动探究，发动学生积极地投入对问题的探讨与解决之中；能灵活变换角色，用“童眼”来看问题，怀“童心”来想问题，以“童趣”来解问题，共同参与学生的学习活动，成为学生的知心朋友、学习伙伴。

（三）重视小组合作

小组合作是新课程改革所强调和倡导的一种创新型教学方法，能够打破传统教学模式下的封闭状态，活跃课堂教学的氛围并促进课堂教学效率的提升。因此，小学数学教师应该积极地组织和开展小组合作活动，首先按照科学的标准和原则将全班学生分成 4—6 人一组的学习小组，并确定组内成员的职责与分工，保证每个学生都有自我发挥和主动参与的空间；其次，教师应鼓励和引导学生以小组为单位，围绕着同个问题展开讨论、交流，实现相互启发和互帮互助;最终在合作中达成共识,收获理想教学效果。教学中教师应多利用小组学习、活动游戏等方式,促进学生的合作与交流,既能提升学生学习效率,也能培养学生合作的习惯、交流的能力,更好地促进学生发展。

为了使小组合作高效进行,要注意以下几点:

(1) 内容选择方面。小学数学教师要认识到并非所有的教学内容都适合开展小组合作,具有多种解题思路及答案的教学内容才适合开展小组合作。因此,教师在进行教学设计时,要认真分析教材和学情,认真选择和适当扩充教学内容,使得内容严谨合理。教师要着眼于学生的"最近发展区",选择难度适宜和具备探究意义的内容;设计的问题既要有合理性又要有开放性,要能调动学生已有的生活和学习经验,提高学生学习的热情。

(2) 遵循异质分组的依据。教师们较少从学生需要及学习内容等方面考虑灵活划定小组。比如"数与代数"和"综合与实践"两个模块,因其目的与内容不同,教师可以更多地考虑根据学生的学习兴趣、动手操作水平等划分小组。这样一来,也减少了学生被旁边小组的研究吸引而分心的情况。教师精心安排好小组之后,还要为每个小组选择一个可靠的组长。组长作为小组的领头人,主要负责组织小组成员讨论、研究、解决问题,同时对小组的讨论情况进行总结记录,让小组成员敢于说出自己的解题思路和学习方法,帮助大家一起进步。

(3) 多样展示及合理评价。在小组合作学习过程中,组长组织组员进行问题的研究和讨论,组员积极配合、互相帮助一起解决问题,最终通过小组展示来反映合作学习的效果。因此,教师不妨大胆放手,在条件允许的情况下,让学生自由选择汇报成果的方式。比如,学生的汇报方式可以是脱口秀、辩论赛、PPT 展示等,这些多样的汇报方式,能够有效增进学生的沟通和交流,提升他们的学习能力。

(四) 开展数学实践

数学教学的基本规律表明:数学教学实质上就是教师作为教学向导的主角,引导学生去探究、发现,把本来要教的东西转变为学生主动地探索他所应该学的东西的过程。学生是学习的主体，他们的数学知识结构的建构和数学能力的发展，最终要通过自己的主观努力才能获得，因而，他们必须参与到数学教学活动中，在“做中学”。

课堂实践活动是小学数学基本的形式，也是常用的教学方法。实践活动的开展，为学生应用数学知识提供了良好的契机，有助于学生数学能力的提高。小学生的思维在很大层面上借助于间接经验与直观感受，有时简单的操作活动与实践经历即可帮助他们理解抽象的数学。学习过程是一个对外界知识的内化过程，充分发挥学生的自主探究非常重要。凡是能够通过学生动手操作得出结论的内容，都要引导学生自主探究，让学生在拼一拼、剪一剪、画一画等动手实践过程中产生学习欲望，利用自己的感官去获取数学知识。小学数学教师要鼓励学生“走出去”，积极参与社会实践，为学生布置开放性的学习任务，引导学生到社会中去进行实际调查、实地测量等实践活动。这种实践活动的意义远远超出了课堂教学，学生在实践中收获的不仅有知识，还有技能、情感、交往能力和创新力，大大促进了学生综合素养的发展。小学数学教师要深挖教学内容，可以利用几何画板、数学实验室等工具性软件创新实践活动的形式，指导学生开展实践活动，促使他们自主操作多媒体设备开展知识探索活动，进而增强教学的有效性。教师可以带领学生进行数学学具的制作，进而锻炼学生动手能力和思维意识，为数学课堂的开展做好铺垫。

（五）优化练习设计

在练习设计上，小学数学教师要摆脱传统的题海战术，尽量设计一些多样化的、与教学内容紧密相连的应用题型，让学生感觉到学习数学的价值和意义，培养学生的数学意识，学会用数学的眼光去看待生活中的问题。小学数学教师要勇于创新，设计一题多解、一题多练的题型，突出教学的重难点，避免重复练习，逐步提高学生的综合运用能力。针对不同水平的学生，小学数学教师可以设计具有层次性的练习，满足学生的差异化学习需求。小学数学教师还可以设计一些开放性的练习，让学生通过自主探究和分析来寻找解决办法。在设计练习时，教师还要充分考虑学生的实际生活，将生活中的数学问题搬到课堂上或以学生熟悉的生活活动为背景设计练习内容，引导学生用数学的眼光去看待生活中的问题，提高学生的实践能力。此外，小学数学教师也可以鼓励学生自己设计练习题，进一步锻炼学生的思维能力以及处理问题的能力。

四、在教学活动实施过程中关注学生学习习惯的养成

教师的准备工作做得再充分，如果学生学习习惯不好，不配合，还是达不到有效教学的目标，这就要求每一位教师尽早着手培养学生的学习习惯。

当前，小学生学习的不良习惯主要表现为在学习的过程中缺乏自觉性、长期性、方向性和主动性。结合相关资料来看，智力因素在学习好坏方面仅占20％，而80％的则关联于非智力因素。所以，学习方面养成良好习惯是极其重要的一类非智力因素，也是学生需具备的基本素质。

培养学生读书思考的习惯。课堂上应该要求学生读数学书，了解知识的形成过程，体验数学知识的逻辑性与严密性，感受数学语言的准确性。

培养学生打草稿的习惯。数学课堂离不开草稿，草稿对于学生的作用之大，是毋庸置疑的。教师应该要求学生准备专一的草稿本，课堂上引导其认真打草稿，进行统一的格式要求，并一月进行一次检查评比，及时表优促差，这样，学生的计算能力就会提高。

培养学生倾听的习惯。表现欲强的学生往往在课堂上不等别人把话讲完，就高高举手叫喊发言，根本不听别人的观点，轮到自己要么另讲一番，要么重复别人的观点，不懂得思考分析同学的回答。针对此现象，教师应积极引导，适当鼓励，促使他们认真地倾听。如当学生说完后，经常性地问其他同学，“这种思路可行吗？为什么？”“再想想还有其他的方法吗？”“他的话你听懂了吗？”“你能否清晰地重复一遍他的观点？”这样，学生就会慢慢地养成倾听别人发言的习惯。

思考题

1. 小学数学教学的基本原则有哪些？请结合教材进行分析。

2. 小学数学课程与教学组织的方法有哪些？实施的基本依据是什么？请根据具体教材内容分析。

第三章

小学数学课程内容与教学方法的选择

知识要点与思政目标

知识要点	思政要点	案　例
课程内容选择的五个原则	文化自信、教育情怀、综合育人	以“位置与方向(一)”单元例题安排，在小组合作、社会实践中增强社会责任感
课程内容选择的三种取向	文化自信、教育情怀、综合育人	从“认识人民币”的单元整合实践中了解课程内容的制定选择以及教学方法的使用，并在小组合作、社会实践中增强社会责任感
基于课程内容，选择和优化教学方法的基本策略	文化自信、教育情怀、综合育人	在数学实践和日常课堂中针对每一个片段选择合适的教学方法；在课堂中创新优化教学方法提升学生的现实认识

知识目标

知识目标1：通过教学，使学生清晰了解小数数学课程的内容、教学方法以及选择原则；学习小学数学课程内容选择的必要性，完善小学数学课程内容的认知结构。

知识目标2：使学生掌握小学数学课程内容选择的基础策略，基于小学数学课程的了解，选择合适的内容呈现方式，形成教学方法选择的基本策略。

知识目标3：形成从事小学数学课程内容与教学方法的研究能力，为做好一名小学数学教师打下坚实的理论或实践基础。

问题导引

教学是学校的中心工作，教学课程内容的制定、整合和创新是小学数学研究的重要任务。新课程实施以来，小学数学的教学方式无论在理念方面还是在实践方面都发生了较大的变化。因此，教师在选择教学方法时，要充分体现新课程的教学理念、基于课程内容选择合适的教学方法，重视培养学生的创新意识和实践能力。

作为一个新时代教师，我们在教科研中常常面临如何进行课程内容的设计、整合以及校本内容的创新等问题。那么在制定课程内容时，我们要如何体现数学核心素养、充分保证学生的综合实践能力、基础课程内容？我们用何种方式激发学生学习的积极性？我们该怎样向学生提供充分从事教学活动的机会？

第一节　小学数学课程内容选择的基本原则

一、数学课程内容的选择应以课程目标为主要依据

根据小学数学课程教学目标设置的四个方面三个维度，教学目标的设置分为知识与技能、过程与方法、情感态度与价值观。课堂教学的成功与否，对课程教学目标的是否达成有着重要的意义。现在新课程教学更侧重生成教学，在课堂教学中，信息千变万化，每个教师所教的班级与所遇到的问题往往一样，根据课堂中反馈回来的信息分析，很多问题在原来预设中是没有的，作为教学的设计者，如何在教学中因势利导，引导学生进行探索、研究、发现新知识新内容，朝所设计的教学目标进行深入开展教学，以达到教学效果最大化？传统的课堂教学着重知识与技能的学习，而新课程的教学对于过程与方法、情感态度与价值观同样重视。在以往的微格教学实践中，一些教师对课堂教学的设计过于简陋直接，忽略了知识形成的过程。又如

在个位数教学中,有的教师讲解例题"2+3=5",直接告诉学生的结果,没有经过教学设计为什么 2+3 结果等于 5,在教学过程中,学生没有经过对知识的探究体验,也就是忽视了过程与方法的目标,对于培养学生发现问题、分析问题及解决问题存在很大的缺憾。

小学数学教学大纲或课程标准中阐述的小学数学课程(教学)目标是确定课程内容的主要依据。不同的目标结构需要有不同的内容与其相适应。在选择和确定小学数学课程内容时应充分考虑"小学数学课程目标"专题中阐述的教学大纲和课程标准中规定的课程目标。

例如,新的课程标准中强调让学生"体会数学与自然及人类社会的密切联系""初步学会运用数学的思维方式去观察、分析现实社会,去解决日常生活中和其他学科学习中的问题",在选择课程内容时,就应当为学生提供机会去体会、观察和分析现实中的问题和数学与人类社会的联系,选择与学生生活实际和现实社会紧密相关的内容。

[案例]

例 1 某学校为每个学生编号,设定末尾用 1 表示男生,用 2 表示女生;9713321 表示"1997 年入学的一年级三班的 32 号同学,该同学是男生"。那么,9532012 表示的学生是哪一年入学的?几年级几班的?学号是多少?是男生还是女生?

例 2 调查"你是否喜欢数学课",分别用 5,4,3,2,1 代表从最喜欢到最不喜欢之间的五种程度,你选哪个数?请做出简单说明。如果小明选择 2,说明什么?如果小立比较喜欢数学,他最可能选几?

二、数学课程内容应满足学生成为合格公民的需要

为什么人选择学习内容,是数学教育需要认真研究的问题。小学数学课程内容是为大多数学生选择,还是为少数学生选择,决定了选择课程内容

的基本取向。选择数学课程内容的一个基本原则是，为满足学生未来成为合格公民的需要。小学阶段是基础教育的基础，应当选择那些学生未来生活所必需的最基础的内容作为小学数学学科内容。数学的应用十分广泛，在日常生活中经常需要运用数学知识解决问题。小学数学教学选择日常生活和未来发展所必需的数学基础知识，是数学教育目标所决定的，也是提高学生数学基本素养的需要。

学生在小学阶段应当接触和掌握数学的基础知识，形成面向未来社会所需要的技能和能力。例如繁难的四则运算，步骤繁多的应用题在日常生活中比较少见，在选择教材内容时就应该考虑对这部分内容有所取舍。小学数学的基础知识是为中学进一步学习数学及其他学科知识打基础，在选择教学内容时，要充分考虑到为中学的学习做好准备，做好衔接。如在小学安排用字母表示数、负数的认识和简易方程的内容，也是为中学进一步学习方程打基础。

三、数学课程内容应有利于学生的发展

如何做好有利于学生的发展工作？选择小学数学教材内容时，必须考虑小学生的年龄特征，使内容适合该年龄阶段的儿童学习，从而促进学生的发展。因而，选择的教材内容，既不能偏难，又不能太易，保证所选择的内容学生能够接受，又要使教材有一定的难度，让学生“跳一跳摘桃子”。

小学阶段的儿童，思维发展水平不高，特别是抽象逻辑思维尚处在初步发展阶段，而数学又是逻辑性和抽象性较强的学科。因此，内容的选择既要适应儿童的思维特点，又要考虑数学的学科特点。如抽象的几何论证、抽象的代数公式和一些推导过程学生就很难掌握，基本的概念和具体的几何图形就适合学生的现有接受能力。但教材内容又不能一味地去迁就学生的能力，而应有一定的难度，为创造儿童心理的“最近发展区”提供条件，促进儿童心理的健康发展。只有把教材内容的可接受性和有利于提高学生智力水平的发展性有机地结合起来，才是好的教材内容。

[案例]

例1　完成序列，并说明理由：0.5，1.5，4.5，________。

例2　数一数，图 A　B　C　D 中有多少条线段？

例3　联欢会上，小明按照3个红气球、2个黄气球、1个绿气球的顺序把气球串起来装饰教室。你知道第16个气球是什么颜色吗？

分析：像这样的三道题目都是依据学生经验进行设定的。题目解法多样，答案呈现方式多样，激发学生思考与讨论，满足学生学习数学的兴趣。

四、数学课程内容应贴近学生生活

数学内容的抽象性、逻辑性与数学内容的应用性之间永远存在着矛盾。以往，人们过于注重数学学科自身的结构体系，数学教育的目的主要追求训练学生的逻辑演绎思维与公理化方法。而实际上，数学不是符号的游戏，而是现实世界中人类经验的总结。数学来源于现实，也必须扎根于现实。小学数学课程内容的选择就更要考虑与学生的现实生活密切相关的问题。小学数学与学生生活具有密切的关系。我们强调“生活中的数学”。即强调学生学习数学的生活背景。这是因为，小学数学具有现实的性质，数学来自小学生的现实生活，再运用到他们的现实生活中去，小学生的生活经验是小学数学内容的基础。另外，小学生应该用现实的方法学习数学，即学生通过熟悉的现实生活，自己逐步发现和得出数学结论。让学生在身边的事情中发现数学，通过身边的事情学习数学，把数学知识应用到自己的生活中去。这一方面能激发学生学习数学的兴趣，同时，也能够使学生更深刻地理解数学的价值。在学习数学与运用数学的过程中，学生将学科知识与现实生活紧密联系起来，产生强烈的学习动机与学习兴趣，培养了自己学习数学的信心与情感。

[案例]

例 1 假设运动场在教室的正南方向 150 米处，图书馆在教室北偏东 60°方向的 50 米处。试画出示意图。

例 2 画出从学校到家的线路示意图，并注明方向及主要参照物。

例 3 小青坐在教室的第 3 排第 4 列，用(4，3)表示，小明坐在教室的第 1 排第 3 列应当怎样表示？

例 4 选择适当的统计量来表示我们班同学最喜爱的颜色。

分析：情景导学、任务型教学大多适用于小学数学课堂。通常教师会在教学前设置一个情景，并围绕学生在日常生活中熟悉并感兴趣的话题提供许多真实的环境材料，激发学习兴趣。

五、数学课程内容应反映数学自身的发展

小学教育是基础教育的重要组成部分，小学数学是为学生打基础的重要学科。一般来说，小学数学是数学学科体系中最基础的一部分，其教材内容具有相对的稳定性。然而，随着科学技术的发展，社会对人才规格的需要也在发生变化，作为在人才培养过程中起奠基作用的小学教育也应与之相适应。因而，小学数学教材内容在保证其相对稳定的同时，也应依据现代科学技术的发展和社会的需要，更新和调整一些内容。在确定教学内容时，要把眼光放得远一点。现在对小学生的培养要依据未来社会对人才的需要标准考虑教学内容的更新与改革。比如，计算机的发展与普及，应用数学学科的广泛应用，要求传统的数学学科内容必须更新。

依据目前课程选择的原则，教研团队会依据教材特点，开展形式设置校本化的数学活动，比如三年级上册第一单元“认识东南西北”结合定向运动开展并规划课程教学(见表 3－1)。

[**优质课程内容编排案例**]

表 3-1 "位置与方向(一)"单元例题安排

教　　材	学习内容
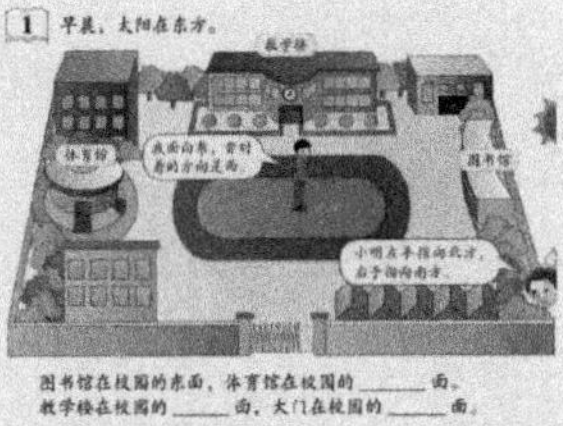 1 早晨，太阳在东方。 图书馆在校园的东面，体育馆在校园的______面。 教学楼在校园的______面，大门在校园的______面。	认识东、南、西、北四个方向，学习用给定的一个方向辨认其他三个方向；能描述物体所在的相对位置
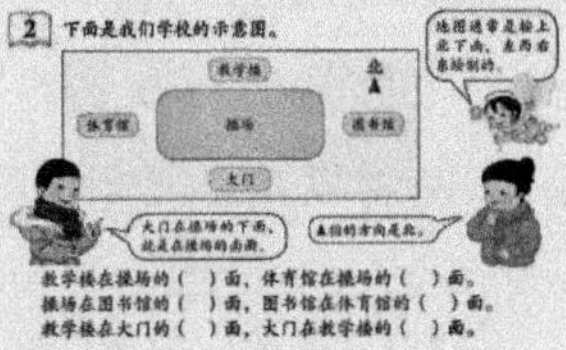 2 下面是我们学校的示意图。 教学楼在操场的（　）面，体育馆在操场的（　）面。 操场在图书馆的（　）面，图书馆在体育馆的（　）面。 教学楼在大门的（　）面，大门在教学楼的（　）面。	学习看懂简单的平面图，了解平面的一般绘制方法：上北、下南、左西、右东
 3 餐厅在校园的（　　）角，存车处在校园的（　　）角，科技楼在校园的（　　）角。 餐厅在存车处的（　　）方向，科技楼在多功能厅的（　　）方向，多功能厅在科技楼的（　　）方向。	认识东北、东南、西北、西南四个方向；能用这些词语描述物体所在的相对位置
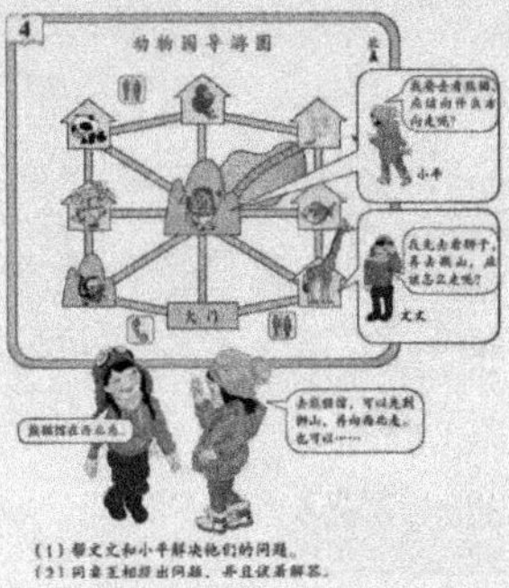 4 动物园导游图 （1）帮文文和小平解决他们的问题。 （2）同桌互相提出问题，并且试着解答。	能综合应用方位知识解决生活中的实际问题

（一）基于对教材和学情的分析，对单元目标和课时目标进行调整

1. 将描述方向贯穿课堂的始终

与原教材对比发现，新版本对于方向的描述更为重视，例题后都会跟上相应的描述方向的习题，因此，在教学中，将描述方向贯穿始终，一是要牢牢把握课标、教学目标，落实教学重难点；二是根据前测结果分析，学生在描述方向上存在一定的困难，无法判断谁在谁的什么方向，是亟须在教学上解决的问题。无论是在教学八个方向上，还是在平面示意图上，抑或是解决实际问题，都需牢牢把握这个目标。

2. 将八个方向进行整合教学

前测结果显示，学生非常熟悉东南西北四个方向，以及东南、西南、东北、西北四个方向，甚至很多学生知道它们的相对关系，而在一些工具例如指南针以及方向标的出示上，本身就有八个方向，因此将这两个课时的内容进行整合教学，符合学生的知识基础。

3. 与探究性活动融合，让位置与方向的教学落地

位置与方向这个单元本身与生活相结合的要求非常高，本身来源于生活，也必须重新应用于生活中，因此，将探究性活动与教学相融合，让本单元的教学更具情境性、生活性，让学生在活动中学习。

（二）学科联盟项目式课程内容——创意定向运动

1. 课时内容以及安排

第 4 课时、第 5 课时（简单的路线图和综合练习）；一节课＋学科月赛。

2. 课时目标

（1）会看简单的路线图、选择简单的路线并能描述行走路线。

（2）通过定向运动发展方向感，增强沟通表达能力，积累生活经验。

3. 课前作业设计

制作简单的指南针（方向盘）。

4. 课中作业设计

(1) 根据自制的学校场景平面图,学生回答“大门口到操场怎么走?”“彬文楼到食堂怎么走?”“实验楼到体育馆怎么走?”等问题。

(2) 提升问题:如何不走回头路,走完学校的建筑物呢? 你有几种走法?

5. 课后作业设计

借助学科月赛的平台开展定向主题项目式活动,活动方案见表3-2。

表3-2　创意定向运动方案

6月课程节学科定向运动	
活动主办	浙江师范大学附属杭州笕文实验学校
活动地点	笕桥花园小学(待定)
活动时间	5月下旬
活动对象	三年级196名学生(分批次进行)
活动组织	比赛分设裁判组、竞赛组、技术组、宣传组和后勤组 裁判组:提前分好工,做好比赛记录,负责活动发令、比赛监督、成绩登录与审核,成绩公布等。 竞赛组:负责各个任务点的工作。每个任务点设3名工作人员。 技术组:负责比赛规则制定,培训、地图、点位设计等。 宣传组:做好活动的宣传
比赛规则	1. 参赛队员分四人小组进行,出发领地图的地点由抽签决定,队员在陌生环境中根据太阳辨别方向(①你的地图在东边图书馆,②你的地图在南边食堂……)。 2. 每队到达地点得到地图(学校平面图)一份,通行证一份,通行证上标注出发时间,地图上会标出需要完成任务的各点,每队出发前将有1分钟的时间来研究地图,按顺序完成任务点,不可进行跨顺序完成。 3. 比赛将设有若干任务点,任务点有标旗作为引导。比赛过程中,选手必须按照地图所标点的顺序依次完成各个任务,不按顺序完成或有未完成任务的成绩无效。同队的参赛选手必须全部到达任务点。完成后,会有相应教师标注完成时间点。 4. 到达终点后,终点教师标注到达时间点,完成成绩统计与排名。

续表

6月课程节学科定向运动	
任务点设置（如果时间内任务失败，则顺延到下一组）	1. 方向判别：每个队员根据裁判员随机指令说出A到B的行走方向。 2. “瞎子”背“瘸子”：男生当“瞎子”，蒙住眼睛，女生当“瘸子”，为“瞎子”指路，往指定方向走拿取物品，并绕过障碍。 3. 袋鼠跳：跑道两端各站5名参赛队员。其中一端的队员站在麻袋内，手提袋口向另一端的队员跳去，然后将麻袋交给另一端的队员。来回接力，直到最后一名队员手提麻袋跳到跑道的另一端。 4. 反向运动：参赛队员按照工作人员的口令做出相反的动作，一组10个动作，做错其中一个，即从头开始，直至一次性全部作对。 5. 科学指南针实验：参赛队员编号，依次完成科学指南针实验

第二节　小学数学课程内容选择

课程内容是指按照一定的要求制定的各门学科中特定的事实、观点、原理、方法和问题，以及处理它们的方式。一门学科的目标确定之后，就为这门课程内容的选择和组织提供了方向。课程内容的研究主要解决如何选择和组织某一学科的内容，也就是决定应该教什么和以什么样的方式呈现这些需要教的内容。

一、课程研究领域对课程内容的三种取向

（一）课程内容即教材

主要观点：指学生所要掌握的内容都用教材的形式反映出来。这种观点把选择内容和编写教材等同起来，把内容的确定和执行教材上规定的内

容等同起来。因此,谈到数学课程内容就自然地与教材联系起来。我国传统上是以这种方式理解课程内容的。在教育学里也常常是把课程内容看作是教学内容,而教学内容就是教材内容。教师常常做的事就分析教材,理解教材,按教材上规定的内容和方式组织教学。

优点:有利于实现课程内容的统一性与系统性,有利于每一所学校、每一个班级都按照统一的规范进行教学,使一线教师在课堂教学中有章可循、有据可依。

缺点:把课程内容看成事先规定好了的东西,这就意味着只有学科专家才最清楚教师应该教什么、学生应该学什么。而实际上正如杜威所指出的,即使是用最合逻辑的形式整理好的最科学的教材,如果以外加的和现成的形式提供出来,在它呈现到学生面前时,也失去了这种优点。

(二) 课程内容即学习活动

主要观点:应当将教学目标转化为学生一系列的学习活动,在各种活动中达到设定的目标。将重点放在学生做些什么上,而不是放在教材体现的内容体系上。

优点:特别注重课程与社会的联系,强调学生在学习中的主动性。以这样的观点理解课程内容,就是不局限于固定的教材,在教学过程中设计的各种各样的活动都可以看作内容。也就是说为实现课程目标而设计的活动都可以看作教学内容。这种活动可以是在已有的教材中设计好的,也可以是实际教学过程中设计的。这与课程内容就是教材的取向有很大的差别。

缺点:课程内容的活动取向,往往注重学生外显的活动,不关注学生是如何同化课程内容的,也无法看到学生的经验是如何发生的。这就使我们只注意表面上的热烈,而不是深层次的学习结构,从而偏离学习的本质。

[**案例**]

一年级下册“认识人民币”课堂授课学习活动

正式上岗——精打细算的收银员

1. 课堂目标

(1) 经历人民币的换算过程，理解和掌握人民币的换算方法，会进行人民币的一些简单的计算。

(2) 通过模拟购物，体验与他人合作交流解决问题的过程，知道同一个问题可以有不同的解决方法。

2. 驱动性问题

怎样成为一名合格的收银员?

3. 活动设计

(1) 今天大家要正式上岗成为一名收银员啦，让我们看看有什么准备任务吧！让我们列出我们要买的物品清单吧！

其一 拿出买各种东西要付的人民币。一支水彩笔 6 角，一本田字格 5 角，一本日记簿 1 元 5 角，一支圆珠笔 2 元 3 角等。(说明：使用元角分的人民币道具)

其二 大家已经对人民币有了一定的认识，现在请你当老板，给这些商品的价格都写上单位。

设计意图：本作业帮助学生巩固课上所学，进一步理解人民币各种不同币值，融入趣味性和生活性，贴近学生生活，促使学生主动去了解人民币，体会到知识来源于生活中的实际需要。引导学生用数学的眼光思考生活，运用数学知识来解决生活中的一些实际问题。培养学生主动思考、积极探索。

(2) 我把超市搬回家。

模拟购物，现在让我们利用前一课的作业分类储蓄盒和进货单、价格标签进行买卖吧。大家可以扮演收银员或者顾客哦！

思考题：如一件玩具要花 6 元 3 角，请问有几种付钱方法？(找出

多种方法并优选出最简便的一种)

参考答案:学生开设自己的小超市或者杂货店、书店等,学生可以扮演顾客,或扮演收银员,在付钱、换钱、找钱的操作中,加深对人民币的认识,掌握人民币的换算及简单的运算。

设计意图:本作业用于学习认识人民币后的综合运用,帮助学生理解和掌握人民币的换算方法,沟通知识之间的联系,运用人民币单位之间的换算方法解决实际问题,突出数学与生活的联系,让学生体会用数学解决实际问题的方法,积累解决实际问题的经验。学生分析信息并解决相关问题,综合运用数的认识及加减法的相关知识。此题亦是一个分层作业,调动学生的学习积极性,为学有余力的学生加强巩固。

(三) 课程内容即学习经验

主要观点:课程内容应当区别于教材中固定的知识与技能,课程内容即是学习经验。学生的学习取决于他们做了什么,而不是教材中呈现了什么和教师在课程中教了什么。因此,同一课堂中的两个学生可能学到不同的东西。学习经验既不等同于一门课程所涉及的内容,也不等同于从事的活动,而是学生与外部环境相互作用而产生的经验。

优点:强调学生在教学活动中的参与,以及学生在与环境相互作用过程中形成的经验最终决定学习的质与量。因此,教师的职责在于构建适合学生的兴趣和能力的情境,以便为学生提供有意义的经验。

缺点:增加了课程编制者研究的难度。因为这是一种学生心理体验,只有学生自己才了解这种经验的真正结果,教育工作者无法清楚了解学生心理是如何受特定环境影响的。因此,在选择课程内容时就有一定的难度。

例:小学数学的建模思想渗透——排列与组合问题

有 A, B, C, D, E, F 两两之间相互打电话,一共要打多少个电话?

分析:这是最基础的组合问题,我们把这一类问题叫作“握手问题”。学生可以通过列表法、固定法进行有序的思考,再与他人校对以及优化数学方法后找到所有的答案。握手问题抽象为数线段问题:$A \quad B \quad C \quad D$端点表示人,两个端点组成的线段数就等于所有通电话的可能性。课堂在不断补充和延展中完成了内容教学。

二、辩证看待新时代的数学课程内容——单元整合视角下的课程内容

对课程内容的三种不同的理解都有各自的合理性,也都有一定的局限性。因此现代课程理论的发展,倾向于比较广义的方式理解课程内容,即不只是局限于其中的某一种取向。课程内容的选择不只是教材内容选择的问题,也包括教师在实际的教学中提供的数学教学活动和有意义的学习经验。基于学生起点,承载课程生活经验,现如今的数学教研团队致力于研究单元整合下的以生为本的生本课堂设计。

[案例]

一年级下册“认识人民币”课程内容设计

教材共安排了5个课时来学习这部分内容。一年级学生需要在活动体验中认识和了解人民币,学会使用人民币。基于以上思考,将单元内容进行整合与重组,让学生在前期浸润、课中交流和课外拓展延伸几大模块中亲历知识形成的过程,着力培养应用意识,全面提升学生学习能力和数学核心素养的教育教学目的。基于以上教材分析、学情把握,在原教材的基础上,我们做了如下调整:

1. 循序渐进,进行人民币不同币值的兑换教学

由于人民币单位间的十进关系和计数单位间的十进关系是一样的,学生学习了100以内数的认识后,再来集中学习各种面值的人民

币之间的兑换就不会感到困难了。因此，第1课时、第2课时中的教学重难点“能够进行简单的人民币兑换”及第3课时中的“人民币不同币值的兑换”的教学内容，仍然放在学完“100以内数的认识”之后学习是合情合理的。学生可以利用已掌握的“100以内数的认识”进行人民币的单位换算，反之，也可以通过不同币值的人民币的换算，加强巩固“100以内数的认识”的知识。

2. 自主调整，延后人民币的计算教学

第3课时的教学重难点之一是能进行人民币单位间的简单换算，并会进行简单计算。人民币计算常常涉及“100以内数的加减法”，有时甚至还需要进退位计算。在作业本中无法避免，同时，在现实生活中的计算也不可能仅仅局限于20以内的退位减法。“100以内加减法(进位、退位)”正好属于该学期学习的内容；调整下单元教学的前后顺序可行性大。因此，如果将“认识人民币”中的计算延至“100以内加减法(进位、退位)”后，学生学起来就显得轻松许多。

3. 长期渗透，在拓展中落实实践教学目标

虽然通过重构教学时间等方式安排了教学内容，但是“认识人民币”教学仍然是难点。特别需要注意的是，在每一课时隐性不易考查的过程性教学目标常常容易被忽视，而往往这些目标的实现与否与今后在生活中能否熟练运用数学知识息息相关。在平常的教学中可以依托班级奖励制度，不断地进行渗透；开展“理财 let's go”系列拓展课程、“超市大赢家”等活动，从而让学生将所学的数学知识为生活服务(见表3-3)。

表3-3 “超市大赢家”整合前后课时设计表

整合前(5课时)	整合后(3课时)
例1 认识小面额的人民币	岗前培训——人民币知识知多少：学生对人民币的认识，知晓1元=10角，1角=10分
例2 知道人民币单位有元、角、分且告知1元=10角，1角=10分	
做一做：①根据图片写钱数；②换钱	

续表

整合前(5 课时)	整合后(3 课时)
例 3　认识大面额的人民币	正式上岗——精打细算的收银员:理解和掌握人民币的换算方法,会进行人民币的一些简单的计算
例 4　换钱	
练一练:直接给出商品的价格,用已知的人民币购买	学科拓展项目式活动——人民币中的秘密

本单元从课前、课中、课后以如下模式开展(见图 3-1):

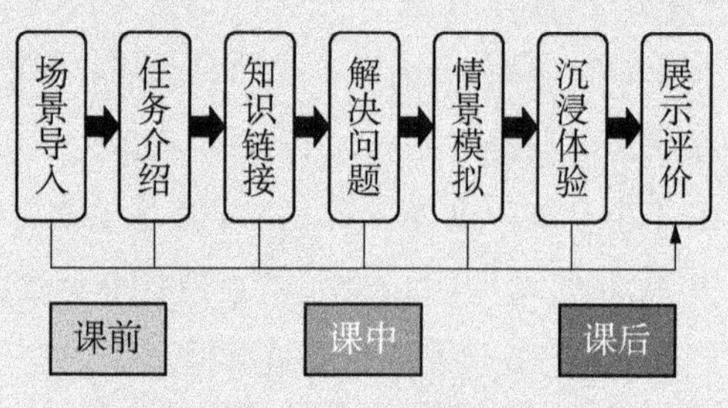

图 3-1　开展模式

前期课前进行场景导入和任务介绍,熟悉课程的细节和需求;中期课中利用单元所学知识情景模拟,在特定的场景里解决问题;后期课后进行综合性的沉浸体验,最后展示评价。

如一年级下册“超市大赢家”这一主题场景,可参照以下设计(见表 3-4、表 3-5):

表 3-4　“超市大赢家”教学活动方案设计表

超市大赢家	
目标	通过超市这一主题场景的探索学习和职业体验,理解如何使用人民币,加强对人民币的认识,提高人民币单位的换算,简单的加、减运算等计算能力。锻炼学生解决问题、空间想象能力、分类整理能力,培养数感,增强交流沟通能力与合作能力,体验服务业人员的辛劳,形成平等待人、勤俭节约的良好品质

续表

相关职业	精打细算的小顾客	金牌收银员	运筹帷幄的经营者
知识链接	商品价格估算、价格小数点标签认识	人民币的简单计算，单位换算、解决问题	综合运用
具体模块	1. 优惠早知道(介绍生活中常见的优惠活动)； 2. 课前利用课余时间去超市进行调查	1. 课中布置场景情景模拟收银场景 2. 做具体评价	1. 开展摆摊项目式学习，学生小组合作，综合运用所学知识 2. 收集作品与评价
沉浸式体验	期末游园＋暑期摆摊项目式学习综合体验		
展示评价	展示：生成“我的体验”报告单 评价：师生互评、师生自评、职业指导员点评		

表 3-5 “超市大赢家”具体课时安排表

体验角色	细致的排货员	精打细算的小顾客	金牌收银员
学科目标	能正确读出商品价格标签，能比较大小	在给定金额的情况下，正确购买商品，做到不超额，尽量多买	根据商品的总价和顾客支付的钱，正确找出相应的钱
第 1 课时	元角分的认识，进行大面额换小面额的等额换算	细致的排货员	
第 2 课时	元角分的单位换算		
第 3 课时	解决问题(一)	精打细算的小顾客	
第 4 课时	解决问题(二)	金牌收银员	

课中我们可以完成对非纸笔测评中知识链接、解决问题的环节。在完成几个整合课时的教学后，接下来的教学不局限于课堂，我们可以利用校园环境，对学生进行数学中常见的问题解决情景模拟。例如，在这个单元中为学生设计了一个简约版的小超市，学生在课堂中小组合作解决三个数学问题，体验三种角色。角色的设定以及学习目标的安排都应符合本单元的教学目标，做到了有理设计，不偏离轨道。

[案例]

三年级下册“认识东南西北”

基于对教材和学情的分析，将原本的单元目标（见表3-6）和重构后的单元目标（见表3-7）进行整理，结果如表3-8所示。

表3-6 教材单元目标

教材单元目标
1. 结合具体情境，认识东、南、西、北、东北、西北、东南和西南八个方向，能够根据给定的东、南、西、北中的一个方向，辨认其余的三个方向，并能用这些词语描述物体所在的方向。 2. 能看懂简单的平面图，知道平面图是根据上北、下南、左西、右东的方位绘制，初步形成辨认方向、表达与交流物体所在的方向的能力。 3. 能用所学的方向知识解决生活中的简单实际问题，发展学生空间观念。

表3-7 重构后的单元目标

重构后的单元目标
知识技能： 1. 认识东、南、西、北、东北、西北、东南和西南八个方向。 2. 能看懂简单的平面图，知道平面图是根据上北、下南、左西、右东的方位绘制的。 数学思考： 1. 能够根据给定的东、南、西、北中的一个方向，辨认其余的三个方向，并能用这些词语描述物体所在的方向。 2. 初步形成辨认方向、表达与交流物体所在的方向的能力。 问题解决： 在经历校园寻宝的过程中，用所学的方向知识解决生活中的实际问题。 情感态度： 感受方位知识与生活的密切关系，发展方向感，增强沟通表达能力。

表3-8 课时目标

课时目标	
1	知识拓展——寻找其他辨别方向的参照物 知识技能： 认识东、南、西、北、东北、西北、东南和西南八个方向。 数学思考： 能够根据给定的东、南、西、北中的一个方向，辨认其余的三个方向，并能用这些

续表

	课时目标
1	词语描述物体所在的方向。 问题解决： 通过小组合作、实践操作、小组探究，准确判断物体所在的方向。 情感态度： 感受方位知识与生活息息相关，体会方位知识在生活中的应用。
2	画图解决问题——找准物体之间的相对位置 知识技能： 能看懂简单的平面图，知道平面图是根据上北、下南、左西、右东的方位绘制。(知道当你面对地图上标北的参照物时，才是北，而不是地图上所指的北。) 数学思考： 能够用语言描述地图上的位置关系，初步形成辨认方向、表达与交流物体所在的方向的能力。 问题解决： 能通过画图表述文字题中描述的各个物体的位置。 情感态度： 发展方向感，感受方位知识与生活息息相关。
3	学科联盟项目式活动——创意定向运动 知识技能： 会根据指向标看简单的路线图，选择简单的路线并能描述行走路线。 数学思考： 能够根据路线图选择最优的行走路线，并能描述出来。 问题解决： 通过定向运动发展方向感，增强沟通表达能力，积累生活经验。 情感态度： 发展方向感，感受方位知识与生活息息相关。

第三节　小学数学教学方法的选择依据

一、教学方法选择的几点要求

夸美纽斯在《大教学论》中指出，“大教学论”的主要目的在于寻求一种教学方法,使得教师可以少教,但学生可以多学,而且学得容易、快乐。教学效率的高低取决于为实现一定的教学目标师生所耗时间、精力的大小。教学诸多因素的有效组合(对于某一具体的教学内容和具体的师生而言),如能保证教学效果最高和目标实现最优,这种结合即为最优的教学效果,这也是最优的教学方法。教学方法就是教师在教学过程中,为完成一定的教学任务,实现其教学目的所采取的手段和策略的总称。对于提高课堂教学效率起着十分重要的作用。苏联著名教育家巴班斯基认为:“选择对某节课最有效的教学方法,是教学过程最优化的核心问题之一。”那么如何选择教学方法?

(一) 教学方法要适合小学生学习动机和学习兴趣的特点

学习动机和兴趣是推动学生努力学习积极思考的动力。小学生的学习动机和学习兴趣有其自身的特点,一般地说,低年级学生学习数学的动机主要是直接与学习活动本身相联系,如希望算得对、算得快,乐于回答教师的问题,对有趣的练习感兴趣等;儿童的注意力不能持久、很容易分散,一些直观的、具体的事物比较容易吸引儿童的注意。中高年级学生,在教学的影响下逐渐发展起与社会意义相联系的动机,初步懂得要为参与社会主义建设努力学好数学,学习时逐渐能集中注意力,也愿意开动脑筋算些较难的题目。教学时要根据学生的上述特点采取多种教学方法、激发学生的求知欲,培养学生学习数学的兴趣。

例如,在小学数学课上,选用讲解、说明等方法,教师的活动较多,而学生的活动较少,就不如采用问答、研讨、探究、引导发现等方法。后几种方法,学生的活动在不同程度上有所增加,能较好地调动学生学习的积极性,并促进学生思维的发展。

但是也不能排斥使用讲解、说明等方法。例如,在较高年级教学统计图表的制作方法时就可以使用。现代教学论认为,任何一种教学方法都不是万能的,要根据不同内容、不同年级、不同条件来选择适当的教学方法。要根据教学内容和学生的具体情况,灵活运用教学方法,不要生搬硬套。即使是同一个教学内容,由于班级学生情况不同,教学方法也不一定完全一样。

例如，在学生独立活动能力较强的班上，可以更多地放手让学生去探究。而在学生独立活动能力较差的班上，就需要教师多给予启发、引导。有时在一节课内还可以把几种教学方法配合起来，以弥补单一教学方法的不足。例如，教学长方形面积的计算，可以通过操作，采用引导发现法，然后辅以教师的概要的讲解。

(二) 教学方法要适合小学生的思维特点

小学生思维的基本特点是从具体形象思维形式向抽象逻辑思维形式过渡，而这种抽象逻辑思维在很大程度上仍然与感性认识有直接联系。根据小学生的思维特点，笔者认为小学数学的教学方法应注意以下几点：

(1) 遵循从具体到抽象的原则。要多利用实物、教具或具体事例丰富学生的感性认识，帮助学生理解和掌握数学概念的意义和法则的原理。但要注意避免过多地对具体事物的依靠，而要随着学生年级的升高、抽象水平的提高，逐步减少对具体事物的依靠。

(2) 根据不同年龄的思维特点，适当采用不同的教学方法。由于小学生的思维发展带有阶段性的特点，低中高年级不同。因此采用的教学方法也应有所不同。例如，在低年级教一个数学概念或计算法则，由于学生的生活经验少，抽象思维能力较差，教师需要借助多种实物、教具的演示。

(3) 引导学生抽象概括，使学生在大量感知的基础上来理解和掌握，而在中高年级就可以适当简化这个过程，有些与旧知识联系紧密的新知识，还可以引导学生在旧知识的基础上推出新知识。

(4) 引导学生有理解地记忆，防止机械死背。由于小学生的思维在很大程度上以形象的具体的事物为基础，与此相联系。小学生的记忆也主要以具体事物为基础，因此教学概念和法则时，要通过具体事例使学生理解以后再进行练习，逐步达到熟记。

(三) 教学方法要注意适应面向全体和因材施教的不同需要

巴班斯基指出，教学效果最优化的第一个标准，是每个学生在该时期内的学习成绩、教育和发展程度上，达到实际可能达到的水平。也就是说，要使每个学生都得到充分的发展。但是学生之间是存在差异的，要达到上述要求，除了前面谈到的教学目标定得恰当、教学组织形式选得合适之外，还要考虑选择适当的教学方法。因为学生间的差异是多方面的，不仅有生活经验和数学基础的差异，还有智力、认知方式以及性格等的差异，所以，教学方法也不能千篇一律。当面向全体进行教学时，要根据大多数学生水平选择教学方法，而因材施教时就要针对不同学生的特点选择适当的教学方法。如对后进生要更多地运用操作、直观帮助他们理解新知识，一般不能采用独立活动强的教学方法。进行练习时也要多加检查与辅导。但是对于独立思考能力弱的依赖型学生，也要注意适当引导学生学习独立思考，避免都直接告诉学生怎样想、怎样做，以便逐步提高他们的学习能力。对于数学基础较好和思维能力较强的学生，则要更多地放手，不断提高他们独立思考和学习的能力。

（四）教学方法要根据教师特点和教学条件进行选择

任何教学模式、教学方法都要由教师来运用，都是在特定条件下才能运用。每一个教师有自己不同的特长、数学素养和教学风格，同时也受到教材、教学设备、教学时间和空间等教学条件的制约。一节课的教学效果是否达到最佳，与教学方法的整体组合和教学过程中相互作用有关。这种教学方法的组合形式可以是并列进行的，即在教学过程中同时使用几种教学方法，如学习小学二年级上册“角的初步认识”：包括认识角、认识直角、认识锐角和钝角。在学习中，教师可以一边演示一边用语言描述出来，并板书出来标出各部分的名称；也可以是连贯的，即一个活动结束后接着完成另一个，在这个过程中，演示、讨论、讲解、实验、练习等多种教学方法交叉组合使用。运用这种教学组合方法的主体是教师，这就要求教师熟练运用各种教学方法的特点。根据不同的教学要求，运用不同教学组合方式，使教学效果达到最大化。

二、根据教学条件选择教学方法

教学条件应包括教学的时间、教学的环境、学校周边的影响、社会风气和家庭环境的影响、学生所在班级的纪律情况和教学设备等诸多因素，在教学中选择教学方法时都应该充分考虑。

(一) 常用的几种教学方法

(1) 讲授法：讲授法是教师运用口头语言向学生描绘情境、叙述事实、解释概念、论证原理和阐明规律的一种教学方法。

(2) 谈话法：谈话法又称回答法，它是通过师生的交谈来传播和学习知识的一种方法。其特点是教师引导学生运用已有的经验和知识回答教师提出的问题，借以获得新知识或巩固、检查已学的知识。

(3) 演示法：演示法是教师把实物或实物的模型展示给学生观察，或通过示范性的实验，运用现代教学手段，使学生获得知识更新的一种教学方法。它是辅助的教学方法，经常与讲授、谈话、讨论等方法配合一起使用。

(4) 练习法：练习法是在教师指导下学生巩固知识和培养各种学习技能的基本方法，也是学生学习过程中的一种主要的实践活动。

(5) 课堂讨论法：讨论法是在教师指导下，由全班或小组围绕某一种中心问题通过发表各自意见和看法，共同研讨，相互启发，集思广益地进行学习的一种方法。

(6) 动手操作法：动手操作法是学生在教师的指导下，使用一定的设备和材料，通过操作，引起实验对象的某些变化，并从观察这些变化中获得新知识或验证知识的一种教学方法，它也是自然科学学科常用的一种方法。

(7) 启发法：启发教学可以以一问一答、一讲一练的形式来体现；也可以通过教师的生动讲述使学生产生联想，留下深刻印象而实现。所以说，启发性教学思想是一种对各种教学方法和教学活动都具有指导意义的教学思想，启发式教学法就是贯彻启发性教学思想的教学法。也就是说，无论什么教学方法，只要是贯彻了启发性教学思想的，都是启发式教学法，反之，就不是启发式教学法。

教学方法论由教学方法指导思想、基本方法、具体方法、教学方式四个层面组成。教学方法包括教师教的方法（教授法）和学生学的方法（学习方法）两大方面，是教授方法与学习方法的统一。教授法必须依据学习法，否则便会因缺乏针对性和可行性而不能有效地达到预期的目的。但由于教师在教学过程中处于主导地位，所以在教法与学法中，教法处于主导地位。

（二）素质教育下常用的几种创新教学方法举例

1. 游戏教学法的应用

就小学阶段的学生来说，他们的抽象意识较差，刻板的课堂只会让学生失去对数学学习的兴趣，极其不利于学生课堂参与度的提高，也不利于高效数学课堂的顺利实现。所以在小学数学教学过程中，我们可以根据教材内容来组织有效的游戏活动，目的就是要保护学生的学习兴趣，使学生在轻松的环境中找到学习的乐趣。同时，也能为高质量课堂的顺利实现做好保障工作。

［**案例**］

在教学“东、南、西、北”时，由于本节课的教学内容是让学生认识东、南、西、北四个方向，并能用这四个方向来表达自己的位置，所以，为了提高学生的知识应用能力，也为了确保高效数学课堂的顺利实现，授课时可以组织学生以小组为单位来进行“盲走”的游戏。首先，将学生分成不同的小组，然后，其中一名学生蒙上眼睛，其他学生用“东西南北”来指挥其行走，以帮助学生掌握基本的数学知识。最后，我引导学生自主挑选位置，然后通过东西南北来描述自己的位置，进而使学生在游戏中掌握基本的数学知识，同时，也能使学生在寓教于乐中真正找到数学学习的乐趣。

2. 探究教学法的应用

探究教学法是指让学生在独立思考问题、解决问题的过程中提高知识的应用能力，同时，也能锻炼学生的探究能力，与学生创新意识的培养也有着密切的关系。所以，在小学数学教学过程中，我们要认真研究教材，要鼓励学生在独立思考问题的过程中加强理解，提高效率，进而为高质量课堂的顺利实现做好基础性工作。

[**案例**]

在教学乘除法的关系和运算律时，为了提高学生的知识应用能力，也为了确保课程价值的最大化实现，更为了提高学生的学习质量，在本节课的基本知识点讲解结束之后，我引导学生思考了下面几个生活问题。①学校要组织四年级合唱团，四年级一共有 5 个班，其中每个班有 6 个人参加，每人需要有 4 首参赛歌曲参评，思考：四年级一共有多少首参赛歌曲。②1 箱苹果汁和 16 箱橘子汁，每箱 24 瓶，一共多少瓶果汁？如果每瓶 5 元，12 箱苹果汁需要多少钱？学生利用所学知识对上述问题进行独立思考，熟悉的情境不仅能够帮助学生理解题意，提高学生的知识应用能力，而且对高效数学课堂的实现以及综合素质水平的大幅度提高也起着非常重要的作用。

3. 小老师教学法的应用

所谓的小老师教学法，与陶行知先生所提出的小先生制度相类似，目的是锻炼学生的自主学习能力和心理素质。具体来说，就是教师要给学生搭建自主学习的平台，鼓励学生将自主学习的内容以小老师的身份讲授给其他学生，这样不仅能够加深学生的印象，提高学生的学习质量，同时也有助于学生学习能力的提高。

[**案例**]

在教学“长方体和正方体”时，为了凸显学生的课堂主体性，也为了提高学生的学习质量，在本节课的授课时，可以引导学生在学习长方体的基础上自主学习正方体的相关知识，并讲给其他同学。这样的过程不仅能够加深学生的印象，锻炼学生的自主学习能力，而且能够对学生进行心理素质的锻炼，提高其应变能力，进而也有助于学生数感的培养。

4. 故事导语法

内在的力量是巨大的，充分发挥学生内在的力量是我们教师梦寐以求的。如何使学生想学呢？一节课的导语很重要，导语导得好等于这节课成功了一半。课前导语没有固定形式，根据教材具体内容的知识点激发学生学习新内容的欲望，使学生想学。

［**案例**］

如在教分数的初步认识时，可以说："小明一家准备过中秋节，一起吃一个较大的月饼，小朋友们，能帮他分一分吗？"一句话给出故事情境，让学生脑补，用生活激发兴趣，用问题引导思维，从而让个体得到发展。

5. 问题情境法

心理学研究表明：学生的思维活动总是由问题开始的，在解决问题中得到发展。学生学习的过程本身就是一个不断提出问题，又不断解决问题的过程，因此在教学过程中不断创设问题情境，引起学生认识冲突，使学生处于一种"心求通而未得，口欲言而弗能"的状态，激发学生的求知欲，教师提供主动探索和发现问题的条件，使学生的思维在问题的猜想与验证中得到促进和发展。见前面故事导语法中的案例。

三、根据核心素养选择教学方法

小学数学课程内容在知识领域主要包括数与代数、图形与几何、统计与概率、综合与实践运用。

（一）数与代数

"数与代数"这一部分的重要核心概念包括：数感、符号意识、运算能力、推理能力、模型思想、应用意识和创新意识。数与代数是义务教育阶段学生数学学习的重要领域，在小学阶段包括“数与运算”和“数量关系”两个主题。学段之间的内容相互关联，由浅入深，层层递进，螺旋上升，构成相对系统的知识结构。

1. 数感

数感就是对数的感悟，是关于数与数量表示、数量大小比较、数量和运算结果的估计等方面的直观感觉。建立“数感”有助于学生理解现实生活中数的意义，理解或表述具体情景中的数量关系。通常我们需要使学生体验生活建立数感、实践操作增强数感、合作学习交流数感、解决问题提升数感。

[案例]

比如，教学“千克的初步认识”时可安排学生完成以下操作活动。

A. 让学生把大米装在塑料袋里，并称出1千克的大米，让学生掂一掂，初步感受1千克有多重。

B. 学生分别掂一掂自带的物品(如重500克的袋装盐、重250克的味精)，比较并体会不同重量物品的感觉差异。

C. 发给每组三个重量不一装有大米的塑料袋(内有一袋重为1千克)，让学生分别掂一掂，找出重1千克的袋子，看谁找得准。

D. 让学生拿出若干的课本和练习本，先掂一掂，并能够增减，估计一下是否有1千克，再用秤验证，然后推测出2千克、5千克一共有多少本。在实践操作中体会1克的物体能吹得动，1千克的物体能掂得动，强化了学生的数感。

2. 符号意识

数学符号是数学抽象思维的产物，是数学思维活动的载体。对小学生而言，最先接触到的数学符号是数字符号，它是学生学习数学从具体到抽象、直观到概括的第一步，对数学学习发展十分重要，继而还会接触到关系符号、运算符号等。“符号意识”是有主动实践意义的，数学符号对于学习者来说主要的还不是潜意识、直觉或感觉，而是一种主动使用符号的心理倾向。

[案例]

教学中，教师要关注学生已有的符号经验，将数学教学设计成看得见、摸得着的物质化实践活动。教学“找规律”时，课件出示：路边这排树有什么规律？生：是按照紫色、绿色、紫色、绿色……这样的规律排列的。师：我们能不能想办法把这排小树的规律表示出来呢？这样，教师给了学生自主探索、实现自我的空间，他们有的摆，有的画，有的用数字表示，有的用图形代替（生1：△□△□△□……生2：●○●○●○……生3：□■□■□■……生4：121212……），多么富有个性的创造！这正是已有的符号观念在起作用，他们惊喜地发现自己也是一个“研究者、探索者、发现者”，体会符号给数学学习带来的无限乐趣。

3. 推理能力

2022年版课程标准中的“推理能力”主要是指合情推理与演绎推理。合情推理主要是指归纳推理、类比推理。归纳推理是从特殊到一般，类比推理是从特殊到特殊。演绎推理的思维进程是从一般到特殊。

[案例]

在学生已经掌握了整数四则运算后，在进行小数加法时，以“0.5+0.4”为例，学生很容易想到根据整数加法“5+4=9”，得到“0.5+0.4=0.9”，实际这是一种用类比的方式进行合情推理，当然我们还必须用演绎推理来验证。学生想到的方法有：第一种方法是结合具体问题情境，得到“0.5元+0.4元=5角+4角=9角=0.9元”；第二种方法是根据之前学习的小数单位，得到“0.5是5个0.1，0.4是4个0.1”，所以它们的和是“9个0.1”，即“0.9”；从某种意义上来说，我们平时说的演绎推理在计算教学中就是学生理解算理的过程。因此，在推理的过程中，我们一般是按照下面步骤：启发学生由特殊到一般，通过合情推理推测出结论。

4. 模型思想

经过抽象后用符号和图形表达数量关系和空间形式，是模型思想与符号化思想的共同之处，但是模型思想更重视如何创设真情境、经过分析抽象建立模型，更重视如何应用数学解决生活和科学研究中的各种问题。在义务教育阶段教学中，用字母、数字及其他数学符号建立起来的代数式、关系式、方程、函数、不等式及各种图表、图形等都是数学模型。

联系真生活、创设真情境、解决真问题，是未来数学问题解决教学改革的方向。新课标将强调让学生经历在具体情境中运用数量关系解决问题的过程，感悟加法模型和乘法模型的意义，提高发现和提出问题、分析和解决问题的能力，形成模型意识和应用意识。

[案例]

甲地到乙地原来运行的是动车，上午8时出发中午12时到达，运行路程是700千米。现在运行的是高铁，每小时比动车快105千米，上午8时从甲地出发，几时到达乙地？

我们用分析法解决问题，从问题出发，一步一步推导出需要的信息。

分析：(1) 此题是生活中的实际问题，是关于“路程＝速度×时间”的模型，从表面上看，信息丰富而复杂，实际上要解决的问题是求高铁的运行时间，$t=s\div v$。

(2) 不管是动车还是高铁，题目中的 s 不变。

(3) 高铁的速度没有直接给出，跟动车的速度有关，需要求动车的速度。

(4) 根据题中的信息可知，动车的速度 $v=700\div 4=175$(千米/时)，$a=105$ 千米/时。

(5) 所以高铁的速度 $v=105+175=280$(千米/时)，则 $t_1=700\div 280=2.5$(时)。

(6) 高铁8时出发，10时30分到达。

（二）图形与几何

“图形与几何”的课程内容，在小学阶段分为图形的认识、图形的测量、图形的运动、图形与位置四个部分，它们以发展学生的空间观念、几何直观、推理能力为核心展开。

1. 图形的认识

一是从立体到平面再到立体。新课标对空间观念这个核心词的描述有这样一条：根据物体特征抽象出几何图形，根据几何图形想象出所描述的实际物体。教材这样的编排正好体现这样一个过程：从立体图形中找到平面图形，从平面图形中还原立体图形。在教学中要把握好这条主线，建立学生的空间观念。

二是从生活中的实物抽象出图形到应用于生活。例如圆的认识，首先让学生观察生活中的大量现实模型，然后抽象出圆形，探究其特征。这一点大家都能充分认识并做得非常好，但反过来将图形及其特征应用到生活中去，重视得不够。我们的教材有这样一道练习：这就是应用于生活。当学生在尝试解决这个问题时，不仅促进了对圆性质的理解，同时还发展了学生解决问题的能力。

三是从直观辨认图形到操作探索图形的特征。例如对于长方形的认识，课标中对第一、二学段的要求就有明显的层次：从辨认到初步认识特征再到探索并掌握周长、面积公式。这样从直观辨认到探索特征符合儿童的认知规律。我们在教学中一定要把握好每个学段的目标，到位而不越位。

四是从直观图形到曲边图形。在这个过程中，“化曲为直”的思想将初步渗透。

五是从静态到动态。第一阶段主要侧重静态，第二阶段则侧重动态认识。还是以长方形为例。例如，认识它的轴对称性、知道绕长或宽旋转一周形成圆柱等，这些都是进一步丰富对长方形的认识。

2. 图形的测量

图形的测量这部分的要求主要包括：体会测量的意义，体会并认识度量的单位及其实际意义，了解测量的一些基本方法，掌握一些基本图形的长度（包括周长）、面积和体积的测量方法和公式，在具体问题中进行恰当的估测。

［案例］

在学习周长时我们需要通过测量建立长度单位表象。

首先，教学中还应让学生通过操作活动感悟和理解周长的含义。如用绳子、直尺等工具来测量一般封闭图形的周长。学生在实际操作时体会概念的本质，也能很好地区分概念的不同。

其次，测量不仅包括规则图形，还应包括由规则图形组合成的图形或不规则图形，如心形、树叶、不规则多边形等的周长，这些图形不仅让学生领悟、理解概念的含义，同时还能学习测量不规则图形周长的方法，渗透数学思想和方法。

最后，在认识了周长的本质含义之后，再学习长方形、正方形特别是圆的周长时，就是一个从一般到个别的过程。因为所有图形的周长都是一周长度的和，不同的只是有的图形的计算方法比较简便，例如长方形、正方形、三角形、梯形等。

3. 图形的运动

图形的运动这部分的内容，在小学阶段包括轴对称、平移、旋转，之间存在一定的关联。第一，图形的运动提供了动态研究图形的新角度，也是对图形性质的进一步认识，同时也使学生感受到图形变换与图形认识的联系。

［案例］

对于正方形、长方形、圆等，可以通过折叠等活动认识它们的轴对称性。再进一步，通过比较这些图形对称轴的不同，从而感受到圆是一个最具“对称”性的图形，从运动变换的角度理解度量。在平行四边形面积公式的推导过程中，会用割补法等方法将平行四边形转化为长方形,在割补的过程中经过了平移运动。在三角形面积公式的推导过程中,将两个完全一样的三角形拼成一个平行四边形,这经过了旋转和平移运动。此外,现实生活中存在着大量的图形的运动现象,教学中希望提供给学生一种数学的眼光,去认识和把握这些现象。这也是这部分内容的教学价值。

4. 图形与位置

第一、二学段“图形与位置”的内容是按两条线索展开的:一是确定物体的相对位置;二是辨认方向和使用路线图。两方面内容是有区别的。但是它们并非截然分开,而是有联系的,无论是上下、前后、左右,还是东、南、西、北,都既可以用来描述物体的相对位置,又可以用来说明物体的位置具有相对性,需要确定观测点。

(三) 统计与概率

统计教学不仅仅是让学生会事物分类、能绘制统计图表、能计算平均数和百分数。面对大数据时代,更重要的是培育学生的数据意识。

特别是在调查研究,收集、整理、分析数据的解决真实问题的过程中,帮助学生理解生活中的随机现象,逐步养成用数据说话的习惯。进而感受数据的力量,逐步学会思考、表达与交流合作。

2022 年版课程标准指出:“数据分类”的本质是根据信息对事物进行分类。学生经历从“事物分类”到“数据分类”的过程,感悟如何根据事物的不同属性确定标准,依据标准区分事物,形成不同的类。

“数据分类”教学要引导学生在原有“分类”的基础上,经历从具体“事物分类”到抽象“数据分类”的过程。一是对生活中一般“事物”的分类,可以对分类结果进行数字化处理,即把事物的不同属性用数据或符号赋值;二是通过调查对取得的数据进行分类,本质是根据信息对事物进行分类。

生活中的物体分类、数的分类、图形的分类等。这类对事物的分类可以看作"初级"的数据分类。即在一组事物中把具有相同属性的物体作为一类,如按大小分类、按颜色分类、按形状分类、按摆放的位置分类等。对分类结果可以进行数字化处理,即把事物的不同属性用数据赋值。

[案例]

男生、女生分别用 A, B 表示;公共汽车、大货车、小客车分别用 1, 2, 3 表示。

通过调查对取得的数据进行分类(根据信息进行分类)。数据整理的第一步就是分类,分类贯穿统计的全过程(从设计问卷就已经开始了分类)。

(四) 综合与实践

"综合与实践"是一类以问题为载体、以学生自主参与为主的学习活动。在学习活动中,学生将综合运用"数与代数""图形与几何""统计与概率"等知识和方法解决问题。"综合与实践是小学数学学习的重要领域。学生将在实际情境和真实问题中,运用数学和其他学科的知识与方法,经历发现问题、提出问题、分析问题、解决问题的过程,感悟数学知识之间、数学与其他学科知识之间、数学与科学技术和社会生活之间的联系,积累活动经验,感悟思想方法,形成和发展模型意识、创新意识,提高解决实际问题的能力,形成和发展核心素养。"

数学主题活动是将结构性的数学知识和学生日常生活经验加以整合与联系,有机地组成一个数学主题,并以这个主题为主线,按照学生的认知规律,以学生喜闻乐见的场景为背景、以数学问题为切入口、以寻求解决问题的途径与方法而开展的教学活动。分为两类:

1. 融入数学知识学习的主题活动

在这类活动中,学生将学习和理解数学知识,感悟知识的意义。

第一学段"欢乐购物街""时间在哪里"和"我的教室"都属于第一类的主

题学习活动，分别融入认识人民币，认识时分、秒，认识东、南、西、北四个方向等数学知识的学习。

第二学段“年、月、日的秘密”“曹冲称象的故事”和“寻找‘宝藏’”分别融入认识24时计时法，认识年、月、日和它们之间的关系，认识一年四季，认识克、千克、吨以及它们之间的关系等数学知识的学习。

2. 运用数学知识学习以及其他学科知识的主题活动

在这类活动中，学生将综合运用数学知识解决问题，体会数学知识的价值，以及数学与其他学科的关联。这一类主题学习活动涉及跨学科学习：

(1) 第一学段，“身体上的尺子”“数学连环画”；

(2) 第二学段，“度量衡的故事”；

(3) 第三学段，“校园平面图”和“体育中的数学”。

各学段分别涉及运用数学知识及其他学科知识解决问题，将数学与其他学科关联。

(1) 主题活动的设计形式建议。

主题活动的设计可以考虑问题引领的形式，设计长程活动，促进学生对知识的理解，引导学生主动参与、查阅资料、深入思考、得出结论，经历探求解决问题策略的过程，积累基本活动经验，丰富数学学习的经验。

(2) 主题活动的实施要求。

主题活动的实施要有利于学生的参与和体验，指导应面向全体，全程跟进关注学生的参与情况，包括获得了什么样的体验，如何与他人交流，需要怎样的帮助等；指导学生反思与交流活动，引导学生描述感受、表达收获、总结发现。

(3) 主题活动的评价开展。

2022年版课程标准要求主题活动的评价在第一学段关注过程性评价：

第1学时，评价学生认识人民币的情况；

第2—3学时，设计学生自评工具，指导学生关注自身的活动过程；

第4学时，可组织学生进行反思、互评。

第二学段在此基础上，增加关注创新性的评价，要求对照主题活动的教学目标确定评价方式，不仅要关注学生对教学内容的掌握情况，还要关注学生参与活动的程度，以及鼓励学生个体和小组在解决问题的过程中提出独特的策略和方法，激发创造的热情，形成创新意识。

四、小学数学教学方法的优化

数学方法是多种多样的。苏联教育家巴班斯基曾指出，不存在教学方法上的“百宝箱”；美国教学法工作者富兰克尔也指出，不存在任何情况下，对任何学生都行之有效的唯一的“最佳方法”。可见，从众多的教学方法中选择切合学生实际，而且符合教师自己的教学风格的方法，并进行最佳的组合，是教学设计的首要任务。

教学方法的优化来自巴班斯基最优化理论。巴班斯基指出，教学方法的优化选择是“在教学规律和教学原则的基础上，教师对教育过程的一种目标明确的安排，是教师有意识的、有科学根据的一种选择（而不是自发的、偶然的选择），是最好的、最适合于该具体条件的课程教学和整个教学过程的安排方案”。

要实现教学方法的优化，必须做到如下几点。

（1）要熟悉各种常用的教学方法，能有效地运用其中每种教学方法，掌握每种教学方法的优缺点与适用范围。比如，语言讲解法能在最短时间内传递大量的信息，促使学生抽象思维的发展，但不利于学生直观形象思维的发展，不能充分发展学生的技能和技巧；直观模型法能提高教学效果，有利于信息的直观形象传递，但会抑制学生语言表达能力的发展；探究学习有利于发展学生创造性地学习认识活动的技巧，有利于学生更深刻地独立掌握知识，但费时太多，不利于逻辑语言和抽象思维能力的发展。教师对各种教学方法了解越深刻，其所选择的一整套方法的效果就越好，作用也就越大。

（2）在选择教学方法之前，先按教学目的和任务将教学内容具体化，找出重点、难点，并将教学内容划分为逻辑上完整的几个部分，然后选择对每个教学阶段最适用的方法，并把它们恰当地结合起来，形成该节课的最优教学方法。

（3）教学方法的优化应考虑教学过程效率的高低。教育家夸美纽斯在

《大教学论》中指出,“大教学论”的主要目的在于寻求一种教学方法,使得教师可以少教,但学生可以多学,而且学得容易、快乐。教学效率的高低取决于为实现一定的教学目标师生所消耗时间、精力的大小。教学诸多因素的有效组合(对于某一具体教学内容和具体的师生而言),如能保证教学效率最高和目标实现最优,这种结合即为最优的教学效果,这也是最优的教学方法。

思考题

翻开小学数学书,你会发现每一册都含有一到两个数学活动。请你选择一个你喜欢的数学活动,结合单元教学要求,设计一个整合性的课程教学和一个综合实践活动。

[拓展案例]

科学性整合,发展化评价(片段)

——小学低段数学单元整合下的非纸笔活动的评价策略探究

浙江师范大学附属杭州笕文实验学校　王××

经过前期的课前调查,我们可以更加客观和科学地对这样适合拓展与实践,开展非纸笔测评的单元的教学进行适当调整后整合(示例见表3-9)。课程整合容易出现评价标准不统一,那么在这个过程中我们要重视评价融合、评价多元、评价目标统一。课堂实景如图3-2所示。

表3-9　课程整合后“认识人民币”安排表(示例)

第1课时	元角分的认识 进行大面额换小面额的等额换算	细致的排货员
第2课时	元角分的单位换算	
第3课时	解决问题(一)	精打细算的小顾客
第4课时	解决问题(二)	金牌收银员

图 3-2 课堂实景

非书面教学活动综合考查了学生提出问题、解决问题、沟通合作等能力。为了让学生明确本次教学活动的要求与标准以及后期学生与教师的反思,笔者在课堂教学中做了以下几个方面的评价(见表 3-10)。

表 3-10 活动评价表

		自评	组内成员评	教师评价
细致的排货员	知识技能			
精打细算的小顾客				
金牌收银员				
细致的排货员	解决问题			
精打细算的小顾客				
金牌收银员				
细致的排货员	合作与沟通			
精打细算的小顾客				
金牌收银员				

其中评价满分为 10 分,笔者做了如下规范(见表 3-11)。

表 3-11 评价标准

知识与技能	五星:顺利熟练地完成学科目标 三星:在提示下完成学科目标 一星:不能完成

续表

解决问题	五星:能循序发现问题,找到关键人物并解决 三星:需要在老师的帮助下完成任务的解读 一星:不能完成
合作沟通	五星:小组配合默契、衔接顺畅、帮助及时、沟通良好 三星:与他人合作意识较弱,经提醒后逐渐改善,活动进行得较慢 一星:独立操作,只管自己

在低段的教学中,我们发现学生对于知识认识已经有了一定的水平,所以在给低段的学生教学时最适合将单元安排的教学进行整合化、开展非纸笔测评,串联成一个可感知的生活场景。这样一方面增强了学科的趣味性、拓展性,另一方面通过科学有效的评价反思教学的不足,发现学生今后可拓展的能力。

后期沉浸体验和展示评价可作为学校假期的社会活动进行开展。到此一个单元教学整合背景下的非纸笔测评有阶段、可连续地完整呈现。笔者所在学校以此作为思考点结合多学科开展暑期摆摊大赛活动流程如图 3-3 所示。

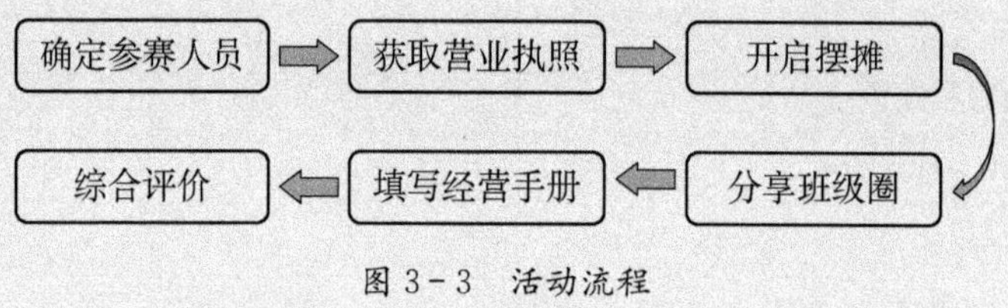

图 3-3 活动流程

项目式学习的开展是多学科融合的非纸笔教育教学活动。从一个学科单元整合性的非纸笔测评再到多学科融合的项目式学习,应充分体现活动设计评价的可持续发展,其中评价的多元,评价目标的清晰都起着至关重要的作用。同样以摆摊比赛的评价为例,笔者做到给予学生家长充分参考(见表 3-12)。

表 3-12 活动量规表

<table>
<tr><td colspan="3">"TEN"王挑战赛
一年级项目式学习量规
班级：________
小组名称：________
小组(个人)成员：______________________________</td></tr>
<tr><td>项目类型</td><td>要求</td><td>评价等级</td></tr>
<tr><td rowspan="3">宣传语设计</td><td>A. 宣传语设计有新意、独到、迎合主题、让人耳目一新</td><td rowspan="3"></td></tr>
<tr><td>B. 宣传语设计大致清晰、主题突出</td></tr>
<tr><td>C. 宣传语设计较简略</td></tr>
<tr><td rowspan="3">经营手册</td><td>A. 记录认真,项目齐全,内容丰富,效果很好,劳动展示有特色</td><td rowspan="3"></td></tr>
<tr><td>B. 展示内容较好,形式良好,效果良好,可继续改进</td></tr>
<tr><td>C. 内容一般,展示形式一般,存在雷同现象,无新意</td></tr>
<tr><td rowspan="3">绘画创新</td><td>A. 标价牌设计、日记绘图排版有创意、有特色</td><td rowspan="3"></td></tr>
<tr><td>B. 展示内容较好,形式良好,效果良好,可继续改进</td></tr>
<tr><td>C. 内容一般,展示形式一般,存在雷同现象,无新意</td></tr>
<tr><td rowspan="3">感想总结</td><td>A. 小组个人心得感想书写流露真情实感,有童趣、有思考</td><td rowspan="3"></td></tr>
<tr><td>B. 小组个人心得感想书写良好,形式一般</td></tr>
<tr><td>C. 小组个人心得感想书写雷同,形式欠缺</td></tr>
<tr><td rowspan="3">营业执照</td><td>A. 测试全员平均分 95 分以上(个人 95 分以上)</td><td rowspan="3"></td></tr>
<tr><td>B. 测试全员平均分 90 分以上(个人 90 分以上)</td></tr>
<tr><td>C. 测试全员平均分 90 分以下(个人 90 分以下)</td></tr>
</table>

第四章

小学数学思维与学生发展

知识要点与思政目标

知识要点	思政要点	案　　例
小学数学思维品质特点	爱国主义情怀、文化自信	通过数学名人的思维成就，培养学生的爱国主义情怀，树立文化自信
小学数学中的数学思维与教学研究	文化自觉、社会责任感与使命感	通过数学思维与教学的典例教学实证，让学生发现方法是贯通古今的，形成文化自觉，能够做一个有社会责任感与使命感的人
小学数学思维的培养策略	责任担当、关注现实	通过教师经验共享，引导学生关注现实，能够在未来课堂中更有责任担当

知识目标

知识目标 1：通过教学，系统地学习小学数学思维品质特点，结合数学典例分析，帮助学生深刻理解思维品质的内涵。

知识目标 2：掌握小学数学思维的涵盖内容，以例题、教学实例加以说明，形成从事小学数学中的数学思维与教学研究的能力。

知识目标 3：通过对培养策略的探究学习，借助一线教师的实践经验，为做好一名小学数学教师在小学生思维培养上打下理论基础。

问题导引

2022年版课程标准在课程目标中指出“会用数学的思维思考现实世界”，数学是思维的“体操”，可以锻炼学生的思维能力，使其不断地发展。数学思维教学，是数学教师在数学教学活动过程中，引导学生根据数学素材进行具体化的数学构思，进行数学运算，形成数学感知，是一种动态的数学学习活动。如果给出信息材料是“原来有8只小鸟，又飞来4只”，想要发展学生思维，有哪些思维品质是可以渗透的？该如何去编组题目进行思维教学？有哪些思维培养策略？

第一节　小学数学中的思维品质

数学的核心是思维。人们在数学学习进程中，数学思维在不断地发生与进展。由于学习者个体的不同，表现出数学思维水平（包括数学思维的质与量）的不同性。这种思维水平的不同性是以数学思维品质为其标志的。

若是人们诚心地强化学习者的数学思维，那么必将促进思维水平的提高。相应地，作为数学思维水平标志的数学思维品质也随之发生转变、进展。这从实质上说，确实是数学思维品质的培育。

思维具有内隐性，是看不见、摸不着的。广义上，思维是个体的所思所想；狭义上，思维是人脑对客观事物间接的、概括的反映。也就是说，人的大脑对听到的、看到的、想到的、经历过的客观事物进行个性化的理解后，用语言表达出来，使内隐的思维外显化。品质是人的行为、作风所表现的思想、认识、品性等的本质。数学思维品质是个体在进行数学思维的过程中所表现出的比较稳定的个性特征。这种特征表现为思维的灵活性、独创性、深刻性、批判性、敏捷性。数学思维的各种品质是相互关系、相互影响的，我中有你，你中有我。其中思维的独创性和批判性的培养尤为重要。

一、小学数学思维的灵活性

思维的灵活性是指考虑问题时，不拘泥于固有的模式，不死套固定的类型，不囿于一种思路，而是善于变换思考的角度，善于对问题的条件或结论进行等价转化，善于“换句话说”，善于综合地运用知识。思维的灵活性使我们能融会贯通，左右逢源，一题多解，并从中择优，选取以简驭繁、化难为易的最佳方案，使问题解决得简捷、巧妙。

数学思维的灵活性具有以下特点：

(1) 擅长从不同的角度试探问题，用不同的方式解决问题。这一特点表现为在解题的思维进程中，能自由而轻易地从一个角度转向另一个角度，从一种途径转向另一种途径，不受一种固定的思维束缚，不固执己见，不拘泥于成规。擅长摆脱思维定式，擅长归纳迁移，擅长触类旁通，擅长类比，擅长联想。从数学解题中看，表现为擅长一题多解。数学思维的灵活性，使学习者擅长从不同角度、用不同方式解决问题。

(2) 擅长随机应变，将问题加以转化。思维的灵活性即思维的不呆板性。擅长从多角度、多方位、以多种方式，随机地从一种解题途径迅速地转化为另一种途径。

[案例]

计算　$354-48+154$　　　109×99

正解：

$$
\begin{aligned}
&354-48+154\\
=&348-48+6+154\\
=&300+(6+154)\\
=&460
\end{aligned}
\qquad
\begin{aligned}
&109\times 99\\
=&(100+9)\times 99\\
=&100\times 99+9\times 99\\
=&9\,900+9\times(100-1)\\
=&9\,900+900-9\\
=&10\,791
\end{aligned}
$$

分析：计算能力的重要内涵是正确运用计算方法计算的能力和追求算法灵活合理的意识，但是所有的灵活方法都不能违反最基本的算法和运算顺序。这两道计算题都考查学生正确运用计算方法以及追求算法灵活、合理的能力。有的学生在计算时片面地认为只要能凑成“整十”“整百”的就是简便方法，所以导致为了凑整而违反基本的运算顺序。例如“354－48＋154”就是针对这种情况而设计的。本题正确的算法是从左往右计算，但有的学生会将它变成“354－154＋48”，这种错误的本质是只关注凑整而忽略了运算及运算定律的意义。当然，本题在计算时同样可以有灵活的方法，例如“354－48＋154＝348－48＋6＋154＝300＋(6＋154)＝460”。而“109×99”的设计则更多地在考查学生方法的灵活性、多样性和简算意识，题目中“109”可以变化为“100＋9”，也可以变化为“110－1”；“99”可以变化为“100－1”，也可以变化为“90＋9”……给学生的计算方法的多样性提供了很大的空间，而且从计算中可以看出学生是否具有追求方法合理性的意识。

思维灵活性可以解释为思维活动的灵活程度，即学生在思维进程中能从不同的方面、不同的角度和不同的方向来试探问题，而且还能用不同的方式来解决问题，具体到数学学习上，学生能够从不同的方面来明白数学概念，用各类方式来解答数学问题，有时还能够用多种手段来处理疑难问题。思维灵活性还表现在数学难题的解答上，“一计不成，又生一计”，使解题显现“山重水复疑无路，柳暗花明又一村”的情况。

二、小学数学思维的独创性

思维的独创性表现为在思维活动中制造出新的东西(知识、功效等)，思维独创性的特点即具有“新颖性”(即格式塔学派的新的结构、新的完形)。

人类对世界的熟悉、对知识的更新和社会的进步都离不开思维的独创性,思维的独创性往往是在克服了过去的思维模式的障碍以后,显现的新的思维模式。它又往往借助于思维的顿悟(即灵感)。

在小学数学学习中,思维的独创性是极为重要的,著名数学家高斯小时候就具有在数学学习上思维的独创性,他在计算教师给他们出的计算题 1+2+3+…+100 时,不是依常规的计算步骤,即一个一个地加起来,而是排除过去的思维模式,采取了一种新颖的算法:(1+100)×100÷2=5050[即高斯定理"(首项+末项)×项数÷2"]。

数学思维的独创性具有以下特点:

(1) 具有较强的个性特点。

(2) 擅长独立探究、分析、综合,找出数学问题的要紧特性。

(3) 擅长通过观察、类比、归纳,作出猜想。

(4) 不拘泥于现有的思维方式与途径,而擅长独辟蹊径,从方式上创新。

(5) 通过思考而取得新颖的思维效用。

[案例]

图 4-1 所示的两个圆柱的体积相等,请你根据提供的信息写出两个比例,分别是(　　)和(　　)。

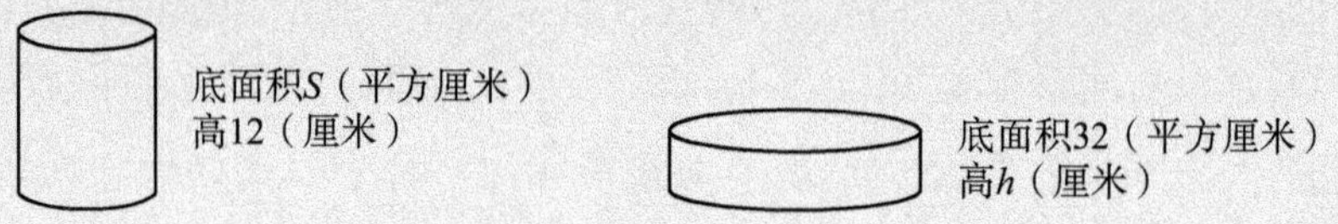

图 4-1　六年级下册比例的意义与基本性质选题

正解:两个比例是 $S:32=h:12$ 和 $32:S=12:h$。

分析:本题的情境设计非常巧妙,题型新颖,表面上看似乎是考查学生图形与几何的体积计算知识,实质是借用体积计算的方法指向比例的基本性质,需要学生有较高的知识变通和创新应用能力。

题目要求写出两个比例,显然只能用题目给出的四个数据,根据比例的意义,必须是两个比的比值相等才能组成比例,但题目给出的四个数据中有两个是字母，无法得到两个明确的比值。必须改变思路，因为两个圆柱的体积相等，所以可以得到以下的等式：$12S = 32h$。这样，我们可以把这个等式看作是一个比例，根据比例的基本性质写出的“两个外项积”与“两个内项积”相等的式子，于是问题便迎刃而解了，只要把一个积看成比例的两个外项(内项)，那么另一个积就是比例的内项(外项)，即可写出比例。

在数学教育迅猛进展的今天，培育学生的思维独创性具有重要意义。思维创造，在考虑问题时，不是单纯模仿既有的方法，不是沿袭现成的思路，而是别开生面地运用他人尚未用过的方法，使问题得到圆满解决。具有这种思维品质才能不因循守旧，不故步自封，善辟新思路，敢为天下先，在学习生活中容易取得别开生面的成果。

三、小学数学思维的深刻性

思维深刻性指思维活动的抽象程度和逻辑水平，思维活动的广度、深度和难度。数学思维的深刻性具有以下特点：

(1) 擅长洞察数学对象的本质。

(2) 擅长把握数学知识的背景。

(3) 擅长熟悉数学知识结构及知识间的彼此关系。

(4) 擅长揭露数学材料的思想、方式、原理。

(5) 擅长把握数学材料间的逻辑结构，形成适当的推理和作出正确的推断与猜想。

[案例]

冬冬有一些5元和2元的纸币，总共23元，他可能有多少张5元纸币和2元纸币？(请你从和、积的奇偶性考虑，找出所有答案，并尽可

能清楚地写出你的思考过程)

解:如表4-1所示。

表4-1 冬冬纸币方案情况表

5元	2元	总价
1张	9张	23元
3张	4张	23元
奇数+偶数=奇数		

$$1\times5+2\times9=23(元)$$

$$3\times5+2\times4=23(元)$$

冬冬可能有1张5元、9张2元,或者3张5元、4张2元的纸币。

分析:本题考查学生综合运用2、5的倍数特征,和与积的奇偶性规律等知识来解决问题,由于要解决的问题数学性比较强,并且强调思考的有序性,问题需要学生通过有序思考,找出所有符合题目要求的答案。学生在列举过程中,需要运用"2的任何倍数都是偶数",即"偶数×任何数=偶数""5×偶数=偶数""5×奇数=奇数""奇数+偶数=奇数""偶数+偶数=偶数"等相关知识。由于23是奇数,而奇数=偶数+奇数,很显然,2的任何倍都是偶数。因此本题的突破口就是找到小于23同时是5的奇数倍(也就只有1和3两种情况)的数,这样,问题就迎刃而解了。

本题改变了常规的"(　　)+(　　)=奇数,(　　)×(　　)=奇数(偶数)"这样的思路,在问题解决中,考查"倍数知识以及和、积奇偶性规律",数据虽然简单,但能从解答中看出学生的思维过程,考查学生推理、列举、假设等解决问题的策略水平。

在小学数学解题学习中,往往由于思维缺乏深刻性,造成解题或证题的片面性与漏洞。思维深刻性要注意考虑问题时严谨深刻、周密审慎；能排除表面现象的干扰，洞察事物的内部特征，把握其本质；能弄清事物间的微小差异，明察秋毫，善辨真伪。思维的深刻性使我们在错综复杂的问题面前，能洞若观火，抓住根本，找到规律，使问题解决得有根有据，无懈可击。

四、小学数学思维的批判性

思维的批判性其实是思维活动中的独立分析、独立观点、独立试探、自我反馈，不轻信不盲从的思维品质。

数学思维的批判性具有以下特点：

(1) 擅长找出解题中的错误，并能独立地纠正错误的解法与错误的结果，即擅长洞察解题进程中显现的错误与漏洞，并能对思维进程作出正确的评判。

(2) 擅长对已有的数学结果提出自己的观点或疑问。在数学中，有许多问题是人们通过不完全归纳或类比等方式取得的。具有思维批判性者，不盲从、不附和，才能从中发觉其问题或错误。

[**案例**]

小明解决这样一个问题："玩具厂计划生产 4.2 万辆电动汽车，已经生产了 6 天，平均每天生产 0.4 万辆，余下的要求 4 天完成。平均每天应生产多少万辆？"

小明的计算结果是平均每天生产 0.65 万辆。请你把这一结果当作已知数进行检验，检验后回答小明的结果是否正确。

解：$0.4\times6+0.65\times4=5$(万辆)

5 万辆 $\neq4.2$ 万辆，小明的计算不正确。

或者：

设平均每天生产 x 万辆，可得方程：

$6\times0.4+4x=4.2$，把小明的计算结果 0.65 代入方程检验：

左边 $=6\times0.4+4\times0.65=5$，与右边不等。

所以0.65不是方程的解，小明的计算不正确。

分析：本题考查解决问题的能力，解决问题一般需要经历“理解题意—探寻思路—列式解答—检验反思”的过程。命题关注解决问题的步骤与过程，尤其是检验反思的方法与能力。这是解决问题过程中重要的环节，题目针对这一环节进行设计，富有新意，不仅是对结果进行评价，也是对过程进行评价。

检验反思主要包括“估计判断”“检查每一步”“代入检验”“能用其他方法解吗”等策略与方法。此题，可将结果作为已知数进行检验，运用“6天生产的辆数+4天生产的辆数”是否等于“总辆数”进行检验，也可以将这一相等关系列成方程，看小明的计算结果是否是方程的解。

数学思维的批判性是一种思维品质，它指学生在思维活动中善于估计思维材料、检查思维过程，不盲从、不轻信。思维的批判性来自学生对思维活动各环节、各方面的调整、校正，即自我意识。这种自我意识的“调整”“校正”又来自学生对问题本质的认识。只有深刻地认识、周密地思考，才能全面正确地作出判断。因此，思维的批判性是在深刻性的基础上发展起来的思维品质。

五、小学数学思维的敏捷性

所谓数学思维的敏捷性，其实是学习者擅长在较短的时间内果断而迅速地对思维的对象进行识别、判定、推理、猜想、证明以至于问题解决。

数学思维的敏捷性具有以下特点：

(1) 在数学解题进程中擅长走捷径，超越常规的步骤，从而使解题进程大大缩短。思维的敏捷性在数学证明中起着十分显著的作用。因此，在数学学习中注意培育思维敏捷性是数学学习的重要任务之一。

(2) 思维敏捷性具有直觉的成分，通过直觉思维，取得简洁的解题思路。

(3) 在解决数学问题的思维中，擅长一下抓住问题的本质，使问题迎刃而解，表现出解决问题的敏捷特点。

[案例]

把荷叶上的序号填入图 4－2 相应的框中。

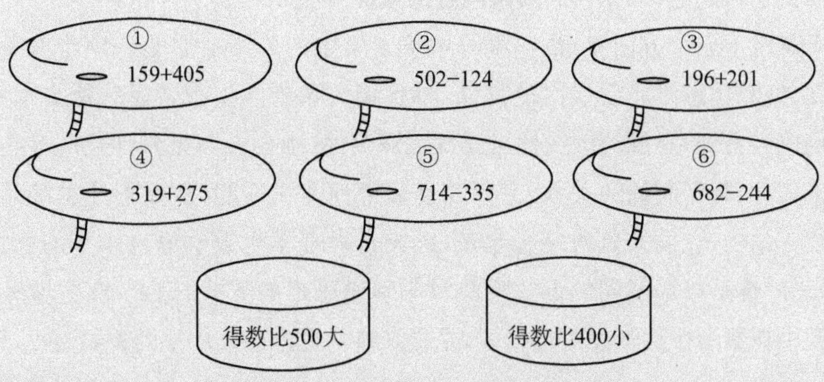

图 4－2 三年级上册万以内加减法估算选题

解：得数比 500 大的算式是①④，得数比 400 小的算式是②③⑤。

分析：本题考查学生加减法的估算能力，估算是一种高阶思维，有法但无定法，关注的是策略和灵活性，要基于具体的情境和数据确定估算的方法。因此，估算能力的培养，不是一蹴而就的，需要有不断的有效经历和较长的过程。

学生在估算以上算式时，策略与方法都是多样的。例如第①题，因为 100＋400＝500，所以 159＋405 肯定大于 500，第④题也类似。第②题，因为 502－102＝400，所以 502－124 必定小于 400，同样第⑤题也相同。而第③题，因为 200＋200＝400，而 196 比 200 小 4，但 201 只比 200 大 1，所以和小于 400。最后是第⑥题，因为 682－282＝400，682－182＝500，所以 682－244 得数大于 400 但小于 500。

数学思维的敏捷性表现在一个“快”字上。数学家欧拉在解决“七桥问题”时，确实是把七桥问题中“一次无重复地走过七座桥”的问题的本质抓住了,即把它看成是“笔不离纸,一笔画出一个封锁曲线”(“一笔画”)问题,从而使问题得以迅速解决。我们经常遇到很多的数学问题,解法的多元性能使学生的思维具有多起点,使其由数见形,由形见数,巧换方法思考与判断。数学思维的敏捷性给我们一个启示:当你遇到很难解决的问题时,不妨从多方面去思考问题,尝试找到解决问题的最优方法。

从以上五个方面看,数学学习中培育学生的思维品质是一项十分重要的任务,数学思维品质层次的高低,将直接关系到学生数学思维能力水平。我们应当看到,思维的敏捷性、灵活性、深刻性、独创性与批判性之间存在着相互依存、相互制约的关系,它们相互紧密地连在一起,从而形成思维品质的统一结构;它们有机地结合起来,形成了表现学生数学思维水平的标志。“数学思维是以最鲜明的形式反映科学理论思维的方式,因此,在数学教学进程中抓紧学生数学思维的形式,是提高科学理论思维水平的重要前提。”

第二节 小学数学中的数学思维与教学研究

2022 年版课程标准在课程目标中提出“会用数学的思维思考现实世界。”由此可见,小学数学思维与教学研究是现在教育研究的热点。

一、小学数学中的数学思维

数学为人们提供了一种理解与解释现实世界的思考方式,通过数学的思维,可以揭示客观事物的本质属性,建立数学对象之间、数学与现实世界之间的逻辑联系;能够根据已知事实或原理,合乎逻辑地推出结论,构建数学的逻辑体系;能够运用符号运算、形式推理等数学方法,分析、解决数学问题和实际问题;能够通过计算思维将各种信息简化和形式化,进行问题求解与系统设计;形成重论据、有条理、合乎逻辑的思维品质,培养科学态度与理性精神。

小学数学思维包含面广,在义务教育阶段,数学思维主要表现为运算能力、推理意识或推理能力。通过经历独立的数学思维过程,学生能够理解数学基本概念和法则的发生与发展，数学基本概念之间、数学与现实世界之间的联系；能够合乎逻辑地解释或论证数学的基本方法与结论，分析、解决简单的数学问题和实际问题；能够探究自然现象或现实情境所蕴含的数学规律，经历数学“再发现”的过程；发展质疑问难的批判性思维，形成实事求是的科学态度，初步养成讲道理、有条理的思维品质，逐步形成理性精神。以下列举几种重要的数学思维。

(一) 运算能力

运算能力主要是指根据法则和运算律进行正确运算的能力(示例见图4－3)。能够明晰运算的对象和意义，理解算法与算理之间的关系；能够理解运算的问题，选择合理简洁的运算策略解决问题；能够通过运算促进数学推

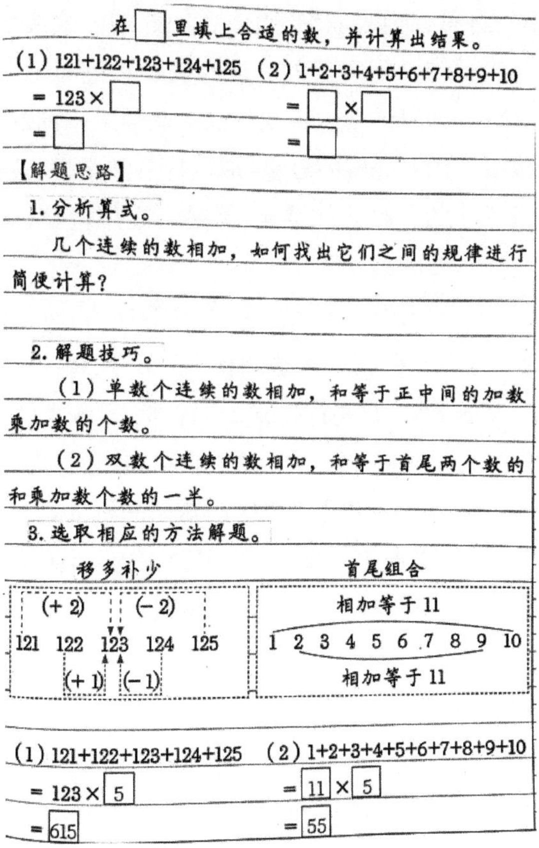

在□里填上合适的数，并计算出结果。

(1) 121+122+123+124+125
= 123×□
=□

(2) 1+2+3+4+5+6+7+8+9+10
=□×□
=□

【解题思路】

1. 分析算式。

几个连续的数相加，如何找出它们之间的规律进行简便计算？

2. 解题技巧。

(1) 单数个连续的数相加，和等于正中间的加数乘加数的个数。

(2) 双数个连续的数相加，和等于首尾两个数的和乘加数个数的一半。

3. 选取相应的方法解题。

移多补少
(+2) (−2)
121 122 123 124 125
(+1) (−1)

首尾组合
相加等于11
1 2 3 4 5 6 7 8 9 10
相加等于11

(1) 121+122+123+124+125
= 123×5
=615

(2) 1+2+3+4+5+6+7+8+9+10
=11×5
=55

图4－3 三年级利用乘法交换律简便计算选题

理能力的发展。运算能力有助于形成规范化思考问题的品质,养成一丝不苟、严谨求实的科学态度。

运算能力是与数学最直接相关的思维能力。早期家庭教育中,在小学入学前很多家长经常把“数学好”等同于“计算好”,当学生学会计算以后,就沉迷于提升学生的计算能力、计算速度等,但对于数学思维来说,计算只是解决问题,获取答案的一个步骤,它只是数学思维的一部分,不能代表数学思维全部。举个生活中常见的例子,一名篮球运动员想提高投篮的命中率,可以尝试计算投篮的角度和力度,那么在计算前,首先应该要知道的就是与投篮角度相关的抛物线的知识以及与力相关的知识,通过分析得到模型进而再计算。

(二) 逻辑思维

逻辑思维是指将思维内容联结、组织在一起的方式或形式。思维是以概念、范畴为工具去反映认识对象的。这些概念和范畴是以某种框架形式存在于人的大脑之中,即思维结构。这些框架能够把不同的范畴、概念组织在一起,从而形成一个相对完整的思想,加以理解和掌握,达到认识的目的。因此,思维结构既是人的一种认知结构,又是人运用范畴、概念去把握客体的能力结构。

逻辑思维强调的是理解、分析、应用、综合等能力,直白一点说,就是利用知识解决问题的能力。在教育教学过程中,我们很容易只关注学生识记了多少理论知识,却很少关注学生是否真的掌握、理解了学习到的理论,是否能利用自己所学习的理论去分析现实中的问题,并解决它。这些是和生活分不开的,在生活中给学生创造实践应用知识的机会,比如在收拾衣服的时候,运用分类;比如购买窗帘之前,运用测量;去超市买菜之前,让学生运用统计……诸如此类,都是逻辑思维的生活表现。

(三) 归纳思维

归纳思维是通过对许多同类的个别或特殊事物进行思考、概括出一般性原则、原理和规律的思维方法(示例见图 4-4 和图 4-5)。人类思维运动,总是在从个别或特殊到一般，再从一般到个别或特殊的循环往复中实现的。

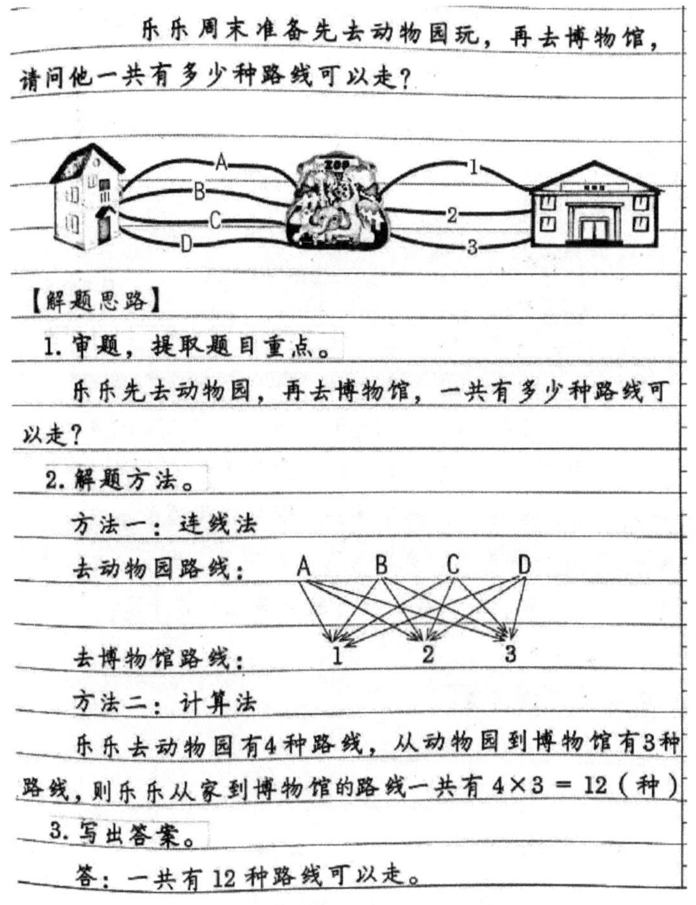

乐乐周末准备先去动物园玩，再去博物馆，请问他一共有多少种路线可以走？

【解题思路】

1. 审题，提取题目重点。

乐乐先去动物园，再去博物馆，一共有多少种路线可以走？

2. 解题方法。

方法一：连线法

去动物园路线：A　B　C　D

去博物馆路线：1　2　3

方法二：计算法

乐乐去动物园有4种路线，从动物园到博物馆有3种路线，则乐乐从家到博物馆的路线一共有 $4\times3=12$（种）

3. 写出答案。

答：一共有12种路线可以走。

图 4－4　三年级排列问题选题

在小学数学学习阶段，所谓的归纳思维就是学生能从一些具体的体验当中，提炼出规律要点，并进行一般化推广的能力，比如黄狗四条腿，黑狗四条腿，从而归纳出狗有四条腿的道理。传统的应试教育，教师更注重的是填鸭式教育，而不注重学生自己在体验中归纳出数学定理。该怎么做呢？以认识图形来举例，先不告诉学生三角形、正方形等概念，而是给学生一堆实物，让他们去触摸、去观察，然后总结不同的特点，并根据特点分类，最终能够正确分类后，顺理成章地揭示三角形和正方形的概念。

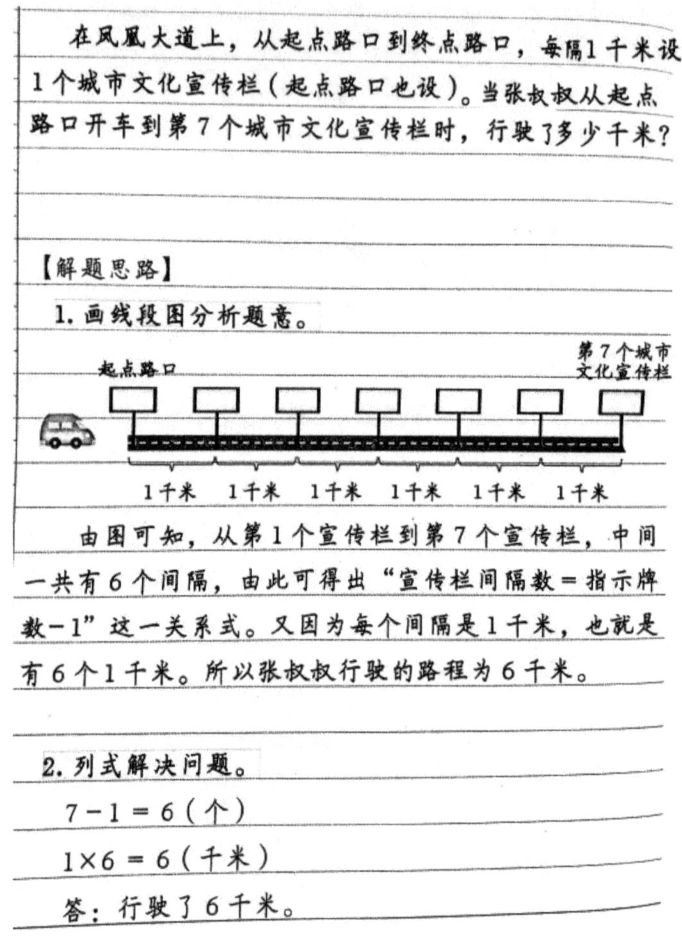
在凤凰大道上，从起点路口到终点路口，每隔1千米设1个城市文化宣传栏（起点路口也设）。当张叔叔从起点路口开车到第7个城市文化宣传栏时，行驶了多少千米？

【解题思路】

1. 画线段图分析题意。

由图可知，从第1个宣传栏到第7个宣传栏，中间一共有6个间隔，由此可得出“宣传栏间隔数＝指示牌数－1”这一关系式。又因为每个间隔是1千米，也就是有6个1千米。所以张叔叔行驶的路程为6千米。

2. 列式解决问题。

7－1＝6（个）

1×6＝6（千米）

答：行驶了6千米。

图 4－5 三年级间隔问题选题

(四) 推理思维

推理思维也可以说是推理意识，主要是指对逻辑推理过程及其意义的初步感悟。知道可以从一些事实和命题出发，依据规则推出其他命题或结论；能够通过简单的归纳或类比，猜想或发现一些初步的结论；通过法则运用，体验数学从一般到特殊的论证过程；对自己及他人的问题解决过程给出合理解释。推理意识有助于养成讲道理、有条理的思维习惯，增强交流能力，是形成推理能力的经验基础。

推理思维事实上是归纳与演绎能力的提升，比如可以根据结论推理出原因，也可以根据原因推导出相应的结论，也就是大家熟悉的侦探小说。但并不是说锻炼学生的推理能力，就一定跟侦探有关，事实上，每一道数学题解决的过程，都是一个严谨的推理过程，比如在小学数学的解决问题中，一般都有如下解题步骤(示例见图 4－6)：

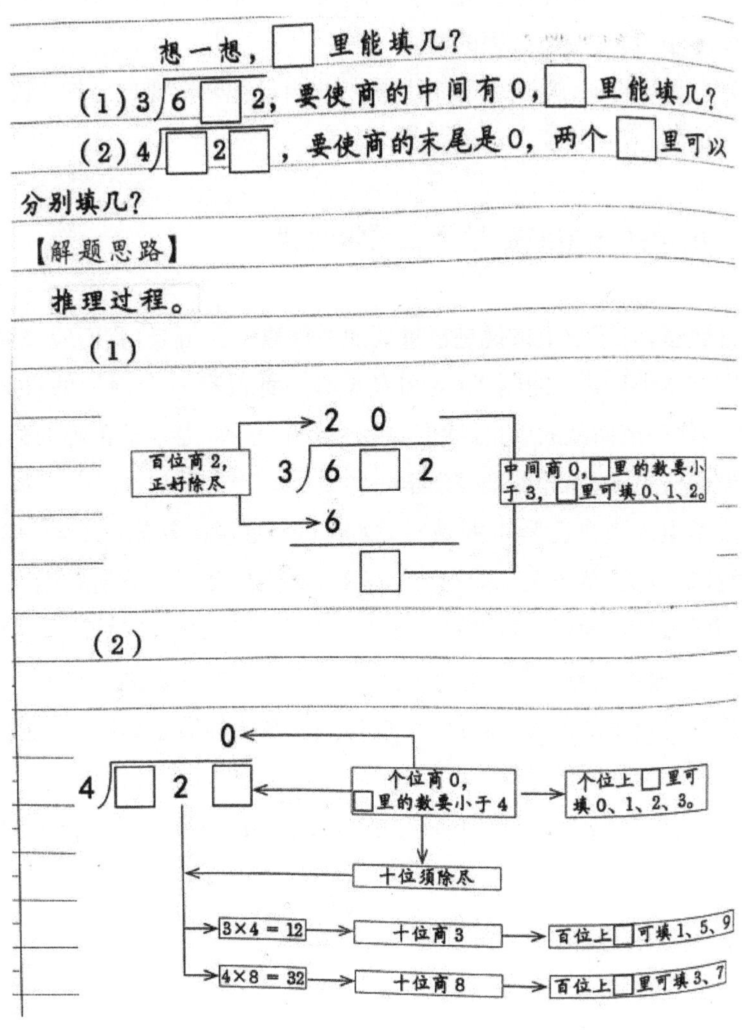

图 4－6　三年级求商问题选题

(1) 熟悉题目,以闭目暂时不忘记题目的内容为宜。

(2) 理解题目,通过对比分析,找到题目中的条件,提取有用信息,找到未知量、已知量。

(3) 寻找思路,通过组合分析已知量和未知量,分析已知量和未知量的联系,找到解题的思路。

(4) 解答问题,学会有逻辑地解答问题,把解答问题的步骤分成有条理的大步骤和小步骤,便于后面的检查。

(5) 实践和验证,解答完题目后,提炼出自己把未知变成已知的经验,并应用于相似的题目,验证自己思路的正确性。

二、小学数学中的数学思维教学现状

学好数学,对于学生来说是很重要的一件事情。可是,我们应该如何学好数学呢?这个问题在很多学生和家长心中都没有一个确切的答案。学习,不是一件一蹴而就的事情,我们要找到好的方法,走一条正确的路径,再付出不懈的努力,这样才能把数学学好。

很多学生认为自己学不好数学,这是一个错误的认知,数学并非那么难,只要找对方法,每个人都能把数学学好,这些都离不开数学思维这块"垫脚石"。数学思维,通俗来说就是解题的一种思维。如果学生能搭建系统的数学思维,在遇到问题时,就能利用这些数学思维进行解决。作为教师,做好数学思维与教学的研究,帮助学生成功搭建系统的数学思维,让学生不仅能打破自己和数学间的壁垒,更能从根本上学会解决问题,真正做到学以致用,并且不断提高数学能力。下面对小学数学中的数学思维教学现状进行分析。

(一) 教学效率低

在小学数学教学过程中,某些教师的教育理念与现代的教学方式相比较为传统。在教学的过程中,他们注重如何去提升学生的学业成绩,更注重学习后学生所反映出来的结果,从而自动省略了教学过程中所体现出的数学思维的重要性，造成某些学生在学习过程中，虽然能运用数学公式快速得到正确的计算结果，但对题目所包含的问题知识理解完全不够，只能说是懵懵懂懂，学生在以这种方式接受学习的时候往往都是一知半解的，对所有的知识都存在不懂的地方，几乎都缺乏对知识的掌握，从而导致课堂教学的效率逐渐降低。

[优质课片段示例]

片段1：小数在你心目中是什么样的？

（教师在黑板上写出“小数”，随即提问学生：小数在你们心中是什么样的？你能表述出来吗？）

生：小数得有0，还得有个点儿。

生：小数是不整齐的数，比如0.3就是不整齐的小数。

生：小数很小，小数是比1小的数。

生：0.5元是5角，钱就是小数。

（选自数学特级教师吴正宪《小数的意义》）

简单解读：开放式提问代替灌输式教学，是对概念理解的促进。

片段2：辨“11”

师：我们还记得聪明的古人可以用1块大石头和1块小石头表示出“11”，我们用小棒也能表示出“11”，现在只有两颗颜色一样、大小也一样的小珠子，还能表示“11”吗？

（学生意见不一致，有人认为能，有人认为不能，老师请几个代表说说自己的想法。）

认为不能的学生：我觉得两颗小珠子只能表示“2”，它就是两个，不能表示“11”。

认为能的学生：我觉得可以把一颗小珠子看成“10”，另一颗小珠子看成“1”，不就行了吗？

认为不能的学生：可是这两颗小珠子一样大呀？又不是一颗大一颗小。

师：是呀，都长得一样，你怎么能让所有人知道到底谁是10谁是1呀？

生：在一颗珠子上写上10，另一颗珠子上写上1不就行了？

师：其实刚才他的想法和数学家的想法特别像，数学家为我们制造了计数的工具，快来看（出示计数器），你们认识吗？

（选自2015年全国小学数学观摩课一等奖《11—20各数的认识》）

简单解读：从古至今讨论，创造矛盾，促进思考，自然过渡教学环节。

（二）教学方式单一

当前小学数学教学工作中，有些教师基于对传统教学观念的理解，教学方式单一，教学手段落后。在教学过程中，教师在课堂上讲解基础知识和理论，然后让学生通过反复练习计算来熟练知识，并运用知识解决问题。这类题海战术很不合理，在教学过程中会很大程度地打击学生的学习主动性，使学生丧失自信心。而且这种统一的教学方法不能有效地解决学生的具体问题，忽略了学生之间的个体差异，不能满足学生对学习的需要。

[优质课片段示例]

片段1：使用代表性学具模型——初探算理与算法

（通过现实生活情境，教师引导学生列出了19＋18这个算式。）

师：19＋18等于多少？应该怎么算呢？大家试一试，可以使用学具。然后把你是怎么计算出结果的，和你的同桌说一说。

师：谁愿意说一说你是怎么摆的？（从8根小棒中拿出1根和9根凑成10，一共有3捆，8根还剩7根，所以是37根小棒。）

师：摆得真不错，把单根的凑成了整捆。我们一起数一数，1个十，

2个十,3个十,那3个十和7个一合起来就是37。

师:按照这种摆法,应该怎么算呢?先算谁和谁?再算谁和谁?

生:先算9+8=17,再算10+10=20,最后算20+17=37。

师:为什么要把9+8,10+10放到一起算呢?

生:因为8根和9根是一根一根摆的,要先把这些一根一根地合起来,而10+10是一捆一捆摆的,再把一捆一捆的合起来。

生:一根的是个位,要把个位合起来,一捆的是十位,要把十位也合起来。

片段2:使用半抽象学具模型——再探算理与算法

师:谁拨计数器来计算这道题?

生:先拨19,在个位上拨9个珠子,十位上拨1个珠子。

师:个位上的1个珠子和十位上的1个珠子分别表示什么呢?

生:个位上的1个珠子表示一,十位上的1个珠子表示十。

师:接着怎么拨呢?

生:还要在个位上拨8个珠子,但个位上只剩1个珠子了,只能先在个位上拨1个珠子,个位满十了,个位还有7个珠子没拨呢。

师:个位上的珠子满10个,怎么办呀?

生:把个位上的10个珠子退回去,在十位加一个珠子,再把个位的7个拨完,这样个位上的8个珠子都拨完了,最后直接在十位上加1个珠子。

师:10个一变成1个十,所以在十位上加1个珠子(演示计数器拨的过程)。

生:满十进一,最后得37。

(选自东北师大附小中信校区赵艳辉工作室赵春梅《两位数加法》)

简单解读:两个片段出自同一节课,算法算理的探究结合直观学具更清晰易懂,有层次地递进,让学生不是死记,而是理解记忆。

(三) 教学评价效果不佳

在小学数学教学过程中，一些教师会在课堂教学过程中不时提问和抽查学生，从而掌握学生的知识接受程度。但是，这种评估和检查方法是不完整的。不同的学生有不同的知识接受能力，这种评估方法不科学。另外，教师在评价学生时，往往以最终的学习成绩为基准，但这种评价方法比较空虚，教师也采用统一的评价基准，没有对学生进行目标评价，评价效果不佳(示例见表 4-2、图 4-7)。

表 4-2　学生课堂学习行为评价量表(示例)

时间	学生学习行为要求	得分	失分原因
课前	1. 铃声结束前全体学生安静就座，桌面整齐放好本节课用书和学习用品(5 分)		
	2. 起立问好，站立整齐，精神饱满，声音洪亮(5 分)		
课中	3. 倾听时，坐姿端正，精神饱满，不做与课堂学习无关的事(10 分)		
	4. 发言时，站姿挺拔，精神饱满，声音洪亮，面带笑容，从容自信(15 分)		
	5. 书写时，姿势正确，神情专注(15 分)		
	6. 合作时，积极参与，遵守规则(10 分)		
	7. 全体学生积极专注，眼睛发光，面带笑容(10 分)		
课尾	8. 课堂练习能当堂完成(10 分)		
	9. 课堂检测人人过关(15 分)		
	10. 学生感受到这堂课有所收获(5 分)		
总分			

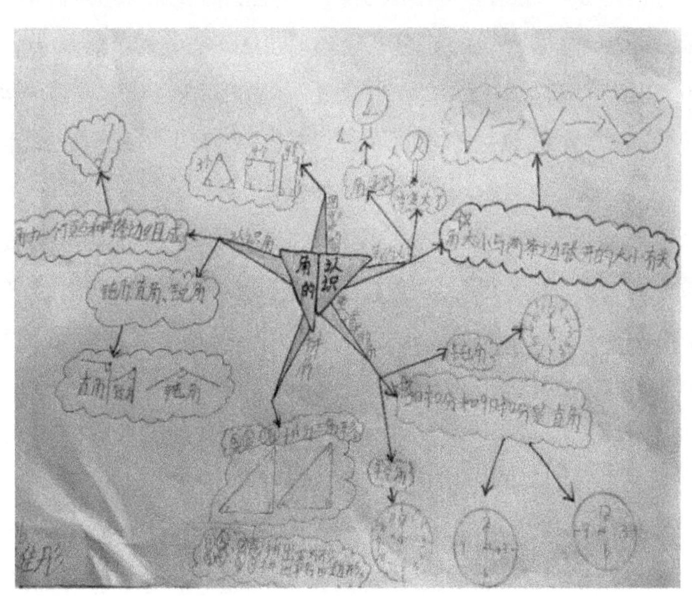

图 4-7　以学生作品为评价载体

第三节　小学数学思维的培养策略

小学数学思维品质的培养，有助于学生在头脑中建构更符合其知识经验的逻辑体系，教师在教学实践中从学生的实际出发，根据教学内容有目的、有计划地培养学生优良的数学思维品质，是发展学生思维能力的重要手段。

一、教学情境喜闻乐见，促进形象思维发展

无论是哪个学段的学生，对于课堂始终保持着好奇，喜欢有趣的课堂教学情境。以小学低年级学生为例，低年级小学生最喜欢的数学教学方式为现实生活场景、故事以及游戏等。由于低年级小学生思维活跃，好动，注意力难以集中，通过创造“现实生活场景、故事以及游戏”为素材的教学情境，将课题引入可将学生注意力牢牢吸引住，学生学习更加真实，进而激发学生强烈的探索心理，并保持强劲的思维动力，助力课堂上的数学学习。

例如，在学习口算除法时可应用交互多媒体，贴合学生喜欢互动的学情特点，在课件上面显示的是很多箱苹果、一位老伯和一辆车，先让同学们观察图片，而后教师提出问题：共有 80 箱苹果，共运 2 次，问老伯平均 1 次运多少箱？而后教师提问学生此时应采用哪种方法做，学生会集体反馈用除法，得出结果为 40 箱。教师再引导学生将计算的想法（算理）表达出来，在多媒体课件中出示小棒（1 捆 10 根，表示 1 个“十”）作为学生的表达工具。学生 A 借助小棒可以边摆边说，80 中“十”共有 8 个，均分为 2 份，每份数量均为 4 个“十”，由此便是 40 箱；学生 B 想乘算除，说乘法口诀中二四得八，因此是 4，再添上 1 个“0”就是 40 箱。通过多媒体展示图片，同时提供教学辅助素材的方法将本节课题引入，先充分吸引学生注意力，而后教师提出问题使学生讨论，让学生初步了解本节课需要解决何种问题，激发学生求知欲，打开思想源泉，注重算理的直观演示，让算理表示更清晰，注重与以往学习过的知识相连，应用乘法口诀计算除法，可温故知新，强化数学学习效果。

二、实践操作化繁为简，用直观形式强化理解

数学中很多知识都具有立体与抽象特点，空间观念的形成是一个循序渐进的过程，学生脑海中难以快速建构立体思维模式，当遇到具体难题时便会由于无法解决而退缩，表现消极，长此以往，会对学生数学学习积极性产生负面影响，妨碍其后续数学学习。因此教师要有针对性地引导学生思维，使复杂问题具体化，促使学生深入了解。

比如在学习长方体与正方体的认识这一课题时，教师不仅要在黑板上将正方体与长方体画出，还要鼓励学生一起参与到动手实践过程中，可在上节课叮嘱学生准备纸板，而后本节课开展折叠活动，将大小不一的正方体或者长方体折叠出来，再用直尺将长宽高测量出来，运算表面积与体积等。通过自主动手实践可将兴趣与情感投入，在学习时也更加认真，由此实现实践教学目标，将学生空间思维能力、思维灵敏性以及实践动能激发与提升，整体深化学生思维。

三、知情交融由浅入深，加快思维深化发展

心理学认为心境优良与氛围和谐可增加人体思维的敏捷性与联想的活跃性，将创新意识激发出来。在对活动予以创造时热情是主要动力，可将智力因素有效组织与充分调动。因此在小学数学课堂中，教师应精心设计教学环节，营造自主和谐氛围，对学生进行引导，使其在解决实际问题时使用新型方法与思路，充分激发学生潜能。

比如在解决思考题时教师可提问：小亮在站队，前面有 4 名，后面还有 4 名，那么这个队伍中一共有几个人呢？教师提问后可装作深思与求解不得，由此激发学生好奇心，会询问教师缘由，教师此时可引导学生自己解决这道题困难较大，能否请同学们协助解决。受到教师邀请学生通常兴趣高昂，会为教师出谋划策，开展热烈讨论，且将自身观点积极提升。教师观察学生讨论，并适当点拨，由此不仅可增强师生间情感，还能够加快学生思维与主动

性的发展。

四、思维求异别出心裁，激发思维创新性

思维独创性可将智力活动创造能力反映出来。由于数学学习中思维为主要因素，因此在教学过程中教师应培养学生求异思维，引导小学生开展求新探究，促使小学生在头脑中再加工已有知识，并进行改组、调整以及充实，对简便与独特的解决方法予以创造性探究，进而提出别出心裁的方法，形成学生独创性思维。

比如在学习乘法意义这一章节时教师可将加法题演示出来："8＋7＋7＋8＋7"，引导学生计算。有学生提出可采用"8×2＋7×3"的计算方法，另外一个学生则独辟蹊径，提出可采用"7×5＋2"的方法，其他学生受此启发，提出亦可应用"8×5－3"的方法。学生思维是可发散的，能够找出题目中并不存在的其他"7"，将"8"向"7"转化，这样一来就可得到"5"个"7"，这样充分体现该学生思维论证的过程，而后又开始思考，"8"向"7"转化那还有两个"1"怎么办呢？用加法就行，由此就确保答案的准确性。对于该学生的这种可发现别人看不见的问题并提出自身独特见解的现象就是思维求异，教师对于这种现象一定要充分珍惜与爱护，鼓励学生在后期的学习中继续保持。此外还需开展后期训练，将其创造才能充分发挥，促使学习积极性与主动性得以提升，更深刻理解自身所学知识，而后培养创造性思维，并推动其发展。

总而言之，小学数学教师在教学过程中要把握学科育人的原则，发展学生的能力和品质，促使学生形成优良思维，能够顺应当前快速发展的信息化时代。开展数学教学前做好结构化备课，教学时要注重直观教学情境的构建，将教材内涵挖掘出来，注重与生活实际相连，提升学生实践操作能力；还要注重知情交融，激发学生探究欲；此外还需培养学生求异思维，激发其创造性。把课堂交给学生，教师是课堂的催化剂，为学生搭建一个充分发展自我的广阔平台，使学生拥有自由空间，进而提高其数学思维能力。

思考题

1. “原来有 8 只小鸟，又飞来 4 只”在这条素材下，如何提出发展学生思维的数学问题？

2. 小学数学思维方法有哪些？试以具体实例分析在课堂教学中该如何进行思维培养？

拓展 1:《小学数学评价与命题》中小学二到六年级各册数学思维板块目标说明(见表 4－3 至表 4－13，来源:《小学数学评价与命题》)

表 4－3　二年级上册数学思想与方法——搭配(一)

知识技能要求		数学思考(思维与方法)水平要求(C)	问题解决(综合应用)能力要求(D)
知识要求(A)	技能要求(B)		
1. 理解排列的内涵。 2. 理解组合的内涵。 3. 初步感受排列与组合的思想方法在日常生活中的应用。 4. 能理解排列数和组合数的不同之处。	1. 能根据给定的三个数字有序组两位数。 2. 能根据给定的三个数字有序写出加法算式，得出和的多种可能。	1. 能有序、全面地思考问题。 2. 能用合适的方法表征思维过程。	能用排列与组合的方法解决日常生活中的简单问题。

表 4－4　二年级下册数学思想与方法——推理

知识技能要求		数学思考(思维与方法)水平要求(C)	问题解决(综合应用)能力要求(D)
知识要求(A)	技能要求(B)		
1. 初步理解逻辑推理的含义。 2. 感受推理的作用。	1. 能借助连线、列表等方式整理信息，并进行推理。 2. 能根据方格图中数的行、列关系找到突破口，进行填数。	1. 能有顺序地、全面地思考问题。 2. 能有条理地用简洁的语言表达推理过程。	能用推理解决一些简单的实际问题。

表4-5　三年级上册数学思想与方法——集合

知识技能要求		数学思考（思维与方法）水平要求(C)	问题解决（综合应用）能力要求(D)
知识要求(A)	技能要求(B)		
1. 了解生活中的集合(交集)，即重叠现象。 2. 知道两个集合中有相同的元素时，求元素的总个数不是简单的求和。	1. 能根据信息正确进行重叠问题的计算。 2. 能正确画集合图。	1. 能用不同方法表征集合问题的数量关系。 2. 能用不同方法列式计算元素个数。	能运用集合问题解释或解决生活中简单的实际问题。

表4-6　三年级下册数学思想与方法——搭配(二)

知识技能要求		数学思考（思维与方法）水平要求(C)	问题解决（综合应用）能力要求(D)
知识要求(A)	技能要求(B)		
1. 初步了解搭配的几种类型和思考特点：排两位数要考虑数字的顺序，搭配衣服要一类与另一类搭配，踢球的场数与顺序无关。 2. 理解算式、方法的意义，掌握思考和表征的方法。	1. 能正确求出搭配(排列、组合等)的结果。 2. 能用画图、列表等方法解决问题。	1. 能对搭配情况进行分类，并按类有序地思考。 2. 能用画图、连线、列表、符号等多种方法表征思考过程。	能用搭配知识解决一些实际问题。

表4-7　四年级上册数学思想与方法——优化

知识技能要求		数学思考（思维与方法）水平要求(C)	问题解决（综合应用）能力要求(D)
知识要求(A)	技能要求(B)		
1. 知道解决问题的方案可以多样，但可以通过优化获得最优的方案。 2. 理解一些最优方案获得的过程与思路，了解一些基本的策略。 3. 了解数学中的简单对策问题。	1. 会设计比赛、对策等活动的简单方案。 2. 会通过计算、比较、枚举等方法获得活动的最优方案。	1. 理解、体会最优方案的核心与关键，把握实质。 2. 体会运筹思想和对策论方法在解决实际问题中的应用。 3. 体会解决问题策略的多样性，并形成寻找解决问题最优方案的意识。	能运用运筹思想和对策论方法设计活动的最优方案。

表 4-8　四年级下册数学思想与方法——鸡兔同笼

知识技能要求		数学思考（思维与方法）水平要求(C)	问题解决（综合应用）能力要求(D)
知识要求(A)	技能要求(B)		
1. 了解“鸡兔同笼”是我国古代数学名著《孙子算经》中的著名问题。 2. 了解“鸡兔同笼”问题的基本内容，理解“鸡兔同笼”问题的基本特征，掌握解题方法。	能用画图、列表、假设等方法正确解决问题。	1. 体会画图、列表、假设等方法的内在联系，体会假设思想在解决问题过程中的方法应用，体会方法之间的转化。 2. 体会“鸡兔同笼”问题的数学特征和基本模型。	1. 能运用假设等多种方法解决类似“鸡兔同笼”的问题。 2. 能从不同情境中识别出“鸡兔同笼”问题的模型，并用假设思想解决问题。

表 4-9　五年级上册数学思想与方法——植树问题

知识技能要求		数学思考（思维与方法）水平要求(C)	问题解决（综合应用）能力要求(D)
知识要求(A)	技能要求(B)		
1. 知道植树问题有“首尾不相接”“首尾相接的封闭曲线”等多种类型。 2. 知道“首尾不相接”的植树问题分为“两端都栽”“两端都不栽”“只栽一端”三种情况。 3. 理解“棵树”“间隔数”与“总长度”之间的数量关系。 4. 体会用“画线段图”发现并理解规律的作用。 5. 知道植树问题是一类问题的数学模型。	1. 能正确解答三类基本的植树问题。 2. 能正确解答简单的封闭图形的植树问题，如封闭曲线、长方形、正方形等。 3. 能用线段图表征各类问题，并能根据图表达各类问题的基本数量关系。 4. 能解决植树问题的逆向应用问题。	1. 体会植树问题中蕴含的模型思想，能将不同情境的其他问题与植树问题建立联系。 2. 能将“用画图探索解决问题”的能力迁移于其他问题解决中。 3. 能解决植树问题的一些变式问题。	能用植树问题的方法解决实际生活中的简单问题。

表 4-10　五年级下册数学思想与方法——找次品

知识技能要求		数学思考（思维与方法）水平要求（C）	问题解决（综合应用）能力要求（D）
知识要求（A）	技能要求（B）		
1. 知道“找次品”方法的多样性。 2. 知道从 n 个测品中找一个或重一些或轻一些的次品，一般性的解决方法是“把这 n 个测品尽可能平均分成 3 份”，并理解其原理。	1. 能应用“找次品问题的一般化方法”进行基本推理。 2. 能用图形、符号等直观方式清晰、简明地表示推理过程。	能将“严密推理”“从简单入手”“数学表达”等能力迁移于其他问题的解决中。	在实际解决问题中，能比较多种方法，并用最佳方案解决一些特定的问题。

表 4-11　六年级上册数学思想与方法——数与形

知识技能要求		数学思考（思维与方法）水平要求（C）	问题解决（综合应用）能力要求（D）
知识要求（A）	技能要求（B）		
1. 知道首项为 1 的 n 项奇数数列之和是 n 的平方；知道首项为 $\frac{1}{2}$，公比也是 $\frac{1}{2}$ 的等比数列之和等于 1。 2. 理解用几何图形推导以上结论的方法和过程。 3. 理解数学上常常用图形来表达有些数或算式的规律，也经常用数或算式来表达某些图形的特征。	1. 能用较简单的几何图形来表达数或算式的规律，能用算式来揭示一些图形的规律或变化特征。 2. 能用简洁的图形表达一些基本的数量关系。	1. 联系数学学习过程中数形结合的经验，体会数形结合的意义。 2. 能根据需要进行数与形的相互表征，使规律或特点更加直观或有序。	1. 能将问题转化为直观的图形或算式等进行表达与交流。 2. 能运用数形结合的思想分析、表征数量关系，促进问题简洁、高效地解决。

表 4-12　六年级下册数学思想与方法——鸽巢问题

知识技能要求		数学思考 (思维与方法) 水平要求(C)	问题解决 (综合应用) 能力要求(D)
知识要求(A)	技能要求(B)		
1. 了解抽屉原理的基本数学特征。 2. 理解将 $n+a(1\leqslant a\leqslant n)$ 个苹果放入 n 个抽屉中，总有一个抽屉至少放入了 2 个苹果。 3. 理解将 $2n+a(1\leqslant a\leqslant n)$ 个苹果放入 n 个抽屉中，总有一个抽屉至少放入了 3 个苹果。 4. 掌握以上原理逆用(取苹果)时的思考过程和方法。	1. 能解答简单的抽屉原理问题。 2. 能用原理解释结果。	1. 能表达解决问题的思考过程。 2. 能用列举、算式、画图、最差运气等方法思考问题。 3. 能初步提炼抽屉原理的数学模型，面对实际问题时，能思考什么是"抽屉"，什么是"苹果。"	1. 能运用抽屉原理解决简单的实际问题和数学问题，并表述思考过程。 2. 能将问题数学化成"抽屉"与"苹果"进行思考与解析。

表 4-13　六年级下册数学思想与方法——数学思考

知识技能要求		数学思考 (思维与方法) 水平要求(C)	问题解决 (综合应用) 能力要求(D)
知识要求(A)	技能要求(B)		
1. 知道列举、画图、列表、计算、筛选等是解决数学问题的重要方法。 2. 知道假设、方程等是重要的数学思想。 3. 知道许多问题的解决存在最佳的方案。 4. 知道符号表示、提炼模型、寻找规律、从简单到复杂等是数学方式解决问题的重要策略。	1. 能运用列举、画图、列表、计算、筛选等方法进行思考与推理，并解决问题。 2. 能按要求找出解决问题的最佳方案。	1. 能合理地选择解决问题的数学方法，思考过程正确、简洁，体现数学特征。 2. 能思考不同方法之间的联系和区别。 3. 能发现解决问题最佳方案的基本特征和前提条件。 4. 能尝试将复杂的问题情境转化为数学符号或图形思考。	1. 能合理运用各种方法与策略发现规律，并将发现的规律用数学方式表达出来，用于几何问题。 2. 能应用等量代换、等式性质等进行简单的推理，解决问题。

拓展 2:杭州市上城区“思维课堂”获奖教学案例分享

以分析思维为刃解决问题

——以人教版三年级上数学课堂作业本“和(差)倍问题”为例

杭州市××××小学　王××

(一) 教学目标

(1) 通过创设生活情境,联系生活实际,在解决问题中,通过分析题目中的信息,能根据条件,通过画线段图解决问题,培养学生几何直观思想。同时,通过对比和倍、差倍两类问题,明确画图过程中条件和问题的标注不同。

(2) 自主分析探索和倍、差倍问题,调用已有知识经验解决问题,体会数形结合的思想,将复杂的问题转化成清晰明了的线段图来解决问题,发展形象和抽象思维。

(3) 培养学生积极动脑的学习习惯和激发学生的学习兴趣,培养合作探究的能力,让学生体验数学即生活,感受数学的乐趣、数学的价值。

(二) 课堂“一题”内容呈现

1. 题目来源

题目选自人教版三年级上册数学课堂作业本第 35 页第 3 题。

2. 具体内容

原题如图 4-8 所示,聪聪去面包店买了一个面包(8 元)和一盒酸奶。一盒酸奶的价钱是这个面包的 3 倍。聪聪买酸奶花了多少钱?他一共花了多少元钱?本题为“和倍”问题的简单型,在实际课堂教学时,将题目进行了变式,分三个层级呈现,下文具体阐述,由此形成“和倍”“差倍”题组。

3. 聪聪去面包店买了一个面包和一盒酸奶。一盒酸奶的价钱是这个面包的3倍。聪聪买酸奶花了多少元钱?他一共花了多少元钱?

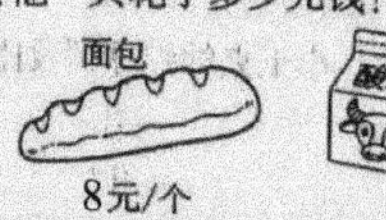

图 4-8　课堂作业本原题呈现

3. 课堂呈现

(1) 从条件出发,基于情境出示信息:

一个面包 8 元和一盒酸奶

一盒酸奶的价钱是这个面包的 3 倍

请学生根据数学信息提出数学问题。

(2) 从问题出发,出示学生的提问:

买一盒酸奶多少钱?

买一盒酸奶和一个面包一共多少钱?

买一盒酸奶比买一个面包贵多少钱?

买一个面包比买一盒酸奶便宜多少钱?

首先选择求和问题,请学生根据数学信息和数学问题,自主分析画图理解题意并解答。

(3) 从对比出发,顺势抛出问题:

买一盒酸奶比买一个面包贵多少钱?

买一个面包比买一盒酸奶便宜多少钱?

请学生自主分析画图理解题意并解答。

(三) 设计思路分析

1. 选题单元分析

第五单元"倍的认识"原先大体上分为三块内容:倍的认识、解决"已知两项求倍数"的问题、解决"已知一项和倍数求另一项"的问题,现在基于学生的基础以及提高学生画图解决问题的能力目标进行重新编排整合(见图 4-9),分为 5 节课:倍的认识、解决“已知两项求倍数”的问题、用线段图解决问题、解决“和倍”“差倍”的问题、整理与复习。在调整过后着重强调培养学生利用线段图解决问题,完善教材编排层次对于画图分析不清晰、缺乏图文对应双向指导的文图,拓展了“和倍”“差倍”问题,并把第六单元的“归一归总”的知识渗透到本章,让学生能连续地感悟线段图的便捷和重要性。

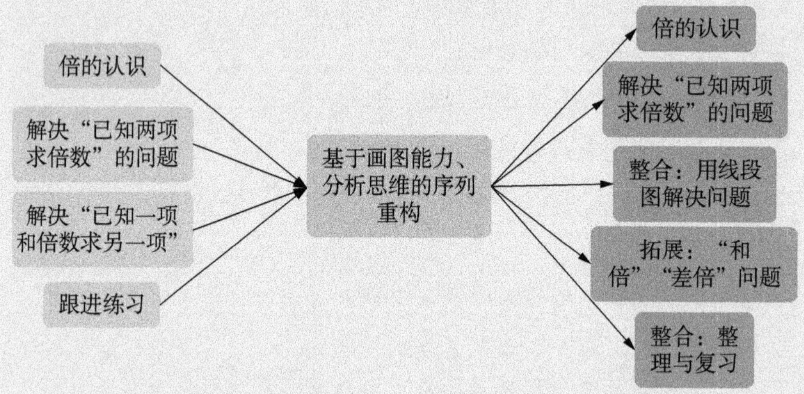

图 4-9 单元视角下的倍的认识单元序列重构

2. 基础概念分析

“倍”在小学数学里是一个重要概念,是在学生学习乘法与除法的基础上学习的,是学生第一次接触“整数倍”的概念,也是学生后续学习小数倍、分数(表示“率”)、百分数、比的内容的基础,也可以看成是对“整数倍”的拓展。但是,对于低年级学生来说,倍的含义比较难理解,与学生在一年级就已掌握的“比大小”相比,倍虽然也反映两个数量之间的比较关系,但它反映的是两个数之间的比率关系,因而较之“比大小”更抽象一些。

3. 学生学情分析

倍的知识在生活中的应用比较广泛,学生有所接触。学生在以前的学习中已经认识了乘法和除法，掌握了乘法和除法的含义，能比较熟练地进行表内乘除法的计算，理解和掌握本单元的知识内容较容易。基于前人的教学实践经验，学生画图表征信息的能力、分析图的能力较弱，学生画图策略应用意识薄弱。本节课是单元整合中的拓展，学生已经能够按照“找标准量、统一标准、做好标注、图文一致”的规则画线段图，利用抽象的图形表示题目中的信息和问题，但数形结合的分析思维较弱，对于线段图的理解不深刻，设计课堂“助学单”练习进行学情最终效果分析。

(四) 课堂教学流程

1. 教学片段一：创设情境，引入新知

环节目标：创设购物的情境，联系生活实际。通过和(差)倍问题的学习，体会运用线段图解决问题的思想方法，能借助线段图解决此类问题；通过线段图掌握先算一共的份数再求价格的方法。

教师课件中呈现情境如图 4－10 所示，并请学生找出已知信息。

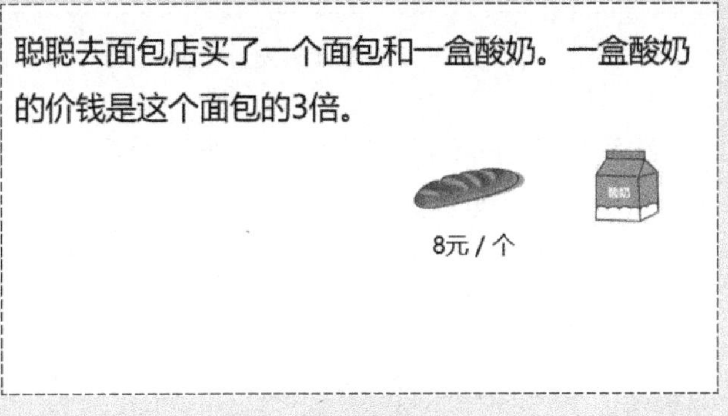

图 4－10 课件情境问题条件图

师：从图中你知道了哪些数学信息？

预设：知道了 1 个面包要 8 元，酸奶的价格是面包的 3 倍。

追问：你能根据这些信息提出什么数学问题？

预设 1:买一盒酸奶多少钱?

预设 2:买一盒酸奶和一个面包一共多少钱?

预设 3:买一盒酸奶比买一个面包贵多少钱?

预设 4:买一个面包比买一盒酸奶便宜多少钱?

快速口答并板书预设 1 的答案,请学生解释算式含义后,教师呈现其中求一共的问题(见图 4-11),请学生在数学簿中画线段图表示题意并解答。

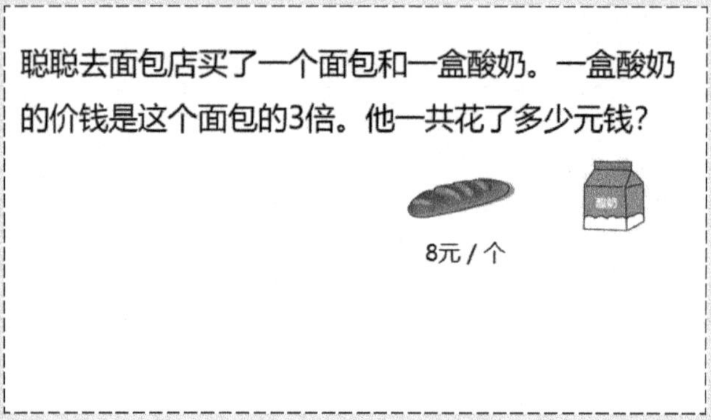

聪聪去面包店买了一个面包和一盒酸奶。一盒酸奶的价钱是这个面包的3倍。他一共花了多少元钱?

8元 / 个

图 4-11　课件情境问题补充图

预设 1:如图 4-12 所示,把面包的价格当作标准量,先求酸奶的价格,再求面包和酸奶一共的价格。

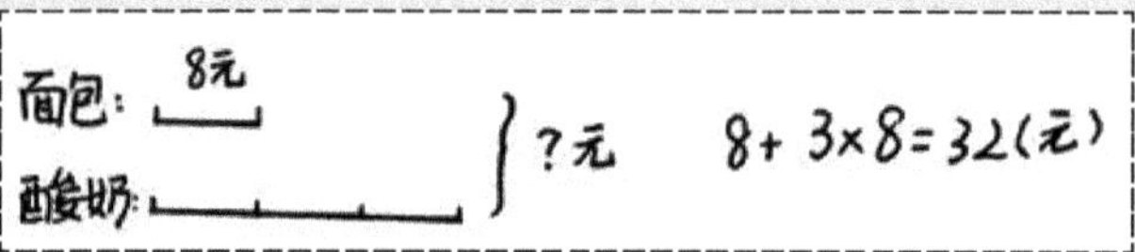

图 4-12　先求物品价格预设

预设 2:如图 4-13 所示,把面包的价格当作标准量,先求面包和价格的价格总份数,再利用 1 份的价格求总价。

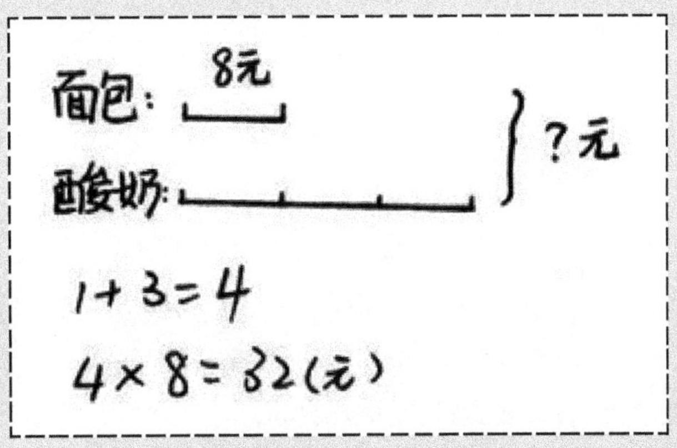

图 4-13 先求总份数预设

预设 3：如图 4-14 所示，将分步算式写成综合式，提高数学语言表达。

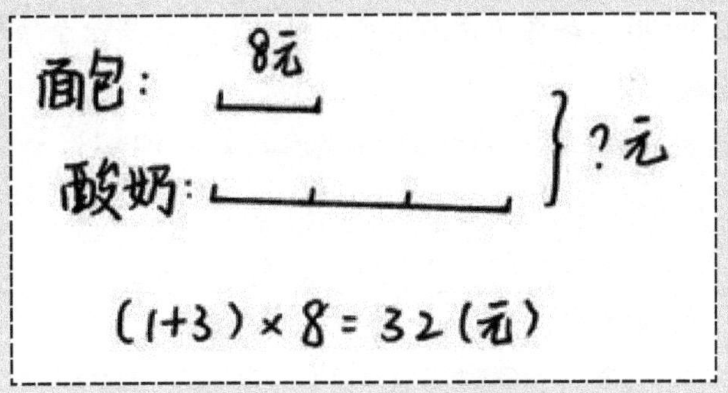

图 4-14 综合式解题预设

教师递进式反馈学生作品，总结信息和问题的对应，在每种情况后追问“谁能看懂小作者的意思?”重点规范学生的语言表达，解释方法的含义。

小结：像这样子求和的问题，我们就要用括号把这两部分合起来，不仅可以从酸奶的价格出发考虑，也可以从总份数出发考虑。

设计意图：通过一个情境由学生自己生成问题，由于第一个问题属于上节课的内容，所以可以放下去让学生自己解决。然后过渡到第二个问题“求一共”这里需要半扶半放，拎一拎学生，规范学生的线段图画法，渗透问题不同问号的位置不同。在让学生说一说“先求价”和“先求份数”两种方法的意思时我们侧重第二种方法，因为第一种方法学生其实不需要借助线段图也能写出来，但对于第二种方法理解起来可能会有些困难，所以要让学生明白为什么是 1＋3＝4，其实就是以面包的价格为标准量，面包的价格是 1 份，那么酸奶的价格就是 3 份，这样就有了 4 个 8，解决后验证，顺势变式至下一题。

2. 教学片段二：变式探究，对比分析

环节目标：通过对比明白不同的问题，问号画的位置也不同；能通过变式，迁移前题的分析过程，借助线段图掌握先算相差的份数再算价格的方法；发现题组之间思考方式的联系。

师：“买一盒酸奶比买一个面包贵多少钱?”“买一个面包比买一盒酸奶便宜多少钱?”这两个问题本质一样吗？谁能用一个问题来概括这两个问题?

预设：买一个面包和一盒酸奶的价格相差多少钱?

教师呈现问题情境如图 4－15 所示。

聪聪去面包店买了一个面包和一盒酸奶。一盒酸奶的价钱是这个面包的3倍。买一个面包和一盒酸奶的价格相差多少钱?

8元 / 个

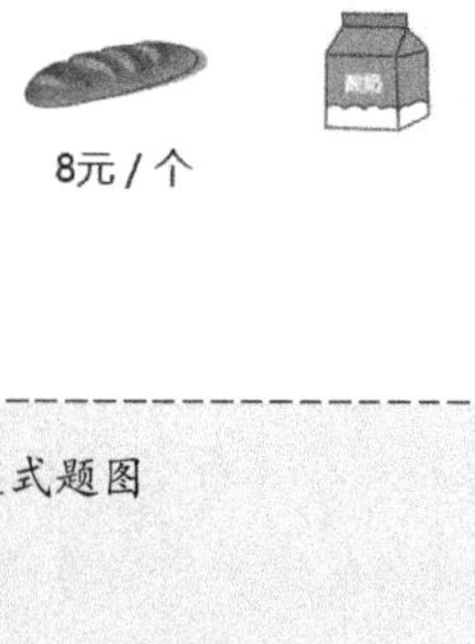

图 4－15　变式题图

预设 1：

师：请你评价一下这幅作品(见图 4－16)。

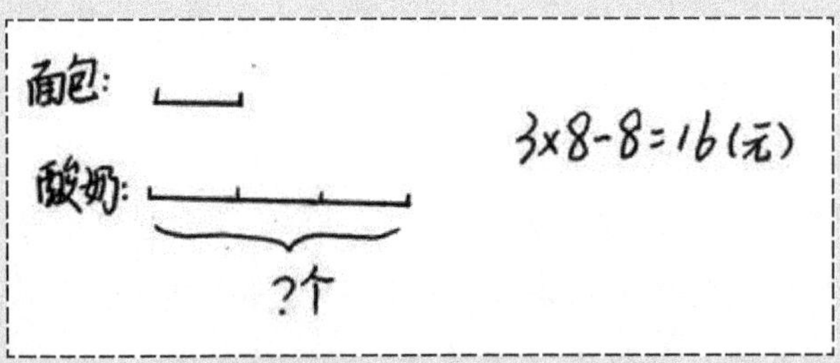

图 4-16 学生解题错例

请学生纠错,找到正确的相差部分,并且做到图文一致。

预设 2:

师:你能结合图(见图 4-17)来说一说算式的含义吗?

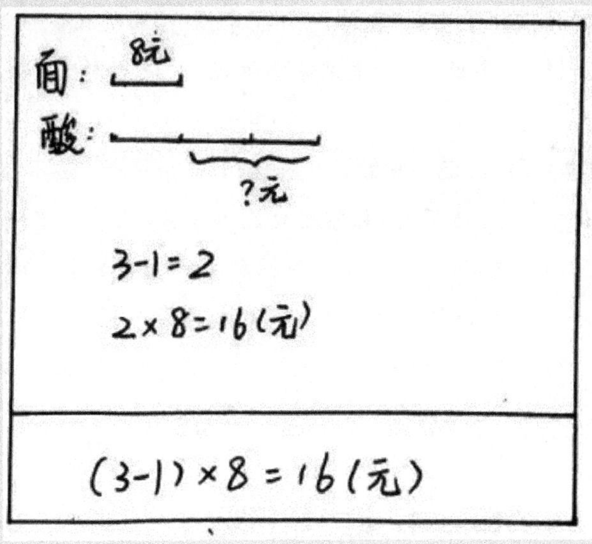

图 4-17 学生解题正例

请学生判断线段图的正确性,结合线段图解释算式的含义,用“先算……再算……”完整的语言表达想法。

小结：像这样求贵多少的问题就是在图中找出相差的部分，把问号标在相差的部分，和上一个问题一样，不仅可以通过计算酸奶的价格求差，也能从相差的份数出发求差。

设计意图：自然过渡到第三、第四个问题，这时候可以让学生自己解决了，同样的，问题可能会出在画图上，需要老师稍微小结一下要把问号标在相差的部分那里，再就是第二种方法的 3－1＝2，让学生自己说一说 3 是什么，1 是什么，为什么要3－1。最后就是两个问题的小结，沟通起来同屏呈现，让学生明了地发现在画图上问题不同问号的位置也是不同的，在解决的方法上，一个是先算酸奶的价格，一个是先算份数，这样学生对于画图和两种方法又有了更深刻的认识。值得一提的是，对于学生数学语言的规范贯穿了始终，在回答这个算式是什么意思的时候让学生用“先算……再算……”的形式说一说，再请其他同学说一说，同桌说一说，深化语言的规范，帮助学生更好地理解算式的含义。

3. 教学片段三：自主编题，方法迁移

环节目标：通过练习题，让学生自己编题目，让学生掌握几倍求和和几倍求差的相关问题，并对用线段图解决问题有更深入的体会。

教师给出题目如图 4－18 所示，学生预设如图 4－19 所示。任务要求：同桌合作共同编题，画一画，写一写，说一说是怎样得到结果的。

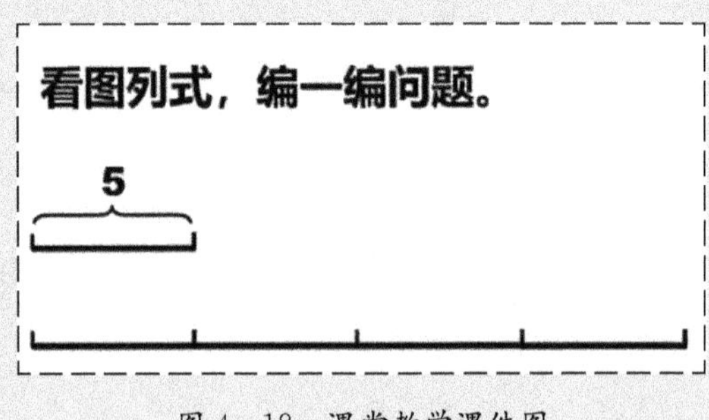

图 4－18　课堂教学课件图

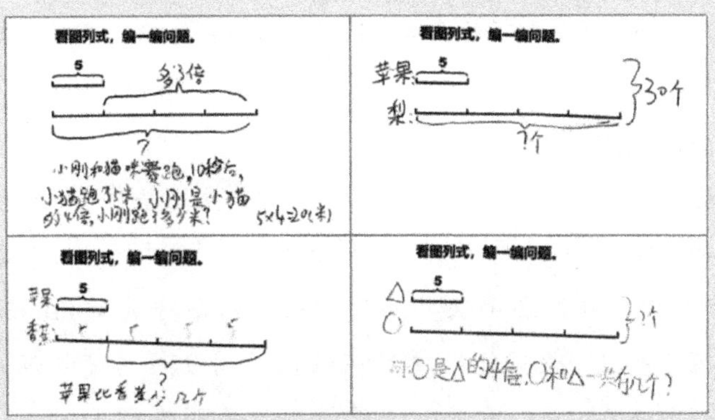

图 4－19 学生课堂生成图

设计意图：通过用线段图来表示自己提出的问题，一方面巩固线段图的规范，另一方面深化学生对于线段图的理解，再通过猜一猜这个同学提的是什么问题，学生对于线段图的解读又有了巩固提高。

4. 教学片段四：全课评价，提炼总结

环节目标：将教学练评融入课堂中，小结后，借助助学单检测学生本节课的知识掌握情况。

师：通过这节课的学习，关于解决问题你有什么新的想法？

预设 1：可以通过画图解决问题。

预设 2：求和、求差都要知道份数。

预设 3：这类问题的最关键的步骤是找到一份。

预设 4：……

教师布置助学单任务（见图 4－20），请学生在课堂上最后时间完成，教师进行批阅记录学生做题情况。

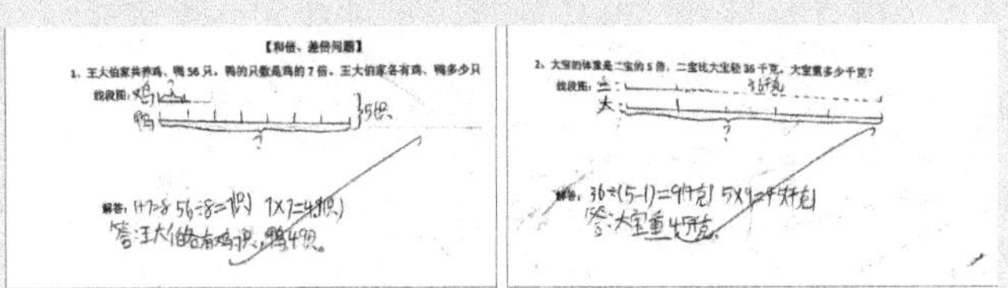

图 4－20 “和（差）倍问题”课堂助学单题目

设计意图：以助学单的形式，设计层次略高一级的练习，巩固方法提升思维。

（五）成效及反思

经过对于人教版三年级数学上册第五单元的整体思考设计，常规授课班级的学生在“和倍”“差倍”问题助学单（见表4－14）反馈情况中，主动利用画线段图解决问题的学生人数近乎全部，画图表征题意的正确率高达98%，能够发现在强化画图分析的设计下，学生对题意的理解更加透彻，基础较好的学生也能脱离图示列式，全课更加体现生本，由生而来，为生而去，教师只需要给予基础薄弱学生的更多的辅助，能让拓展内容的掌握覆盖面更广，促进学生的核心素养发展。

表4－14　执教班级学情反馈人数统计表

能正确画线段图表征	不能正确画图表征	不能画出线段图表征
98%	2%	0%

1. 从题分析，从“未知”看“已知”

学生能够主动根据问题选择已知信息画图，大部分学生能够在前课的基础上规范地画出线段图，将各种已知条件转化成用于解决未知结果的工具，课中主要出现的问题是学生对于从份数中发现关系的情况较少，需要教师的提点，侧面反映出学生分析思维欠缺的问题。

2. 从型分析，化“抽象”为“形象”

学生在课中不断经历建模的过程，将抽象的题意转变成直观理解的线段图示，将新的方法借助线段图分析理解，同时形成“和倍”“差倍”问题的解题模型，以直观分析为基，强化学生的数形结合、建模思想。

3. 从变分析，转“技巧”为“能力”

一、二年级学生在解决问题中一般使用实物图和色条图来表征、分析信息。对于线段图的认识处于听说过的阶段。在人教版教学编排中，三年级上册解决问题的画图策略是从实物图、色条图过渡到线段图的一个关键时期。结合教学现状发现教学中教材编排层次不清晰、缺乏图文对应双向指导的现象，从学生的基础作业中提炼题意，通过求和、求差、自编题的不断变式渗透画图策略，助力直观分析。

第五章
“数与代数”的教学

知识要点与思政目标

知识要点	思政要点	案　　例
数的认识（正数和负数）	数学文化素养教育、家国情怀教育、文化自信	数的产生和发展离不开民族自豪感和爱国热情
数的认识（数轴）	数学文化素养教育	建立数学模型，把抽象的数和直观形象的直线上的点建立一一对应的关系，感受数学的对称美
数的运算（去括号和去分母）	数学文化素养教育、辩证唯物主义观教育	通过有趣的数学问题，如《九章算术》中首次正式引入负数及其加减法运算法则，通过数学史料，展现中国古人对数学作出的杰出贡献，激发学生的学习兴趣，培养学生的抽象思维能力
式与方程（方程的概念）	数学文化素养教育、家国情怀教育	将数学史融入课堂，让学生感受到数学的魅力和悠久的历史文化，让学生了解中国古人对数学的杰出贡献，厚植爱国情怀，弘扬中华文化

知识目标

知识目标 1：通过对 2022 年版课程标准的解读，知道小学数学数与代数的课程目标与主要内容。

知识目标 2：掌握小学数学数与代数初步知识的核心概念与学情特征。

知识目标3:掌握小学数学数与代数初步知识的主要教学策略。

问题导引

数与代数是义务教育阶段学生数学学习的重要领域,在小学阶段包括“数与运算”和“数量关系”两个主题。学段之间的内容相互关联,由浅入深,层层递进,螺旋上升,构成相对系统的知识结构。数是对数量的抽象,数的运算重点在于理解算理、掌握算法,数与运算之间有密切的关联。数量关系需要学生经历在具体情境中运用数量关系解决问题的过程,提高发现和提出问题,分析和解决问题的能力,形成模型意识和初步的应用意识。

面对每一节具体的课程,我们要如何在教学中通过有组织的课堂活动,有方向地使用语言引导,有效培养学生形成数感和符号意识,并培养学生的运算能力呢?

第一节 “数与代数”的内容分析与教学要求

一、内容分析

相较于2011年版课程标准,2022年版课程标准在第一至第三学段中,将数与代数领域原有的六个主题整合为“数与运算”和“数量关系”两个主题。

与主题的调整思路一脉相承,内容的表述强调整体性和一致性,如“数与运算”的主题是由原有的“数的认识”“数的运算”两个主题组合而成,表明数与运算存在密切的联系,数是对数量的抽象,通过计数单位予以表达;而小学阶段每种运算的算理都涉及数的意义、计数单位,强调这样的关联,使得整数、小数及分数的认识和运算具有一致性。

2022年版课程标准指出“数与运算”包括整数、小数和分数的认识及其四则运算。数是对数量的抽象,数的运算重点在于理解算理、掌握算法,数与运算之间有密切的关联。学生经历由数量到数的形成过程，理解和掌握数的概念；经历算理和算法的探索过程，理解算理，掌握算法。初步体会数是对数量的抽象，感悟数的概念本质上的一致性，形成数感和符号意识；感悟数的运算以及运算之间的关系，体会数的运算本质上的一致性，形成运算能力和推理意识。

“数量关系”指用符号（包括数）或含有符号的式子表达数量之间的关系或规律。学生经历在具体情境中运用数量关系解决问题的过程，感悟加法模型和乘法模型的意义，提高发现和提出问题、分析和解决问题的能力，形成模型意识和初步的应用意识。

（一）自然数

自然数是指用以计量事物的件数或表示事物次序的数。

不同的自然数既表示事物不同的数量，也体现数从小到大的顺序，相邻两个数之间通过添去“1”的方法进行转换。随着人类活动能力的不断增强，产生表示更多数量的需求，计数的方式由“个的计数”进入到“群与个相结合的计数”，人们自然就会对事物的“群体数量”进行约定。在诸多的记数方法中，将 10 作为一个表示数的单位，“十进制计数法”成为人们普遍采用的方法，并在以“十”为单位的基础上，再形成“百”“千”“万”等单位，表示任意大的数。

因此，在自然数学习过程中，数字所表示具体事物的意义、数字的读写、基数概念（表示多少数量）、序数概念（表示第几）、数的组成（表示有几个计数单位）、数的大小比较等都是数的认识的核心知识。

在小学阶段，学生认识自然数大约需要经历五个阶段。

第一阶段：10 及 10 以内数的学习。要注重运用一一对应的思想，借助实物与直观模型（小棒、方块、计数器）等来加深学生对数的基数及序数概念意义的理解。

第二阶段：20 及 20 以内数的认识，正式开始由逐一计数到按群计数。教师引导学生通过操作小棒，把一捆小棒看作 1 个十，对应在计数器上表示一颗珠子，从而理解两位数的组成，初步体会位值的概念。

第三阶段:100 及 100 以内数的认识。除了要进一步扩充对数位的理解,学习“10 个十是 100”,还将进一步体会到“同一个数字在不同的数位上表示的意义不同”。

第四阶段:万与万以内数的认识。学习千和万,并且体会到这些计数单位的十进关系,同时学习数位顺序表,将这些计数单位系统整理起来。

第五阶段:多位数的学习,将“个级”扩充到“万级”“亿级”……学习表示大数的方法。

(二) 负数

负数是 2001 年新课程改革以来小学数学新增加的内容,认识负数是小学生“数”的概念的又一次拓展。

负数的概念对于小学生来说比较抽象。因此,课程标准要求“在熟悉的生活情境中,了解负数的意义,会用负数表示日常生活中的一些量”。教学中要注意为学生的学习提供丰富多彩的素材,如气温的表示方法、收入与支出的记录方法等,让学生在实际生活中感受和体会负数产生的必要性、正负数的含义。学生学习完负数后,自然数的集合就可以扩充为整数集合,小学阶段学习的整数包括正整数、0、负整数。初步渗透数轴的概念,认识数轴上数的顺序,加深学生对于数的认识的理解。

(三) 分数

分数是小学阶段的重要内容,是对数的认识的重大飞跃。分数产生的原因有两类:第一,需要对一个物体进行切割与分配时,整体中的部分无法用自然数来表示,就需要有刻画“部分”的方式方法;第二,在计算过程中,如“$2 \div 3 = ?$”这样无法用自然数表示计算的结果,就需要有刻画这类除法运算结构的符号。

分数在小学阶段主要有两个作用,一是作为有理数出现的一种数,它能和其他的数一样参与运算;另一个是以“比”的形式出现的数,表示部分与整体或部分与部分之间的关系,而后者是小学分数教学的重点。从“比的维度”考虑,要注重打通分数与除法之间的关系,对分数的认识转化为一个运算的过程。从“数的维度”考虑，重点是让学生体会到分数与自然数一样都是计数单位的累积。对于分数不同维度意义的理解也是小学分数学习中的核心知识。

（四）小数

小数概念的定义是把单位“1”平均分成10份、100份、1 000份……这样的1份或几份可以用分母是10，100，1 000…的分数来表示，如$\frac{1}{10}$，$\frac{7}{100}$，$\frac{329}{1\,000}$…这种分母是10的正整数次幂的分数叫作十进分数。这些分数的单位分别是$\frac{1}{10}$，$\frac{1}{100}$，$\frac{1}{1\,000}$…每两个相邻的单位间的进率都是10。从$\frac{1}{10}$到整数个位的计数单位1，进率也是10。所以这些分数可以仿照整数的写法，写在整数个位的后面，并用小数点“.”隔开，写成0.1，0.07…用这种形式写出的用来表示十分之几、百分之几……的数叫作小数。

（五）数的运算

“数的运算”主要涉及三个方面的内容：①使用法则进行计算，形成基本的运算技能。例如，能正确计算三位数加减三位数、两位数乘两位数、三位数除以一位数、自然数四则混合运算等。这里既包括法则的使用与技能的形成，也包括对于法则及其法则背后道理（“算理”）的理解。②结合具体情境进行估算，包括估算的意识与估算的方法。③运算的意义及解决实际问题。

二、教学要求

数与代数在小学阶段的教学要求被细分成了三个学段，即1—2年级为第一学段，3—4年级为第二学段，5—6年级为第三学段，数与运算、数量关系二者在每一学段都有联系，且关系在不同学段不断递进。

表 5-1 数与代数不同阶段的内容

学段	数与运算	数量关系
第一学段	能用数表示物体的个数或事物的顺序。 能认、读、写万以内的数。 能说出不同数位上的数表示的数值。 能用符号表示数的大小关系，形成初步的数感和符号意识。 能描述四则运算的含义。 能熟练口算 20 以内加减法和表内乘除法，以及口算简单的百以内数的加减法。 能计算两位数和三位数的加减法，形成初步的运算能力。	能在熟悉的生活情境中运用数和数的运算，合理表达简单的数量关系，解决简单的问题。 能在解决问题的过程中，体会解决方法的道理，解释计算结果的实际意义，感悟数学与现实世界的关联，形成初步的模型意识、几何直观和应用意识。
第二学段	能结合具体实例解释万以上数的含义。 能认、读、写万以上的数，会用万、亿为单位表示大数，能计算两位数乘除三位数。 能直观描述小数和分数。 能比较简单的小数的大小和分数的大小。 会进行同分母分数的加减运算和一位小数的加减运算，形成数感、符合意识和运算能力。 能描述减法与加法的关系、除法与乘法的关系。 能进行整数四则混合运算，正确运用小括号和中括号。 能说出运算律的含义，并能用字母表示。 能运用运算律进行简便运算，解决相关的简单实际问题，形成运算能力。	能在简单的实际情境中，运用四则混合运算解决问题。 能选择合适的单位通过估算解决实际问题，形成初步的应用意识。 能在真实情境中，发现常见数量关系，感悟利用常见数量关系解决问题。 能借助计算器进行计算，并解释计算结果的实际意义。 形成初步的模型意识、几何直观和应用意识。 能在真实情境中，合理利用等量关系进行推理，形成初步的推理意识。
第三学段	能找出 2，3，5 的倍数。 在 1—100 的自然数中：能找出 10 以内自然数的所有倍数，10 以内两个自然数的公倍数和最小公倍数；能找出一个自然数的所有因数，两个自然数的公因数和最大公因数，能判断一个自然数是否是质数或合数。 能用直观的方式表示分数和小数，能比较两个分数的大小和两个小数的大小，会进行小数和分数的转化，能在实际情境中运用小数和分数解决问题，进一步发展符号意识和数感。	能在具体问题中感受等式的基本性质。 能在解决实际问题中运用恰当的方法进行估算，并能描述估算的过程。 能在具体情境中，用字母或含有字母的式子表示数量之间的关系、性质和规律，感悟用字母表示具有一般性。 能在具体情境中判断两个量的比，会计算比值，理解比值相同的

续表

学段	数与运算	数量关系
第三学段	能进行简单的小数和分数的四则运算和混合运算，并说明运算过程。能在较复杂的真实情境中，选择恰当的运算方法解决问题，形成运算能力和推理意识。	量，能解决按比例分配的简单问题。 能在具体情境中描述成正比的量，能找出生活中成正比的量的实例，能根据给出的成正比关系的数据在方格纸上画图，了解 $y=kx(k\neq 0)$ 的形式，能根据其中一个量的值计算另一个量的值。 能解决较复杂的真实问题，形成进一步的几何直观和初步的应用意识，提高解决问题的能力。

第二节 “数与代数”的教学策略

一、数与量的教学策略

数学是建立在数与量上的一门学科。数与量的学科内容多为抽象性强、概念性强的数学知识，而小学生的认知发展尚处于具体运算阶段，思维发展仍以具体形象思维为主，对于他们而言，理解抽象、复杂的数学知识相对困难。因此，在教学中，教师若能借助实际的动手操作、具体的实物教具和形象的图形，来降低数学知识的抽象程度，使学生学习的数学知识直观形象化，会更符合学生的学习情况和身心发展特点。教师可以利用转化思维帮助学生实现数学知识由抽象、复杂向直观、简单的转化，例如引导学生借助图形理解小数、分数和整数等数概念。

(一) 结合儿童的年龄特点，丰富知识学习背景

根据皮亚杰的儿童智慧发展阶段理论，7—11 岁的儿童处在具体运算阶

段,此时学生的思维运算必须有具体的实物支持。可见低年级学生以具体形象思维为主,在进行数与量的教学上,可丰富一些情境帮助他们理解。

[案例]

《1—5的认识》教学设计(部分)

人教版一年级上册第三单元《1—5的认识》

教学过程

环节:记录同一事物的数量

教师聚焦主题图上的一串玉米。

发布活动一:请用自己喜欢的方式记录玉米的数量。

反馈一:呈现学生画出的玉米原本的样子和学生画出的简化的玉米(见图5-1)。

图5-1 学生画出的玉米原本的样子和学生画出的简化的玉米

对比:可以简单画。

反馈二:呈现简化的玉米和散开画的玉米(见图5-2)。

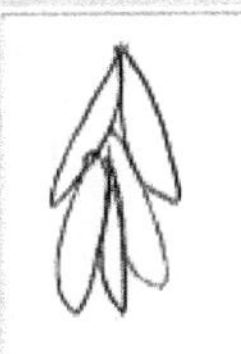

图5-2 简化的玉米和散开画的玉米

对比:可以散开画。

反馈三:呈现散开画的玉米和5个圆片(见图5-3)。

图 5-3 散开画的玉米和 5 个圆片

对比：可以用图形表示。

设计意图：通过三次对比，一次比一次简单，引导学生经历从具体到抽象的过程，构建量与数的联系。

（二）借助具体情境理解数的意义

考虑到小学阶段学生的身心发展特点，理解数的意义时可多借助现实的情境帮助学生有效理解数学知识。尤其是数与量的概念教学，要贴近学生的生活环境，以达到帮助学生建立认知的目的。

[案例]

《亿以内数的认识》教学设计(部分)

教学过程(预设)

环节：创设情境，揭示课题

课件出示高铁的速度、珠穆朗玛峰的高度以及瀑布的高度。

师：请大家看图，从图中你了解到了哪些信息？

生：高铁最快每小时行驶 350 千米。

生：珠穆朗玛峰高约 8 849 米。

生：维多利亚瀑布高 108 米、宽 1 708 米，平均流量 1 088 立方米。

师：这些是我们以前学过的万以内的数，对万以内的数你都知道什么？

学生可以从不同角度说,如:计数单位、数位、读写法、大小比较等。

课件出示中国各省的人口数量。

师:说一说,从图中,你知道了什么?

生:北京有 19 612 368 人;西藏有 3 002 166 人;四川有 80 418 200 人;河南有 94 023 567 人;新疆有 21 813 334 人;黑龙江有 38 312 224 人。

师:把这些数与刚才的数比一比,你发现了什么?

生:数字都很大,超过了万。

引出课题:这节课我们就要来继续学习比万大的数。

设计意图:创设情境,引入新课,让学生感受大数的必要性。

(三) 在数与量的教学中可以渗透数形结合的思想

由于数与量的教学内容往往具有抽象性的特点,教材在呈现抽象的数学概念时,也多会以图片、图形等形式辅助概念的呈现。而教师利用数形结合的方式能够帮助学生更容易理解数学知识的推理过程,化抽象为具体,使学生更容易理解数学概念。

[案例]

小数的初步认识(课堂实录节选)

老师拿了一把 0.3 元的尺子,请学生来读一读小数。

师:问题来了,那 0.3 元它到底表示什么意思呢?

学生用自己的话说一说 0.3 元的意思。

教师出示活动任务单:如果把下面每个图形看作 1 元,你能想办法在每个图形中表示出"0.3 元"吗?

……

生 1:我画的图形是第三幅(一条线段),把一元平均分成三份,每份都是 0.3 元,还剩下 0.1 元。

师：同学们，他说的意思，他的图你们明白了吗？有同学说没有明白，没有明白的向他提问，明白的同学就把他的意思默默地记在心里。

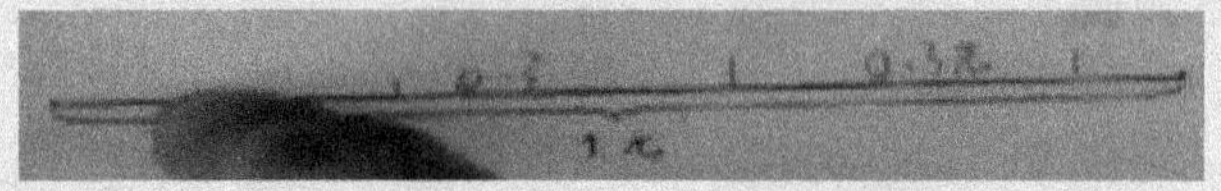

图 5-4 学生作品 1

生 2：0.3 表示在哪？

生 1：0.3 在这里。

生 2：那你平均分了没？可是还留了一个啊！

师：我学他（指生 2）的样子呢！你平均分了吗？你刚才说平均分成三份，在哪儿呢？怎么后面有个小尾巴呢？

生 1：这个是多出来的 0.1 元。

……

生 3：先把一元分成十份，然后涂其中的三份，表示的就是0.3 元。

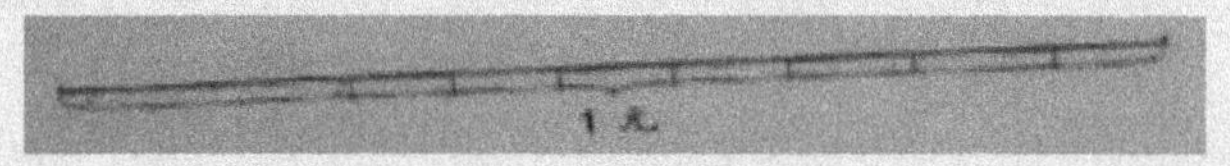

图 5-5 学生作品 2

师：他说完了，听明白了吗？听明白的举手给我看看。

生 4：我听到他说把 1 元平均分成十份，然后每份是 0.1 元，取其中的三份就是 0.3 元。

师：你这哪是听啊，你完全是创造啊。有没有发现，其实他的表达跟刚才那位同学的表达是有不一样的地方的。他加了一点东西，谁听出来了？

生 5：他加了“平均”两个字。

师：你们觉得平均重不重要？随便分成十份，挑三份能表示 0.3 元吗？

师：待会我们可以继续探讨对不对，他不光加了平均两个字，还加了什么？

生6：他还加了每份是0.1元。

师：好，那我们再来看看其他表示方法，有没有同学是用长方形表示的？

教师呈现长方形作品。

生7：我是把长方形平均分成了十份，每份就是0.1元。一个正方形就表示0.1元，然后3个正方形就是三个0.1元，加起来就是0.3元。

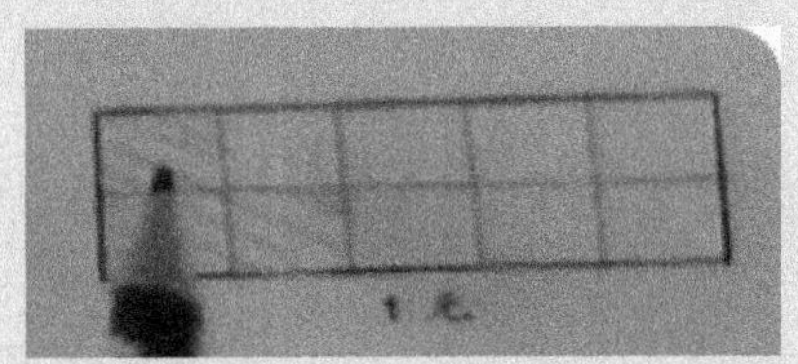

图5-6 学生作品3

……

生8：应该把这里再平均分成三份。

师：能不能请你把作品完善。

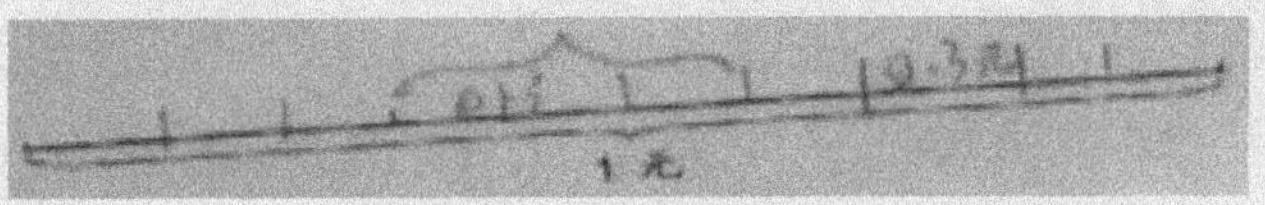

图5-7 学生作品4

师：你觉得这么改完了以后，你能理解这个0.3元的意思吗？为什么现在你觉得它是0.3元？

生8：因为现在被平均分成了十份，每份是0.1元，然后取其中的3份，那就是0.3元。

案例分析：这节课属于小数的初步认识，而小数本来是很抽象的内容，这节课张老师通过问题解决的形式将概念教学问题表达化，同时利用几何直观帮助学生理解概念，符合儿童的认知规律，通过元角分的模型，建立1和0.1关系。

二、数的运算的教学策略

数的运算主要包括小数、分数、整数的加减乘除和运算定律等内容。数的运算教学是小学数学教学的重要组成项目。小学阶段“数的运算”教学是一项通过将生活中的各类实际问题转换成代数问题以保证学生掌握运算规律的教学项目，总的来说比较符合小学阶段学生的身心发展规律，能够帮助学生掌握基础运算能力。在教学过程中，切不可片面地认为“数的运算”的教学只需保证学生具有计算能力、掌握正确的计算方法即可，更要帮助学生理解算理。

（一）通过情境教学，帮助学生理解算理

情境教学是小学数学教学过程中不可缺少的教学方法，通过现实的、有趣的问题情境，容易激活学生已有的生活经验和数学知识，激起学生学习的兴趣。在“数的运算”过程中，创设情境时，要保证将学生作为教学情境的中心与主体，让运算在情境中发生，帮助学生更好地理解算理，同时也能让学生在情境中自主进行数学运算知识的思考，实现学生数学能力的提升，也有助于学生强化自主学习能力。

[案例]

“猴子算法”

教师出示猴子图。

师：谁能用数学的语言来说一说你们在图中看到了什么？

生：我看到了10只猴子，左边有3只猴子，右边有7只猴子。

师：（出示大括号和问号）瞧，又来了两个新朋友。这个新朋友叫作“大括号”，观察它的形状，你能猜一猜它表示什么意思吗？

生：表示合在一起。

师：问号表示不知道、不清楚，也就是我们数学中要解决的东西。现在问号在哪里，让我们求什么？

生：在括号下面。

师：现在谁能来完整地说一说题目的问题？

生：左边有3只猴子，右边有7只猴子，求合在一起有几只猴子。

引导学生把题目的意思用画图的方式表现出来，再说一说意思。

师：会用图形表示，知道了题目的意思，我们该怎么解答呢？请同学们在学习单上列出算式。

生：3＋7＝10。

师：你是怎么想的，这个问题为什么要用加法来表示呢？

生：因为是求合并在一起的有多少只，所以用加法。

师：哦，原来表示两个部分合并在一起求一共的时候，我们要用到加法。

师：现在你能来介绍一下在你的算式中3，7，10分别表示什么意思吗？

生：3表示左边有3只猴子，7表示右边有7只猴子，10表示一共有10只猴子。

案例分析：本题通过创造计算猴子数量的情境，帮助学生理解加法的含义。

（二）运用多种方式促进学生理解算理

“数的运算”教学中教师一定要引导学生在理解算理的基础上再掌握算

法。为了帮助学生更好地理解算理，教师可以重复利用实物原型、直观模型、学生已有的知识储备等条件设计多种形式的活动，从不同角度帮助学生理解。在小学数学教学中，比较常用的素材如实物图、小棒、电子图等，都是常用的辅助理解算理的素材。

[案例]

《笔算乘法》教学设计（节选）

人教版《数学》三年级下册第四单元《笔算乘法（不进位）》

教学过程（预设）

环节一：创设情境，引入概念

课件出示：

14×2　　　　231×3

活动：自主笔算，回顾算理。

反馈：投屏学生答案。

$$\begin{array}{r} 14 \\ \times\quad 2 \\ \hline 28 \end{array} \qquad \begin{array}{r} 231 \\ \times\quad\ 3 \\ \hline 693 \end{array}$$

生：多位数乘一位数要用一位数分别去乘多位数每一位上的数。

设计意图：通过复习计算多位数乘一位数笔算乘法，回顾笔算乘法的基本算理。

环节二：积极尝试，新授知识

创设情境：每套书有14本，王老师买了12套。一共买了多少本？

师：怎样列式？

生：12×14。

活动要求：

你能用尽可能多的方法计算出“14×12”吗？

① 算一算，用自己的方法算。

② 说一说，说一说你的想法。

③ 圈一圈，表示在点子图上。

在学生反馈方法时，可以询问学生是如何根据计算方法圈出点子图的。

生1：　　$14\times2\times6=168$

生2：　　$14\times3\times4=168$

生3：　　$14\times10+4\times2=168$

生4：　　$12\times10+12\times4=168$

生5：　　$14\times20-14\times8=168$

最终课件聚焦两种典型方法：

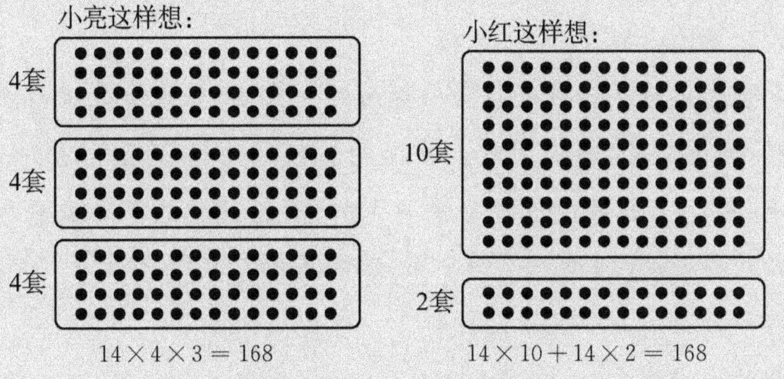

图5-8　两种典型方法

师：还有一位同学的方法和大家都不一样(课件出示列竖式的方法)。

生：首先用第二个乘数12个位上的2去乘个位上的4得8，写在个位上，然后用2去乘十位上的1得2，写在十位上；其次用第二个乘数十位上的1去乘第一个乘数个位上的4得4，写在十位上，再用1去乘十位上的1得1，写在百位上，最后把两个积加起来是168。

引导学生把每一步的计算步骤结合点子图说清楚(边说边圈画)。

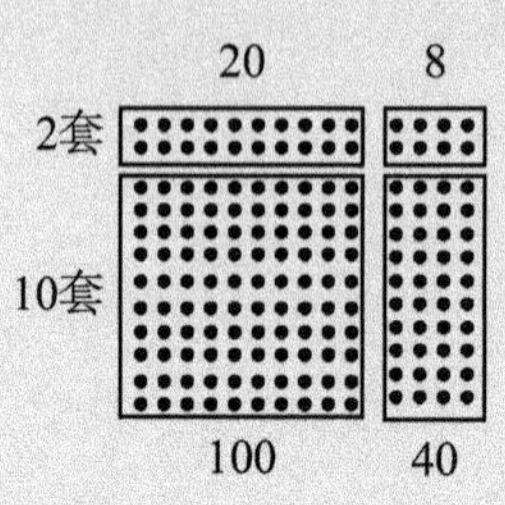

图 5-9 点子图

台上学生自己先回答，教师鼓励学生结合点子图进行解释，利用点子图说明每一部分是怎么来的。

播放微视频，动画演示两位数乘两位数的笔算过程。

设计意图：

学生尝试计算两位数乘两位数的笔算乘法，发现计算过程中存在的疑惑，通过交流，解决问题。掌握两位数乘两位数笔算的方法以及注意点：第二个因数十位上的数去乘时，所得的积的末位数要和十位上的数对齐，并能通过点子图分析、理解其中的道理。

环节三：对比分析，强化知识

教师课件出示：

今天学习的

```
     1 4
×    1 2
--------
     2 8
   1 4
--------
   1 6 8
```

以前学习的

```
    1 4
×     2
-------
    2 8
```

图 5-10 教师课件展示图

师：今天学习的笔算乘法和以前学习的笔算乘法有什么相同和不同之处？

生：相同的是乘法的计算是一样的，而且数位都要对齐，不同的是今天的乘法要经过两次乘的过程，最后还要加起来。

追问：是的，乘得的积要分别和乘数的个位、十位对齐。学了今天的内容，谁能来说说两位数乘两位数怎么笔算？

生：相同数位对齐，先用第二个乘数的个位上的数去乘第一个乘数各数位上的数，得数的末位和第二个乘数的个位对齐；再用第二个乘数十位上的数去乘第一个乘数各数位上的数，得数的末位要和第二个乘数的十位对齐；再把两次乘得的积加起来。

设计意图：通过对比，强化两位数与两位数相乘与之前多位数乘一位数的异同，做到知识的沟通系统化。

(三) 关注估算的意义，体验估算的价值

小学阶段的数学，只有一年级上册学习的数学都是准确计算，没有涉及估算的内容。一年级下册学习“100 以内的数的读、写”时就开始了积累估数的经验。在数的运算教学中，估算方法的渗透也是培养学生发展数感中非常重要的一环，要注重估算与现实生活的联结，指导学生联系生活经验解决估算类型的问题。

[案例]

《两、三位数乘一位数的估算乘法》教学设计(节选)

教材版本

人教版《数学》三年级上册第六单元《两、三位数乘一位数估算乘法》

教学过程(预设)

课件出示课本 70 页例题主题图：三(1)班有 29 人参观，带 250 元买门票够吗？

师：你会解决吗？尝试着做一做。

生：列算式为 29×8。

追问：为什么这样列？

生：一人 8 元，共有 29 人，就是求 29 个 8 元是多少，所以根据乘法意义列式为 29×8。

板书：29×8。

学生继续补充完方法 1：

$29\times8=232$（元）

$232<250$

所以带 250 元买门票够。

师：要解决这个问题，是用笔算出精确的结果呢，还是运用估算，只算出大约是多少就可以？

（小组交流，全班交流）得出：在解决够不够的问题时，我们只需要估算出大约数就能比较出结果，估算在这时能更简便地比出结果。

活动：小组合作，用自己的方法进行估算解决问题。

反馈：

方法一：$29\times8\approx290$（元），

$290>250$，不够。

想：8 接近 10，$29\times10=290$。[估太大，失败]

方法二：$29\times8\approx240$（元），

$240<250$，够。

想：29 接近 30，$30\times8=240$。[成功]

方法三：$29\times8\approx300$（元），

$300>250$，不够。

想：29 接近 30，8 接近 10，$30\times10=300$。[估太大，失败]

把两个数都进行估算，使得误差越来越大，所以就出现错误了。

小结：① 估算可以帮助我们计算更加简便，但是我们也要符合实际,不能误差太大,所以一般情况我们就去估多位数。固定一个条件更精确。

② 遇到够不够的问题,不一定要算出准确的结果,也可以用估一估的方法来解决,在估的时候一定要想清楚估大还是估小。

提问:①如果 92 人参观,带 700 元买门票够吗?

② 如果 92 人参观,带 800 元钱买门票够吗?

回答:① 把 92 估成 90, 90 乘 8 得 720 大于 700,所以不够。

② 预设 1:把 92 估成 90, 90 乘 8 得 720 小于 800,所以够。预设 2:把 92 估成 100, 100 乘 8 得 800 等于 800,所以够。

引导学生思考:为什么第②题要把 92 估成 100,往大估呢?

小结:够不够类型的题目不是去找近似数,而要根据具体的题目进行分析,再确定往大还是往小估。

三、式与方程的教学策略

“式与方程”强调了数学的现实情境,以及数学与现实的联系,因此内容主要涉及的数学思想是模型思想、方程思想、转化与化归思想。在教学过程中,要多注意思想方法的渗透,帮助学生建立等量关系,引导学生习惯用方程思想解决问题。主要有以下三个方面:①注意渗透模型思想,典型的比如路程模型,利用路程=速度×时间,价格模型,总价=数量×单价等。②注意渗透方程思想,方程作为初等数学代数领域的主要内容,它可以用来描述现实世界中的各种数量关系。方程思想的核心是将问题中未知量用数字以外的数学符号,如 x, y 表示,根据相关的数量关系构建方程模型。③注意渗透转化与化归思想。“式与方程”的学习经常涉及化未知问题为已知问题等,如解方程,就是不断把方程转化为未知数的系数是 1 的简单方程的过程。

(一) 注重分析题目中隐含的不变量建立等量关系

在“式与方程”教学过程中,首先要帮助学生认识“=”,“=”既可以表示得到运算结果,即计算过程中遇到的“=”,也可以作为数量关系的符号,连接同一个数量的不同表达式,或者连接数值相等的两种数量的表达式。有些应用题尽管题目叙述的情节不断变化,但通常前后文都隐含一个不变量,因此,如何引导学生在题目中找到并利用不变量构建出一个等量关系,是教学“式与方程”课程的重难点。

[案例]

《简易方程——实际问题与方程》教学设计(节选)

教学过程

多媒体出示教材第 73 页例 1 的情境图(见图 5 - 11)。

图 5 - 11　教材情境图 1

教师引导学生寻找数学信息。

生:小明的成绩是 4.21 m,超过了学校的原纪录 0.06 m。

师:根据这些信息,你们能告诉我学校的原跳远纪录是多少吗?

生:用小明的跳远成绩减去小明的成绩超过学校原跳远纪录的部分,得到的结果就是学校原跳远纪录。

学生列出算式: 4.21 − 0.06 = 4.15(m), 所以学校原跳远纪录是 4.15 m。

师:能不能利用等量关系,用方程来求解呢?

生：设学校原跳远纪录是 x m，

得 $x+0.06=4.21$

$x+0.06-0.06=4.21-0.06$

$x=4.15$

所以学校原跳远纪录是 4.15 m。

师追问：你是利用什么等量关系来解决的呢？

生：原纪录＋超出部分＝小明的成绩

师：很好！但是这位同学忘了检验计算结果是否正确。有同学能说说该如何检验吗？

生：把 $x=4.15$ 代入方程，得

方程的左边 $=x+0.06$

$=4.15+0.06$

$=4.21$

＝方程的右边

所以结果正确。

师小结：这位同学检验的过程是正确的。同学们以后在解方程时，一定不要忘了检验结果是否正确！

出示教材第 74 页例 2 情境图（见图 5－12）。

图 5－12 教材情境图 2

师：仔细观察，从图中你知道了哪些信息？要解决的问题是什么？

生:知道的信息有足球上黑色的皮都是五边形的,白色的皮都是六边形的。白色皮共有 20 块,比黑色皮的 2 倍少 4 块。要解决的问题是共有多少块黑色皮。

师追问:你能根据信息和问题列出题中的等量关系式吗?

交流汇报,并根据回答选择板书:

黑色皮的块数×2=白色皮的块数-4

黑色皮的块数×2-4=白色皮的块数

黑色皮的块数×2=白色皮的块数+4

已知条件:白色皮共 20 块,比黑色皮的 2 倍少 4 块;未知条件:黑色皮有多少块?

引导学生利用例 1 的经验,自主列方程解答:

解:设共有 x 块黑色皮。

$$2x-4=20$$
$$2x-4+4=20+4$$
$$2x=24$$
$$2x\div 2=24\div 2$$
$$x=12$$

学生进行自主检验。

(二)教学过程中要注重多种方法的使用

虽然在解方程时,大多数时候用的都是逆运算的方法,也就是利用等式的性质进行解方程。但在教学过程中,我们还可以引导学生采用多种方法去解方程,如"遮盖"法,即将未知数"遮住",利用自己掌握的数学事实,去判断未知数多少;还可以尝试"试误"法,通过不断的尝试,最终得出方程的解。在数学的教学中应该允许学生使用多种方法,学生使用不同方法后慢慢会感悟到每种方法的价值，再自行择优解题。

[**案例**]

《简易方程——解方程》教学设计（节选）

教材版本　人教版《数学》五年级上册第五单元

教学过程（预设）

游戏导入：出示一个盒子，让学生猜一猜里面可能有几个球。

学生思考后任意猜。

教师继续通过多媒体补充条件，并出示教材第 67 页例 1 情境图（见图 5－13）。

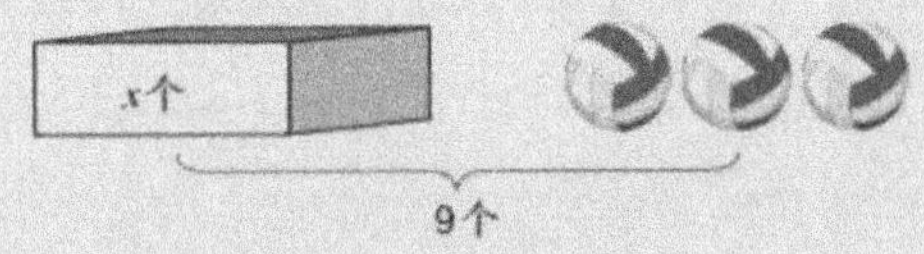

图 5－13　教材情境图 3

师：从图上你知道了哪些信息？

生：盒子外面有 3 个球，盒子里球的个数加上外面球的个数，一共是 9 个球。

引导学生用等式回答：

教师板书：$x+3=9$

师：要想求盒子里球的个数，我们该怎么求 x 的值呢？

小组讨论，得出结论并记录。

生 1：我把 x 遮起来，这道题变成了我们以前学过的（　　）$+3=9$，可以知道（　　）里应该填 6，所以 x 等于 6。

生 2：我可以利用等式的性质。

教师聚焦生 2 的观点，引导学生回忆等式的性质。

教师出示教材第 67 页的第一个天平图（见图 5－14）。

生：长方体盒子代表未知的 x 个球，每个小正方体代表 1 个球。天平左边是 $x+3$ 个球，右边是 9 个球，天平平衡，列式为 $x+3=9$。

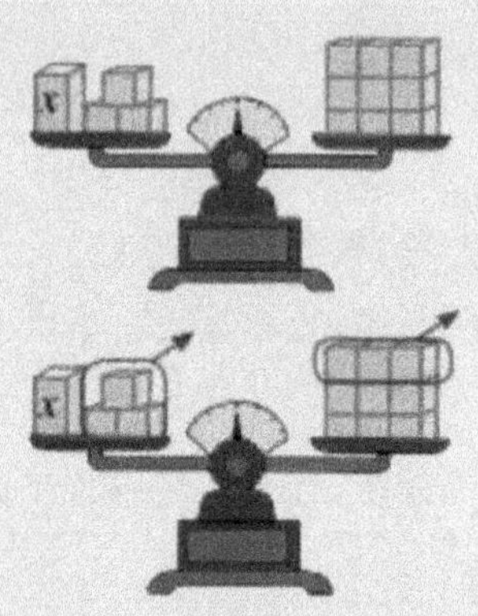

图 5-14 教材情境图 4

师追问：把左边拿掉 3 个球，要使天平仍然保持平衡应该怎么办？

生：在右边也拿掉 3 个球，这样天平就保持平衡了。

师追问：怎样用算式表示？

生：$x+3-3=9-3$

师追问：为什么两边都要减 3 呢？你们是根据什么来求的？用自己的话说一说。

教师出示第三个天平，证明学生的想法是对的。

师小结：刚才我们计算出的 $x=6$，这就是使方程左右两边相等的未知数的值，叫作方程的解。也就是说，$x=6$ 就是方程 $x+3=9$ 的解。求方程解的过程叫作解方程。

……

（三）鼓励学生解决问题策略的多样化

学生的数学学习活动是富有个性的，不同的学生对相同题目的思考也会具有差异性。在教学过程中，教师要关注到学生思考的差异性，鼓励学生从不同角度进行思考并分享，让学生体会到数学学习的多样化，这样既有利于学生算数思维的发展，也有利于学生代数思维的转化与发展。

[**案例**]

《简易方程——实际问题与方程(2)》教学设计(节选)

教材版本

人教版《数学》五年级上册第五单元

教学过程(预设)

教师出示习题:

(1) 舞蹈组有男生 x 人,女生人数是男生的 2 倍,女生有(　　)人,男、女生共有(　　)人。

(2) 城郊中学图书馆有科技书 m 本,故事书的本数是科技书的 1.8 倍,那么,$m+1.8m$ 表示(　　),$1.8m-m$ 表示(　　)。

学生集体反馈:

(1) 女生有 $2x$ 人

一共有 $x+2x=3x$ 人。

(2) m 表示的是科技书的本数,$1.8m$ 表示的是故事书的本数,那么,$m+1.8m$ 就是科技书和故事书的总本数,$1.8m-m$ 就表示故事书比科技书多的本数。

师:像上题中 $m+1.8m$, $1.8m-m$ 如果在方程中出现,该怎样解这样的方程呢? 今天我们就来学习用这样的方程解决问题。

教师板书课题:列方程解决稍复杂的问题。

教师出示例题:妈妈买了 2 kg 苹果和 3 kg 梨,已知梨每千克 2.8 元,苹果每千克 2.4 元,妈妈一共要付多少元?

学生思考,说出数量关系,并列式:

苹果的总价+梨的总价=总钱数

$$2.4\times2+2.8\times3=13.2(\text{元})$$

师:把这一题改一改。

教师出示教材第 77 页例 3(见图 5-15)。

妈妈买苹果和梨各2 kg，共花费16.4元。梨每千克3.8元，苹果每千克多少钱？

图 5-15 教材情境图 6

师：仔细观察，与上一题有什么区别？

生：梨和苹果都是 2 kg，梨每千克 3.8 元总钱数是已知的，求苹果的单价。

教师小结：两题的数量关系没变，只是已知数和未知数交换了位置。

学生尝试用方程解答，汇报：

设苹果每千克 x 元。

$$2x+3.8\times 2=16.4$$
$$x=4.4$$

苹果每千克 4.4 元。

师追问：除了这样列方程之外，还可以怎么列？

学生交流，教师引导学生发现数量关系：(苹果的单价＋梨的单价)×2＝总钱数

$$(3.8+x)\times 2=16.4$$
$$(3.8+x)\times 2\div 2=16.4\div 2$$
$$3.8+x=8.2$$
$$3.8+x-3.8=8.2-3.8$$
$$x=4.4$$

教师在解题过程中引导学生说出把小括号内的“$3.8+x$”看作一个整体。

……

四、探索规律的教学策略

“探索规律”是小学数学课程内容之一，也是提升学生数学素养的重要环节，教学过程中，教师应立足学生的整体发展来进行设计。就小学阶段的“探索规律”而言，需要引导学生把“发现规律”看作是个体的学习活动，使学生注重对具体对象及其关系进行观察和比较，进而找到产生这些现象的确定性因素，通过归纳和解释确定具有普遍性的规律，并根据情况对规律适度进行推广和应用。

（一）充分发挥操作的作用，让规律的发现顺理成章

找规律的课程锻炼的是学生发现问题、归纳问题的能力，在日常教学过程中，教师要多关注学生的课堂生成。杜威的“在做中学”理论给出了学习的建议：在“经验”中学习。找规律的课要让学生重在体验，可以通过个别活动或者小组学习，让学生投入对知识的发现和探究的过程中去，在讨论中学习和掌握知识。

［案例］

《数列、数组的规律》教学设计（节选）

教材版本

人教版《数学》一年级下册第七单元

教学过程（预设）

教师出示图片（见图5－16）。

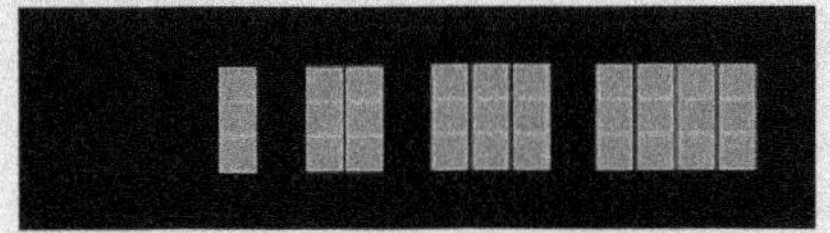

图5－16　教师出示的图片

师：这里有几组图，请同学们观察一下，说一说你们发现了什么。

生：发现了这几组图形是有规律的，而且 3 个、3 个地增加。

师：我们可不可以用更简单的方式来表示这几组图形的规律呢？

生：我们可以画一画，也可以直接用数字来表示每一组图形的数量。

师：那么这几组图形分别用数字几表示？

生：数字 3，6，9，12。

教师出示数字(见图 5 - 17)。

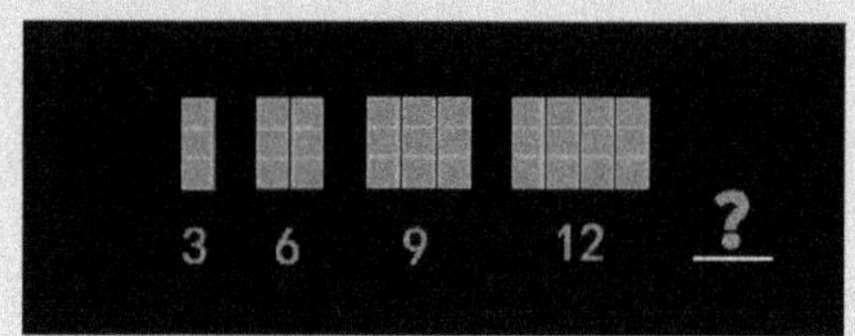

图 5 - 17　教师出示的数字

师：如果按照这样的规律往后再摆一组图形，应该摆几个正方形呢？你们愿意用哪种方式来猜一猜？

生：可最简单的数字来计算下一组正方形的数量。

师：怎样计算呢？

生：依次加 3，12 ＋ 3 ＝15，接下来应该摆 15 个正方形。

师：再往后的两组摆几个呢？

生：15＋3＝ 18，18＋3＝ 21，接下来应该摆 18 个正方形，然后 21 个。

师：下面我们来比一比，看谁能发现这些图形与数排列的规律？

生：这几组图形每次减少 2 个正方形，数字也是依次减 2(见图 5 - 18)。

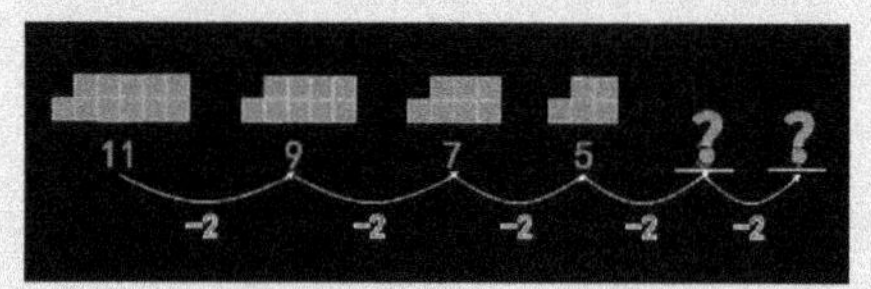

图 5 - 18　学生给出的摆法

师：接下来怎么填？

生：5－2＝3，3－2＝1，接下来应该摆 3 个正方形，然后 1 个。

师：这组图形与数的排列规律和上面那一组一样吗？

生：上面一组图形依次增加相同的个数，这一组是依次减少相同的个数。

师：接下来你们能不能不通过图形就找到数与数之间的变化规律？

教师出示变式题 1(见图 5－19)。

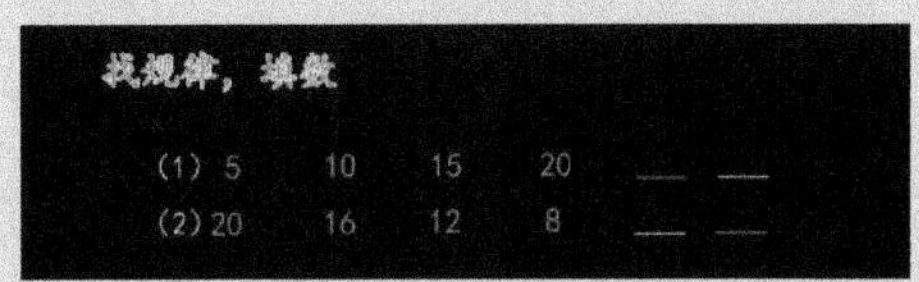

图 5－19 教师出示的变式题 1

师：请在学习单上完成这两道题，想一想这两组数字分别有什么规律。给大家 3 分钟的时间。

师：第(1)组数字你们是怎么填的？为什么？

生：第一组分别填 25，30，我发现数字依次加 5。

师：第(2)组数字你们是怎么填的？为什么？

生：第二组分别填 4，0，我发现数字数量依次减 4。

师：看来同学们都已经学会一组数字依次加和依次减的规律了，数字是不是只有这样的规律呢？我们接着来探究。

……

(二) 合理利用迁移的作用，建立良好的认知结构

学生学习是一个连续的过程，而在学习过程中，由于知识背景作为认识的某种特定的趋向，会对学生的知识背景迁移产生影响。一方面，有人说

"教,是为了不教",即肯定了知识迁移的正向作用;另一方面,知识背景的迁移,容易让学生完全凭借固有的思维过程去认识事物,会对客观的知识产生误解。因此,在教学过程中,我们要理性看待数学知识背景迁移的作用,合理利用它的积极作用,为学生提供良好的举一反三的学习环境。

[案例]

《积的变化规律》课堂实录(节选)

教材版本

人教版《数学》四年级上册《积的变化规律》

教学过程(预设)

环节一:建构模型,发现和的变化规律

教师出示题目:3 784 + 1 265 =?

师:口算一下,看看等于多少?看谁的准确!

生:等于5 049。

师:原来有那么多同学都算出来了,不过刚刚有点慢,如果能更快一点就好了。

教师出示题目:3 784 + 1 275 =?

生:等于5 059。

师:为什么你算得这么快?

生:因为第一个加数是3 784,上一个算式的第一个加数也是3 784,第二个算式的第二个加数比第一道题的第二个加数增加了10,所以第二道题的和比第一道题的和也增加了10,是5 059。

师:这位同学可真不一般,他没有第一时间上来算,而是选择了这样的方法,(在黑板上板书:观察)观察后,拿第二个算式和第一个算式(板书:比较)比较之后就找到了算式里的变化,变化里就隐藏着规律。

教师出示拓展题:3 784 + 1 565 =?

(同上过程分析)

……

教师出示题目:3 784+1 265=5 049

3 754+1 265=?

请学生回答,并说明原因。

出示题目:3 784+1 261=?

学生回答,并说明原因。

和学生一起总结:两个数相加,一个加数减去了几,它们的和就减去相同的数。

引导学生把上面总结的两个规律合成一个规律——

两个数相加,一个加数不变,另一个加数增加或减少几,它的和就增加或减少几。

思考题

1. 小学数学教学中,如何培养和发展学生的数感?
2. 小学生数的认识学习的学情特征是什么?
3. 小学生数的运算学习的学情特征是什么?
4. 小学数的认识的教学组织有哪些主要的策略?
5. 小学数的运算的教学组织有哪些主要的策略?
6. 请根据数的认识的教学策略任选一节内容写教学设计。

第六章

“图形与几何”的教学

知识要点与思政目标

知识要点	思政要点	案　例
“图形与几何”领域的德育渗透	爱国主义情怀、文化自信、国防教育	通过“圆周率”的介绍，学生意识到我国“祖率”曾领先世界千余年，形成文化自信，为中国而自豪
空间观念的培养	关注现实、责任担当	通过教学做合一的方式，学生逐渐关注现实中的数学问题。在成功解决问题的过程中，学生形成空间观念，能做一个有责任、有担当的人
教学评价的正确实施	关注现实、社会主义核心价值观	在现实教学中，通过情感、态度、价值观的评价，学生逐渐形成正确的社会主义核心价值观

知识目标

知识目标 1：通过对比 2011 年版课程标准和 2022 年版课程标准关于“图形与几何”领域的内容，教师进一步细化“图形与几何”领域的内容分析与教学要求，明确在教学中注重知识的同时，也要注意弘扬传统文化和渗透国防教育。

知识目标 2：通过“图形与几何”领域的学习，学生能发展空间观念、量感、几何直观、推理意识等方面的核心素养，注重建立具体内容与核心素养的表现之间的联结。

知识目标3:通过正确、合理的教学评价方式,教师去反观教师的教与学生的学的有效性与一致性,力求达成学习目标,培养学生形成正确的价值观。

问题导引

“图形与几何”这一名称是从2011年版课程标准开始沿用至今,在此之前,这方面内容被命名为“几何初步知识”“空间与图形”。从以几何公理为主线的教学到分领域有层次的内容设计,这前后几次名称的变化反映出该内容更加符合学生身心发展的特点,也回归了数学的本质。2022年版课程标准在保留“图形与几何”这一名称的基础上,对在课程内容方面做了哪些调整、调整过后的教学要求如何、针对“图形与几何”领域的不同内容又该设置怎样的教学策略进行阐述?

第一节 “图形与几何”的内容分析与教学要求

图形和几何有着紧密的联系,一般来说,几何问题的解决通常需要图形的帮助,而图形的学习也能增强对几何学知识的掌握。在小学阶段,“图形与几何”领域的内容主要研究的是图形,它通过研究图形的运动、测量、位置等知识,来培养学生的空间观念、几何直观等核心素养。

一、“图形与几何”的课程内容分析

2022年4月,2022年版课程标准正式出版,与2011年版课程标准相比,2022年版课程标准不仅在课程内容结构和呈现方式上有所改变,在课程内容要求上更是有所强调。

就“图形与几何”领域而言,2011年版课程标准在小学阶段设置了“图形的认识”“图形的测量”“图形的运动”“图形的位置”这四个方面的内容,2022

年版课程标准对内容进行整合，设置了“图形的认识与测量”和“图形的位置与运动”两方面的内容。此外，在课程内容上，2022 年版课程标准按照“内容要求”“学业要求”“教学提示”三个方面呈现，下面我们将结合小学三个学段的基本特点，具体分析“图形与几何”的课程内容。

(一) 第一学段中“图形与几何”内容分析

为体现义务教育数学课程的整体性与发展性，2022 年版课程标准根据学生数学学习的心理特征和认知规律，充分考虑幼小衔接的需要，将小学阶段的学习时间划分为三个学段。其中 1—2 年级为第一学段，3—4 年级为第二学段，5—6 年级为第三学段。2022 年版课程标准第一学段“图形与几何”领域的“内容要求”如表 6 - 1 所示。

表 6 - 1　2022 年版课程标准“图形与几何”第一学段的内容要求

	第一学段(1—2 年级)
图形的认识与测量	(1) 通过实物和模型辨认简单的立体图形和平面图形，能对图形分类，会用简单图形拼图(新增)。 (2) 结合生活实际，体会建立统一度量单位的重要性，认识长度单位米、厘米。能估测一些物体的长度，并进行测量。 (3) 在图形认识与测量的过程中，形成初步的空间观念和量感(新增)。

1. 主要内容的变化

与 2011 年版课程标准相比，2022 年版课程标准只有“图形的认识与测量”这块内容，而 2011 年版课程标准有“图形的认识”“测量”“图形的运动”“图形与位置”这四块内容，光从内容的设置上来说，两版课程标准有着明显差异。其实不然，2022 年版课程标准在第一学段没有增加或减少具体的内容，造成上述差异的原因如下：①内容跨学段调整。2011 年版课程标准在第一学段(1—2 年级)“图形的运动”部分主要讲解的是对“平移、旋转和轴对称”这三种运动的具体要求，而这一部分内容正好出现在 2022 年版课程标准第二学段(3—4 年级)“图形的位置与运动”中。根据这些内容，我们可以猜测未来“图形的运动”将在三年级重点展开。②内容跨区域调整。2011 年版课程标准在“图形的位置”主题中的内容“会用上、下、左、右、前、后描述物体的相对位置”和“给定东、南、西、北四个方向中的一个方向,能辨认其余三个方向,知道东北、西北、东南、西南四个方向,会用这些词语描绘物体所在的方向”现由“图形与几何”领域调整到“综合与实践”领域,这也是对“图形的认识与测量”的综合应用。

2. 核心素养的培养

由表 6－1 可以发现,第一学段“图形的认识与测量”的第(1)条和第(3)条内容要求都有新增的内容,尤其是第(3)条内容属于完全新增,且重点强调“形成初步的空间观念和量感”,旨在发展学生的核心素养。其实 2022 年版课程标准第一学段该部分的内容都有其对应的素养,具体如表 6－2 所示。

表 6－2 2022 年版课程标准“图形与几何”第一学段核心素养与课程内容

内容要求	对应素养
通过实物和模型辨认简单的立体图形和平面图形,能对图形分类,会用简单图形拼图	空间观念、几何直观
结合生活实际,体会建立统一度量单位的重要性,认识长度单位米、厘米。能估测一些物体的长度,并进行测量	量感
在图形认识与测量的过程中,形成初步的空间观念和量感	空间观念、量感

由表 6－2 可知,“图形与几何”领域第一学段重点培养学生三个核心素养,分别是空间观念、几何直观和量感。到小学阶段结束时,学生在“图形与几何”领域核心素养的达成主要集中在空间观念、量感、几何直观、推理意识上,由此可见,2022 年版课程标准十分注重学生核心素养的培养。

3. 重点内容的强调

就“内容要求”“学业要求”和“教学提示”而言,第一学段重点强调两个方面的内容:①借助实物来认识立体图形和平面图形。由于低段学生的空间观念较差,因此教学时教师往往借助教具或多媒体让学生理解,但是这样的教学过程也凸显了一个问题,那就是学生的动手操作机会少,很多结论是靠记忆的,而不是理解形成的。如今 2022 年版课程标准明确要求要通过实物和模型直观辨认图形,探索图形的特征并简单分类。②体会统一度量单位的重要性,降低学习难度。低段图形的测量教学主要涉及长度单位的教学,而经历统一长度单位的过程能够加深学生对长度单位的理解,所以学习也变得简单了。

(二) 第二学段中“图形与几何”内容分析

2022年版课程标准“图形与几何”第二学段的内容要求如表6-3所示。

表6-3 2022年版课程标准“图形与几何”第二学段的内容要求

	第二学段(3—4年级)
图形的认识与测量	(1) 结合实例认识线段、射线和直线;体会两点间所有连线中线段最短,知道两点间距离;会用直尺和圆规作一条线段等于已知线段(新增);了解同一平面内两条直线的位置关系。 (2) 结合生活情境认识角,知道角的大小关系;会用量角器量角,会用量角器或三角板画角。 (3) 认识长度单位,知道分米、毫米;认识面积单位厘米2、分米2、米2;能进行简单的单位换算;能恰当地选择单位估测一些物体的长度和面积,会进行测量。 (4) 认识三角形和四边形,会根据图形特征对三角形和四边形进行分类(新增)。 (5) 结合实例认识周长和面积;探索并掌握长方形、正方形的周长和面积的计算公式。 (6) 能根据具体事物、照片或直观图辨认从不同角度观察到的简单物体。 (7) 在图形认识与测量的过程中,增强空间观念和量感(新增)。
图形的位置与运动	(1) 结合实例,感受平移、旋转、轴对称现象。 (2) 在感受图形的位置与运动的过程中,形成空间观念和初步的几何直观(新增)。

1. 主要内容的变化

在第二学段“图形与几何”领域的内容要求中,2022年版课程标准主要增加了四处内容,在表6-3中有所体现。其中“会用直尺和圆规作一条线段等于已知线段”这一内容最需要引起我们的注意,这一内容的具体要求是:用无刻度的直尺(或不看直尺的刻度)和圆规,作一条与给定线段长度相等的线段。这一内容的落实务必要突破两大难度:①学生提前认识圆规。学生在用尺规作图前肯定要认识直尺和圆规,认识直尺在人教版教材二上《长度单位》时就有所涉及,而圆规的认识人教版教材安排在六年级上册《圆的认识》一课中,因此圆规的教学就要提前,具体在哪里插入教学?学生提前学习又要对圆规的使用达到什么程度?都是值得我们思考的问题。②打破学生思维定式。学生在画图时已经习惯用测量的方法，在不看刻度的前提下作长度一定的线段，显然不能用测量的方法进行，这时就需要教师引导学生发挥想象力，打破思维定式，探索出正确的方法。

另外三处的新增内容也有一定的要求和指向。例如“会根据图形特征对三角形和四边形进行分类”，这里明确了分类的标准是根据图形特征，也是学生在认识三角形和四边形的基础上所要达到的更高的要求。又如“增强空间观念和量感、形成初步的几何直观”这些都是新增的目标，也提醒教师在教学中要更加重视素养的培养。

2. 动词与范围的细化

2022 年版课程标准的内容是对 2011 年版课程标准的细化与整合，这一点在第二学段中体现尤为明显。在行为动词的达成上，理解性的知识偏多，例如“会用直尺和圆规作一条线段等于已知线段”“会用量角器或三角板画角”“会进行测量”。此外也有一些要求较低的动词，如“能恰当地选择单位估测一些物体的长度和面积”“能根据具体事物、照片或直观图辨认从不同角度观察到的简单物体”这里的“恰当地选择”和“辨认”都是使用长度单位和面积单位、观察物体的初级要求。同样的，2022 年版课程标准的研究范围也更加明确，例如“两条直线的位置关系”明确了“同一平面”的前提；又如“角的大小关系”也不仅仅局限于了解“周角、平角、钝角、直角、锐角”的范围。由此可见，第二学段的内容要求在目标动词的要求与范围的划分上更细化，这样明确的要求也便于教师在教学中实施。

3. 重点内容的强调

在第二学段的知识当中，需要重点强调的内容有三个：

(1) 两点之间线段最短。这一内容在 2011 年版课程标准中有所涉及，2022 年版课程标准则提出了更高的要求“能在具体情境中运用‘两点之间线段最短’解决简单问题”。教师在教学时就可举一个生活中的例子(见图 6 - 1)：一个亭子旁边有一个曲折的小路，慢慢地，草坪上就会有一条人们走过的近路。这也说明一些人为了图方便利用“两点间线段最短”的原理抄近路，此时教师可以对学生进行德育渗透，甚至让学生想一句警示标语等都是很好的教育契机。

(2) 图形的分类。在第二学段的“教学提示”中明确指出：学生根据角的

图 6－1 “两点之间线段最短”生活案例

特征将三角形分为锐角三角形、直角三角形和钝角三角形；通过边的特征知道等腰三角形和等边三角形。关于图形的分类，根据角的特征进行分类是学生需要重点掌握的，而根据边的特征进行分类，2022 年版课程标准中对学生的要求并不高。如果按照边分，应该分为不等腰三角形和等腰三角形，等腰三角形里又包括等边三角形，由于小学生解决包含关系的内容时比较困难，因此按边分类的要求较低。

(3) 图形的周长和面积。该内容的重点是用直尺和圆规将三角形的三条边画到一条直线上，直观感受三角形的周长。

(三) 第三学段中“图形与几何”内容分析

2022 年版课程标准“图形与几何”第二学段的内容要求如表 6－4 所示。

表 6－4 2022 年版课程标准“图形与几何”第二学段的内容要求

	第三学段(5—6 年级)
图形的认识与测量	(1) 知道三角形任意两边之和大于第三边；知道三角形的内角和是 180°。 (2) 认识圆和扇形，会用圆规画圆；认识圆周率；探索圆的周长和面积计算公式，能解决简单的实际问题。 (3) 知道面积单位平方千米、公顷；探索并掌握平行四边形、三角形和梯形的面积计算公式；会估计不规则图形的面积。 (4) 通过实例了解体积(或容积)的意义，知道体积(或容积)的度量单位，能进行单位之间的换算；体验不规则物体体积的测量方法。 (5) 认识长方体、正方体和圆柱，了解这些图形的展开图，探索并掌握这些图形的体积和表面积的计算公式，认识圆锥并探索其体积的计算公式，能用这些公式解决简单的实际问题。 (6) 对于简单物体，能辨认不同方向(前面、侧面、上面)的形状图。 (7) 在图形认识与测量的过程中，进一步形成量感、空间观念和几何直观。

续表

图形的位置与运动	(1) 能根据参照点的方向和距离确定物体的位置;会在实际情境中,描述简单的路线图。 (2) 能用有序数对表示点的位置,理解有序数对与方格纸上点的对应关系。 (3) 了解比例尺,能利用方格纸按比例将简单图形放大或缩小。 (4) 能在方格纸上进行简单图形的平移和旋转;认识轴对称图形和对称轴,能在方格纸上补全简单的轴对称图形。 (5) 能从平移、旋转和轴对称的角度欣赏生活中的图案,能借助方格纸设计简单图案,感受数学美,形成空间观念。

1. 主要内容的变化

由表6-4可知,第三学段的“内容要求”并未出现新增的内容。仔细对比新旧两版课程标准可发现,2022年版课程标准关于比例尺的要求不增反降。2011年版课程标准关于比例尺的内容是这样描述的:“了解比例尺;在具体情境中,会按给定的比例进行图上距离与实际距离的换算。”2022年版课程标准的要求则是:“了解比例尺,能利用方格纸按比例将简单图形放大或缩小。”比较之后我们发现2022年版课程标准关于比例尺的学习难度有所降低,而比例尺的综合应用这部分内容与方向位置、测量等知识划分到以“校园平面图”为主题的综合实践活动中。

此外,第三学段的教学提示中还提到:“引导学生经历基于给定线段用直尺和圆规画三角形的过程,探索三角形任意两边之和大于第三边。”2022年版课程标准中还强调,这是需要基于“两点之间线段最短”这一基本事实推导出来的,不仅锻炼了学生的“几何直观”素养,也锻炼了学生的“推理意识”。其实“意识”强调的是直观和具体,是基于经验的感悟。2022年版课程标准更注重经验,经验往往来源于实践。如果教师还像以前那样只讲授知识,不注重经验的积累,是行不通的。

2. 德育教育的渗透

第三学段的“教学提示”中出现了两次“中华优秀传统文化”和一次“国防教育”,分别出现在“圆的教学”“图形的位置教学”以及“图形的运动教学”中。现在的“圆的教学”是建立在祖冲之等数学家的研究成果的基础上的,因此学生有必要了解该数学文化,传播数学相关的中华优秀传统文化。“用数对表示位置”的教学与我们日常生活中的GPS定位有一定的联系，我们将情境从教室里的位置、电影院里的位置延伸到生活中、军事中的定位，不仅告诉学生如何用数学知识解决生活中的问题，还能渗透国防教育。在学习“平移、旋转、轴对称”这些图形的运动时，为了巩固所学，教师在课后可以用长程活动的方式布置跨学科的项目化作业，例如，让学生寻找文化中的轴对称，轴对称的剪纸、轴对称的脸谱、轴对称的风筝等，这也实现了把传统文化融入数学课程之中。

3. 重点内容的强调

第三学段重点需要关注的内容同样有三个：①基于理论推导出三角形三边关系。这一内容属于“尺规作图”的教学内容，“尺规作图”教学从“作等长线段”到“作一个三角形”再到第三学段“探索说明三角形任意两边之和大于第三边”我们发现“尺规作图”的难度在变深，学生对图形特征的理解也在变深，学生在操作的过程中能激发想象力和创造力。②用转化思想推导平面图形面积。在学习平行四边形、三角形、梯形的面积公式时，“教学提示”中明确指出要引导学生用转化的思想推导公式。这一提示比2011年版课程标准更明确怎么教，也更明确培养学生的空间观念和推理意识。③沟通立体图形和平面图形的关系。在图形的认识当中，是先讲立体，再讲平面，再回到立体。小学生认识图形容易受生活经验的影响，而生活中大部分物体都是立体图形，因此教材先安排立体图形的学习。另外学生的学习要经历由粗略到精细的过程，所以图形的认识需要分学段教学。在第三学段沟通立体图形和平面图形的关系是十分有必要的，其中最主要的联结就是立体图形的展开图与平面图形的关系，这能很好地帮助学生学习立体图形的特点、表面积和体积。

二、“图形与几何”的教学要求

教学要求简而言之指的是教师和学生所组成的一种人类特有的人才培养活动中的要求。它主要是站在教师的层面，指出教师教学的重、难点，描述教师通过什么样的教学之后学生所应该达到的教学目标。2022年版课程标准在“课程目标”“课程内容”“课程实施”等部分都对“图形与几何”的教学提出了要求。

(一) 教学目标的要求

2022 年版课程标准提出要确立核心素养为导向的课程目标，而课程目标的设定在一定程度上会影响教师教学目标的制定，因此教学目标的制定离不开核心素养。数学核心素养可理解为经过数学课程的学习，受教育者应当具备的基本素养。在“图形与几何”中涉及的核心素养分别是空间观念、量感、几何直观、推理意识。空间观念是在空间知觉的基础上形成的关于物体和图形的形状、大小和位置关系的表象。因此在教学图形时可以将教学目标定为在观察、操作等活动中直观认识几何图形，培养学生的形状知觉，初步建立空间观念。量感主要是指对事物的可测量属性及大小关系的直观感知。它包括对数量多少的感知和对距离远近的感知。例如在学习“长度单位”后，学生能够估测物体的长度，就是对量感的培养，而这一点可以作为教学目标。几何直观主要包括学生在遇到实际问题时具有从图形的角度描述和分析问题的意识和习惯以及学生具有从图形的角度描述和分析问题的能力这两个层次。它是基于空间观念的进一步要求，能够在不断解决问题的过程中慢慢培养，因此教学目标要注重学生分析问题和解决问题的能力这两方面。推理意识是思维能力的一种体现，像类比、归纳等数学思想都能帮助学生初步感悟推理。例如平行四边形的面积计算公式就是由长方形的面积计算公式推导而来，所以让学生掌握推导过程十分重要，也是制定教学目标时需要考虑的。

(二) 教学内容的要求

关于“图形与几何”教学内容的要求，2022 年版课程标准主要体现在“课程内容”的“教学提示”当中，这些在内容分析当中已经提及，这里就不再赘述。

(三) 教学方式的要求

对教学方式的要求就是尽可能地丰富它，目前教学方式的种类有很多，参与式、探究式、合作式等都是很不错的教学方式，2022年版课程标准也提出要积极开展项目化学习。所以在“图形与几何”的教学中要突破原有的讲授式的教学方式，多尝试对学生有益的教学方式。“图形与几何”教学可以分为“图形的认识与测量”和“图形的位置与运动”这两方面，在认识与测量方面，学生结合生活经验的认识和测量是高效的，因此教学方式往往以参与式和探究式为主。例如在教学“面积单位”时，为了使学生对 $1\,\text{cm}^2$、$1\,\text{dm}^2$ 和 $1\,\text{m}^2$ 有直观感受，会让学生用刻度尺和米尺去分别绘制边长为 1 cm、1 dm 和 1 m 的正方形，此外在绘制完 $1\,\text{dm}^2$ 的正方形后会让学生估计桌面的面积，在教室地面绘制完 $1\,\text{m}^2$ 的正方形后，会让几名学生去站立，使学生深刻体会 $1\,\text{m}^2$ 的土地可以容纳几人，感知 $1\,\text{m}^2$ 有多大，甚至可以估测教室地面的面积。

“图形的位置与运动”是更贴近生活问题的内容，内容的出现往往伴随着问题情境，因此这部分内容的教学方式以“项目式学习”和“合作式”为主。例如在教学完比例尺和方位后，可以在教学中继续开展以“绘制家到学校的路线图”为主题的项目式学习。在解决这一问题的过程中，学生需要了解相关的数学知识，还需要解决遇到的各种问题。相信随着该项目的结束，学生所学知识也更扎实。

(四) 教学评价的要求

就教学评价而言，首先，评价方式要丰富，除了最直接的作业评价、书面测验和口头测验之外，还可以通过课堂观察、课后访谈、成长记录等方式进行。其次评价维度要多元，不仅要关注学生“四基”“四能”的达成，还要特别关注核心素养的有效落实。核心素养的评价并不能通过标准化的测验来进行，而是通过学生在具体活动过程中的表现来反映。这也就意味着学生的表现并不能只听取教师的评价，而应该做到教师评价、学生自我评价、学生相互评价、家长评价相结合，也就是要体现评价主体的多样性。最后，还需要注重评价结果的呈现与运用。教师在进行“图形与几何”教学评价时，可根据不同学段学生的特点以不同的评价结果呈现，如第一学段以定性的描述性评价呈现，第二、三学段以描述性评价与等级评价相结合的方式呈现。值得一提的是，教师在评价时应关注学生在学习过程中取得的进步、关注学生数学情感的变化，以及学习习惯和学习态度的养成。

第二节 “图形与几何”的教学策略

一、图形的认识教学策略

小学阶段图形的认识是“图形与几何”的重要组成部分，也是深入学习几何知识的基础。认识一类图形必须明确这一类图形的共同特征，熟悉图形的表象，建立图形的概念。根据小学阶段学生的身心发展特点，此阶段的几何是直观的、具象的，认知过程大多数分为两类：通过感知现实的物体或空间，形成事物的表象，并在学习中逐步从具体的事物抽象出几何图形；对上述学习活动中获得的图形概念进行对比再拓展，形式如下：①将原有图形适当分类找出每一类别的特征，形成新概念，比如学习三角形后再学习锐角三角形、钝角三角形、直角三角形；②将具体图形与已学图形进行对比，区分特征形成概念，比如认识梯形时与平行四边形进行对比。

（一）感知实物，形成概念

教材对图形的认识的安排是由立体到平面再到立体，教学中通常是以学生的生活经验为依托进行图形的教学，并不断过渡到抽象图形的直接教学。实物教学的认知过程处于空间观念的第一层次“想象”，即由实物想象出图形的形状，形成表象，抽象出几何图形，如图 6-2 所示，这一过程对学生的学习能力要求较低，适用于低段学生教学使用。图形的认知是一个漫长的过程，需要不断地加强巩固。因此，在教学之中要根据学生的生活经验和现实情境设置熟悉的教学情境，让学生将生活与数学图形相结合，并根据自身的经验基础进行学习，降低图形学习的枯燥性，也有助于日常巩固。

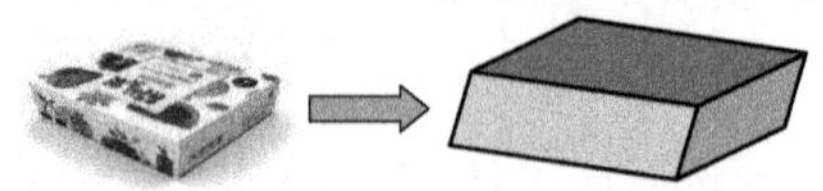

图 6－2　几何图形的抽象图

观察是认识感知图形的一个重要途径，是学生区分图形特征最直接的方法，也是让学生直观体会数学图形魅力的有效渠道。教学之中教师可以让学生携带盒子、字典等实物，引导学生观察多种形状类似的图形，体会不同物体的共同特征，明晰图形的概念；同时，教师还要注意引导多角度观察，感受同一物体从不同角度观察也能呈现出的不同图形，由此对图形的形状有着更清晰的认识，对后续抽象出图形有所帮助，也对教学中三视图的讲解进行渗透。

“图形与几何”的内容结构是以“立体—平面—立体”为主线，因此最直观的几何就是我们可以通过平面想象空间，通过空间想象平面，通过平面图形学习立体图形，通过立体图形学习平面图形，相辅相成来培养空间观念。

[案例]

认识图形(一)

(一) 创设情境

同学们，现在摆在你们桌上的是老师送给你们的礼物，想知道是什么礼物吗？赶紧把它打开吧，现在请同学们各自拿一个礼物，拿到一样形状的就是好朋友了。

(二) 操作感知

1. 找朋友，揭示概念

(1) 分组活动。让学生在组内找到拥有和自己形状相同的物体的同学，教师巡视。

(2) 小组汇报。教师提问为什么你们觉得这几个物体形状相同呢？

生：乒乓球和巧克力球是一组，牙膏盒和牛奶盒是一组，魔方和这个积木是一组，固体胶和易拉罐是一组。

(3) 揭示概念。

教师拿出大小不同、形状不同、颜色不同的学具，提问有哪位同学可以将这些实物和学具对应？

学生上台将实物和学具对应，直观揭示长方体、正方体、圆柱和球的特点，教师板书名称。

2. 摸一摸，感知特点

(1) 让学生动手摸一摸长方体、正方体、圆柱和球的实物，将自己发现的特征在小组内交流。

(2) 汇报交流：长方体是长长的，有平平的面；正方体是四四方方的，有平平的面；圆柱是直直的，上下一样粗细，两头是圆的，平平的；球是圆圆的；长方体、正方体有 6 个面等。

(3) 说一说生活中的形状。

师：刚刚我们认识了这些形状，同学们知道生活中还有哪些物体也是这样的形状吗？

生：讲台是长方体，家里的垃圾桶是圆柱。

(二) 动手实操，深化概念

皮亚杰提出儿童关于空间观念的理论，认为空间表征的建构是通过儿童渐进的动手活动形成的，儿童的理解来自他们作用于物体的活动。皮亚杰认为：“空间观念的形成不像拍照，要想建立空间观念，必须有动手做的过程。”这个做的过程，不仅是一个实践的过程，更是尝试、想象、推理、验证、思考、交流的过程。操作是儿童构建空间表象的主要形式，儿童的几何不是论证几何，更多的是属于直观几何。直观几何是一种经验几何或实验几何，因此，儿童获得几何知识并形成空间观念，更多的是依靠他们的动手操作。在小学阶段,图形的认识教学之中要注意创设学生操作的情境,在学习中操作,在动手操作中总结,在操作总结中培养思维。

比如,现如今的数学"图形与几何"课堂已经拥有非常多的教具与学具,对这些教具进行折叠、拼接、摆放、裁剪、分类等具体实践操作,能帮助学生对图形的基本特征有多方面的感知,对图形性质有一定的了解。教具的使用积累了学生的数学活动经验,发展了学生的空间观念。

[案例]

正方体展开图

教师展示例题(见图 6-3):

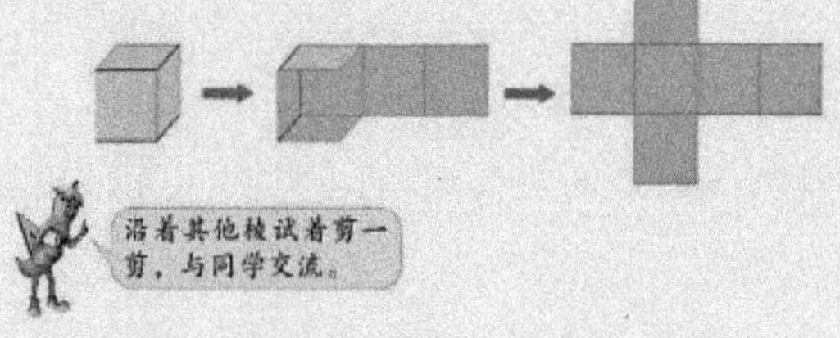

图 6-3　苏教版教材六年级上册第 3 页例题

1. 观看演示(正方体裁剪展开过程)

师:仔细观察正方体的展开过程,请同学们两人一组沿正方体的任意棱,将正方体剪开,看看谁的展开图更特别。

2. 学生操作

师:你们剪的和老师一样吗?请不一样的同学将成果贴在黑板上。

学生操作活动,展示成果并将不一样的贴在黑板上。

师:这么多的展开图,你们能分分类吗?

小组内互相交流自己的作品,观察这些图形并分类。

小结：141 形式的有 6 种，231 形式的有 3 种，33 形式的有 1 种，222 形式的有 1 种。

师：哪一种类型更容易折回正方体呢？

生：141 形式最简单，只需要将上下两个往中间折，中间四个正方体一围就行，速度最快了。

教师展示练习题（见图 6-4）：

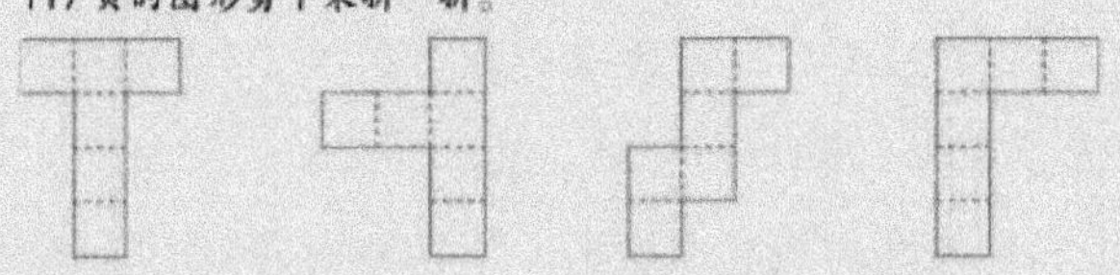

图 6-4 苏教版教材六年级上册第 3 页练习题

拓展延伸：找相对的面

在这些展开图中你知道哪些面是相对的面吗？这些面在展开图中又有什么特点呢？

［案例］

三角形的特征

三角形特性之一稳定性的教学往往会使教师陷入误区，教师错误地让学生认为三角形的稳定性只是三角形的稳固性，实际上它的数学本质是在三边都确定的情况下三角形的唯一性。在教学中可以通过摆一摆、拉一拉的实践操作对这一性质进行深入探究。

活动 1：让学生利用四根小棒摆四边形，可以发现同样的四根小棒，同学们摆出了各种形状不同，大小不一的四边形，教师适时讲解这个现象是由于四边形的不稳定性引起的。

活动2:让学生利用三根小棒摆三角形(每位学生的三根小棒都相同),与上述活动对比是否有同样的现象呢?引导学生通过同桌交流、上台展示等方式进行对比,可以发现此时每位同学摆出的三角形大小相同,形状一致。

思考:同样是摆图形,为什么出现不同的现象呢?引导学生类比活动1发现总结。三角形的几何性质。

生:因为三角形具有稳定性。三角形的三边长度固定后,我们只能摆出一种三角形了。

活动3:拿出三角形与四边形的活动教具,让学生动手拉一拉,发现三角形无法拉动,而四边形可以变成其他形状。

小结:三角形具有稳定性,当三条边都确定时只存在一个这样的三角形。

思考:在生活之中三角形"稳定性"可以运用在什么地方呢?

(三) 动静结合,掌握本质

在图形的认识教学之中,对图形概念的掌握尤为重要,但学生极易对某些概念的印象停留于标准图形,并没有掌握概念的本质属性,无法识别不规则图形,也无法在复杂图形中寻找学习过的图形。因此,在教学中不仅要对标准图形进行静态展示,让学生了解概念图形的表象,更要通过动态的非标准图形进行对比,明晰概念的本质属性。通过图形的变化,凸显无关性质与本质性质的差异。

[案例]

认识三角形

活动1:观察图片(金字塔、巴黎铁塔、中国古建筑等),你们对这些建筑熟悉吗?能找出其中蕴含的三角形吗?请同学们上台寻找。

活动2:请同学们回忆寻找身边的三角形。

生1:自行车的架子上有三角形。

生2:路标也是三角形的。

活动3:为了更好地掌握三角形的概念,请同学们自己画一个三角形。同时思考什么样子才是三角形,你又是怎么画的呢?(将学生画的图形通过投屏展示)

生:先画一条线段然后再点一个点,线段端点和这个点连起来。

师:刚刚这位同学说把端点连起来我们可以用一个“围”字表示。抬头一起看看三角形是怎么围起来的。

教师出示几何画板围成三角形的过程。

师:现在老师这里也画了一个三角形,你知道什么是三角形了吗?

板书:由三条线段围成的图形是三角形。

活动4:请同学们判断一下,这个图形是三角形吗?

教师在黑板上操作:①利用几何画板先将三角形变形为常见形式的三角形如钝角三角形,直角三角形,在运动过程中注意引导学生发现它们的共同点与不同点,不要求掌握名称。②将三角形变形为缺口或者一边出头的图形。

(四) 激发兴趣,感受魅力

小学生的思维处于具体形象思维到抽象思维的过渡时期,教师应注意运用实物或实物图片等教具帮助教学。尤其在图形的认识的教学中,教师要为学生提供丰富多彩的图形素材,帮助学生开拓视野,激发学生的学习兴趣,同时让学生感受数学图形的魅力与奇妙。在低段教学中,具体而有趣的学习情境尤为重要,一个有效的教学环节必然伴随着有趣的形式,比如游戏、绘本、动画等,通过这些形式将学生喜欢的事物与数学相结合,调动学生积极性,提高课堂活动的参与度及效率。

[**案例**]

轴对称图形的认识

1. 观看“剪纸的制作过程”视频

师:请同学们欣赏我们中国的传统文化——剪纸,他是怎样做的?

生:先将纸对折,再画出需要的图案,最后剪出一朵花。

师:比较这朵花的左右两侧,你们发现了什么特点?

生:两边都是相同的形状。

2. 学生实践操作

师:请同学们利用刚才演示的方法也剪一个两侧相同的图形。可以选择自己喜欢的图案进行制作哦,开动你们聪明的脑袋吧。

学生操作活动。

师:请同学们先进行小组交流,选出你们最喜欢的一张,把它粘贴在黑板上,并思考这些图形有什么相同之处。

学生小组讨论交流。

生:这些图形和视频里做的花一样,都是沿着折痕对折后,两侧能完全重合。

师:像这样的一个图形沿着一条直线对折,直线两旁的部分能完全重合,这样的图形叫轴对称图形。

二、测量教学策略

与2011年版课程标准相比,2022年版课程标准强调了在实际情境中理解感悟统一单位的重要性,强化了测量与生活实际问题的结合,注重实践操作能力的培养,加深对单位的理解,重视选择合适单位进行估测的能力培养。此外,2022年版课程标准新增加了量感这一核心素养,量感是对事物的可测量属性以及大小关系的直观感知,本质是确定图形大小的能力,通常在推导常见图形面积体积计算等过程中逐步形成。

(一) 在对比中统一度量

在数学中,度量的本质是对数学对象某些指标的大小进行描述,度量的关键在于度量单位的使用。度量单位的产生主要有两种途径:其一是借助人的思维通过数学抽象而得,其二是借助人的工具通过实践活动而得。无论是何途径,量都需要由数和单位组合表示,也因此只有度量单位统一,才可描述被测量物体的大小关系。在对度量单位的学习过程中,最为关键的是让学生体会到统一度量单位的必要性。在教学中应以实际测量为先,由学生自由选择表示方式,体验不同度量方式带来的差异,在交流中引发冲突,从而凸显统一度量单位的重要性。

在小学阶段主要是长度单位、面积单位以及体积单位的统一。在课上要求学生充分参与测量的过程,互相交流对比,了解到使用不同度量单位时带来的弊端。从身边熟悉的实物出发,如用铅笔、橡皮、尺子等对课桌的长度进行测量,减少测量教学的难度。在遇到较大的量如一千米,可以通过学生了解的大型物体或场景入手,帮助学生进行感知。

[案例]

统一长度单位

1. 创设情境,导入课题

师:今天老师想给大家一人买一块桌布,你能帮老师量一量你桌子的长度吗?大家可以利用身边的哪些东西进行测量呢?请尽可能地使用不同的工具。

生1:老师,我用的是铅笔和尺子还有橡皮来测量桌子,桌子长度用尺子量为60 cm,用铅笔量是5根铅笔的长度,用橡皮量大约是22块橡皮的长度。

生2:老师,我用了尺子、手一拃的长度以及手掌的宽度来测量,长度用尺子量也是 60 cm，用手一拃的长度量大概是 4 拃，用手掌的宽度量大概是 8 个手掌的宽度。

生 3：老师我用了铅笔盒和橡皮、手掌，长度大约是三个铅笔盒那么长，用橡皮大约是 20 块橡皮的长度。

2. 提出问题

师：同学们都很厉害，学会了利用身边的东西进行长度的测量，我们可以发现用不同的工具去测量，出现的结果都不一样。那同学们的结果都不一样，老师该怎么帮同学们买桌布呢？

生：老师，用了尺子的同学他们的结果是一样的，可以用他们的结果。

生：老师我把我的橡皮借给你拿来量。

师：所以我们在测量一样物体的时候，一定要统一度量单位，要不然别人就不知道到底是多长了。

这些活动帮助学生探索测量的多种方式，在测量中对比交流，在教师的引导下发现度量单位不统一对生活带来的弊端，从而感受到统一度量单位的重要性。无疑，这些活动不仅仅应该在测量长度中鼓励学生尝试，还可以在测量面积中、测量体积中、测量角度中不断设计，这对于学生逐渐体会统一度量单位的意义是非常有好处的。

（二）在生活中掌握估测

估测，即测量估计，是对量的估计，即“在不使用一般测量工具的情况下，以某种方法推测出测量结果的一种心理加工过程”。估测主要包括对长度、面积、体积、容积等日常数学范畴的估计。在生活之中，估测是一项非常实用，适用性很广的能力。估测常见运用场景可分为以下三种：①在日常生活中许多场景不需要精确的测量结果，只需要一个大概的数据。②精确测量之前对于测量工具的选择，需要利用估测确定大致范围。③精确测量之后对数据是否合理进行一个检验。在测量板块的教学中经常会涉及估测的内容，但由于估测的教学较难把握，许多教师对开展估测教学存在逃避心态，导致学生的估测能力普遍较低。

估测本质上是对度量单位大小的一个清晰认知，可将其运用于无测量工具的测量中。因此，在教学中必须让学生对度量单位有明确的感知，教师可以通过创设活动场景，让学生在大量的生活实际操作中进行练习巩固，积累估测活动经验。需要明确的是，估测教学不可只进行估测，还需要在估测结束后再实测检验。学生通过此过程可以明晰自己估测的差距，在多次反复估测中降低估测的误差，形成估测经验，掌握估测的方法。

教学中的估测不是凭空估计，而是讲究方式方法的。部分教师只把估测当成猜测，而忽略了方法的总结归纳，这会导致估测的教学效果大打折扣。以“估测教学楼的宽度”为例，常用的估测方法有以下两种：①采用单位迭代策略，学生在估计时，使用一米这个单位，反复将一米的长度与教学楼宽度相对照，记住上次一米结束的位置，开始下一次对照，计算单位的数目，从而得出估计结果约为 33 米。②采用参照点策略，学生利用自己的身高作为参照点，估测多少个自己的身高和教学楼的宽度差不多，估计出的结果为 32 米。

估测仅凭课堂实践加讲解，范围较小，不利于学生练习巩固估测，尤其是对数值较大的物体进行估测。为巩固估测课堂所学知识，在实际教学中建议开展体验式探究活动，如项目化学习，以此锻炼学生的操作辨析能力，提高估测能力层次。

[案例]

项目化学习之估测来学校的路

教师提出问题：

(1) 刻度尺、软尺、身体等都可以是测量的工具，你会根据实际情况选择工具展开测量吗?

(2) 你了解你身体的数据密码吗? 如一拃、一步、一庹、身高是多少呢?

(3) 如何估计从你家到学校的大致路程呢?

教师布置课后实践任务。

任务 1:请同学们测量自己身体的数据,多多益善。如一拃、一步、一庹。

学生成果展示(见图 6-5):

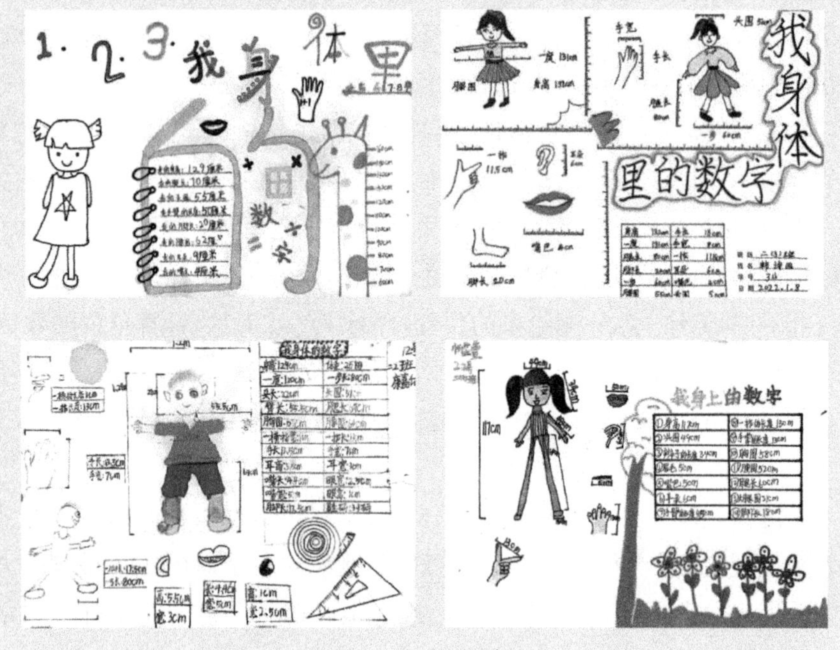

图 6-5 项目化学习——身体里的数字

任务 2:请同学们用自己的方法估测从家里来学校的路程。

生 1:老师,我是通过电瓶车来学校的,但是妈妈说电瓶车的里程表并不准,所以我测量了 1 分钟电瓶车行驶了多少米,然后根据电瓶车行驶的时间来估测。

生 2:老师我是坐汽车来的,我利用汽车的里程表进行估算。

生 3:老师我是走路来的,所以我利用之前任务中测量的一步的距离,再数出来学校的步数,进行估测。

生4:我家比较近,我是直接利用操场的长度进行到学校距离的估测。

师:同学们的方式方法多种多样,但我们估测之后必须通过实测检验。我们可以通过地图测距的方式验证我们估测的方法是否合理。

(三) 在推理中掌握策略

在教学面积、体积和周长时,教师要注意引导学生如何推导出公式,而不是让学生去记忆公式。仅凭记忆公式去计算,那这部分内容完全可以归于“数与代数”领域。这部分内容的教学要在教师引导下进行公式的推理探究,让学生在探究学习中掌握思考的方式方法,得到能力的提升。教师可以通过推理、判断、猜测等过程,促进学生量感的形成。他们只有经历了猜测、动手验证、修正的过程,数学思维能力才能有所提升。对于规则图形的公式推导与思考,掌握思考方式远比记忆公式来得重要。

[案例]

平行四边形的面积(反面案例)

师:我们之前学习了长方形的面积,今天让我们继续来学习平行四边形的面积,请你们看看书,该如何求平行四边形的面积呢?

生:可以通过数格子的方法求平行四边形的面积。

师:我们可以发现它的面积和长方形的面积是相同的,所以平行四边形的面积可以用“底×高”来计算。

板书:平行四边形的面积=底×高

师:用字母如何表示呢?

板书:$S=a\times b$ 或 $S=ab$。

此案例中，教师简单地将平行四边形与长方形两者的面积等同，学生靠记忆公式知道了如何求解，但不知为什么平行四边形面积与长方形面积的联系，也较容易在求解上出现错误，误用“底×邻边”。

[案例]

平行四边形的面积(正面案例)

引入：教师拿出一种平行四边形纸片，让学生感受它的大小，让学生估一估它的面积是多少。

师：我们该如何验证估计是否准确呢？

生1：可以量出底边和邻边长度计算面积。

生2：可以用数格子的方法数一数它的面积。

生3：应该用公式“底×高”才对。

师：刚刚两位同学都讲了自己的计算公式，到底哪一种方法是正确的呢？还有一位同学提出了之前我们学习过数格子的方式，今天就让我们用这个方式检验一下这两位同学的方法。请同学们将这个平行四边形画在方格纸上，在数的过程中将你的过程表示清楚，等一下我们一起来讨论。

学生绘图计算，教师巡视找出不同类型的方法进行展示，学生介绍。

生1：我是通过把旁边的小三角形移到下面和下面的图形拼出一个长方形，另一边也是一样的，然后去数格子。

生2：我是将左边的大三角形移到右边，拼成了一个大的长方形，然后再数。

师：同学们转化后的长方形和原来的平行四边形有什么相同之处呢？

生：平行四边形的底就是长方形的长，平行四边形的高也是长方形的高。

师：那你们现在知道如何求平行四边形的面积了吗？

生：长方形的面积＝长×宽，所以平行四边形的面积＝底×高。

此案例中学生由已学习的长方形面积公式自然地迁移出了“底×邻边”求解平行四边形的面积，引发学生的认知冲突，因势利导让学生进行思考探索，通过数格子求解平行四边形的面积，自然生成了平行四边形面积与长方形面积的转化方式。在课堂上让学生亲历探索过程，体会转化思想，为今后继续探索面积、体积公式积累经验。

（四）在不规则中感悟思想

在数学学习之中更多的是对规则图形的计算与推导，但在实际生活中时常会出现不规则图形的面积或体积计算。不规则图形的计算方式在教学中不可能一一列举，因此教学中的关键在于思想的渗透。学习任何知识的最好途径都是自我探索、自我发现，在此过程中，学生的思维得以充分展示；在操作实践中，学生体验感悟数学思想方法，从而达到一法通万法通。

不规则图形的求解不是教学关键，而是要让学生学会“几何变换”“逐步逼近”等解题策略，同时，教师在教学中渗透“转化思想”“极限思想”等数学思想，让学生不仅会解题还得到了数学思想方法的熏陶。

在教学中，学生把生活经验与数学实践相结合，在形如游戏的场景中学会数学，贯彻数学思想。每一环节以学生为主体，学生探索学生解答，让学生在轻松和谐的氛围里自主探索，最后基于本节课内容的“最近发展区”，学生共同探索会漂浮物体的体积问题。

三、图形与变换的教学策略

图形与变换这部分，学生通过学习图形之间的联系，认识到生活中的事物的联系，从感受和欣赏数学的美到学会欣赏生活的数学美，并在图形与现实情境的学习中，逐步形成空间观念。图形的变换通常是以一个图形通过对称、平移、旋转等变换的方式变为另一个图形。图形的变换与图形的认识不同，它是从动态规律角度去探索几何图形的性质，对数学思维要求较高，因此教学中要注意采用灵活多变的教学策略，培养学生的数学思维，使学生的空间观念、数学思维得到提升。

（一）在具象中认识抽象

图形的变换是一个抽象的过程，学生学习之初是十分难理解的。因此提供生动现象的变化过程让学生认识对于认识图形的变换有着重要意义。其实在学生的生活中充满了数学的图形变换，学生是具有物体变换经验的。在教学中，教师结合生活实例进行教学，有利于提高学生的积极性，同时也可以调动学生已有的物体变换的经验，降低学习难度，让学生体会到数学知识与现实生活的联系，增强学生的数学应用意识。例如，学生生活中常见的折纸、跳绳、升国旗、汽车的运动等变换现象，完全可以运用于图形变换的教学之中。

[案例]

平移——部分教学实录

生活情境导入：很多同学家里都有了小汽车，这个假期小明坐着小汽车去游玩，到达目的地以后，司机说："我在车头，我行驶的距离最远。"小明不服气地说："虽然我在后座，但是我们俩行驶的距离是一样的。"同学们，你觉得谁的说法正确呢？

学生激烈讨论。

师：其实小汽车的运动就是我们今天要学习的平移。那到底两个人平移的距离是否相同呢？为了帮同学们弄清这个问题，老师把这辆汽车放到了方格纸上(见图6－6)。用点A表示司机，点B表示后座的小明。当汽车向右平移到这个位置时，点A和点B分别平移到什么位置呢？

请同学们在方格纸上用点A'和B'表示，并求出司机和小明行驶的距离。

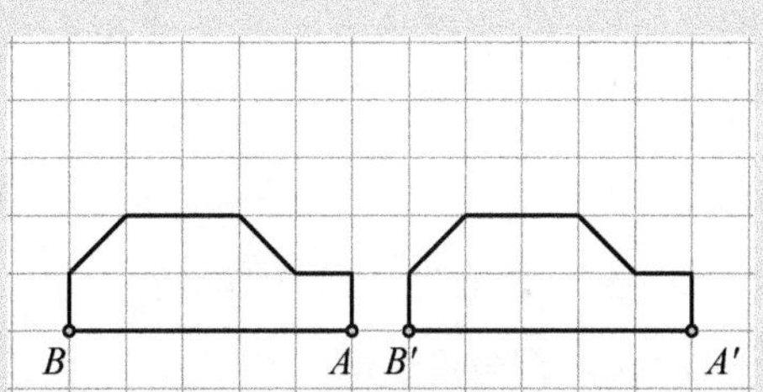

图 6-6 学生画图结果 1

生：我先数点 A 到 A' 的距离为 6 格，再数 B 到 B' 的距离也是 6 格。

师：那其他的点是不是也是同样的运动呢？请同学们选择几个点进行检验。

学生上讲台标点验证。

师：如果我们把其中两个点连起来，那么这条线段到它的对应线段是不是也是相同的运动呢？

教师总结：其实，这个图形上所有的点、每一个部分，都随着图形的运动向右平移了 6 格。现在你知道司机和小明谁说得对吗？为什么？

生：小明说得对，他们平移的距离是相同的。

练习：图 6-7 中的小汽车要平移到其他两个位置，该如何表述？

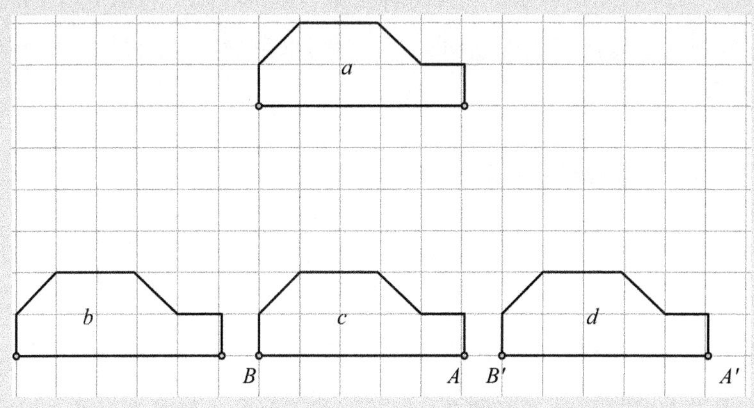

图 6-7 练习图

师：在表述平移的时候，要说清楚平移的方向和距离，而且对应点间的距离，就是图形平移的距离。

师：现在老师给四辆小汽车标上了序号，如果小汽车 a 要平移到小汽车 c 的位置，你还会表述它进行的平移吗？

生：先向下平移 6 格，再向右平移 6 格。

师：还有其他的表达方式吗？

生：先向右平移 6 格，先向下平移 6 格。

师：你还能找到像这样先后进行两次平移的吗？

（二）在动态中体验变换

在进行小学数学图形与变换的教学中，由于多数变换均为静态呈现，小学生不易理解。为了增强学生的几何直观，可以使用多媒体手段进行辅助教学。教师通过多媒体，如几何画板、GeoGebra、电子白板等工具可以对图形变换过程进行直观展示，此外还可以通过在几何软件中拖动图形来进行实验、猜测、探索等数学发现活动，降低学生的认知难度，增强学生的空间观念。通过较为直观的展示，学生对空间图形的特点、变换能够有着清晰认知，可以进行较为有效的分析，从而将复杂问题简单化、想象化。同时动态展示跟传统教学相比更为生动趣味，可有效调动学生的积极性，从而提高课堂效率。

（三）在操作中感悟内涵

“图形与几何”的学习离不开感性认知，同时也离不开操作活动经验的积累。生活经验和动态展示积累了大量的感性认知，但只有通过动手实践才能内化为理性认知。也因此 2022 年版课程标准对“图形与变换”提出了明确的操作要求，如“能利用方格纸”“能在方格纸上”“能借助方格纸”。此目标并非限定了只使用方格纸，而是引导教师通过实践操作的方式帮助学生积累数学活动经验,体会图形与变换的运动内涵。

对图形与变换而言,教学层次通常为“直观感知”“动手操作”“想象”。在低段教学时,学生以“直观感知”与“动手操作”为主,主要任务为积累图形与变换的活动经验,通过不断操作,逐步锻炼想象能力。在高段教学时,通常会采取先“想象”再“操作”,最后“直观感知”验证。通过这样的方式,学生关于图形变换的想象能力会得到较好的锻炼。例如探究平行四边形是否为轴对称图形的教学中,学生往往会出现误区。教学中教师反复强调对折后能够完全重合的图形是轴对称图形,但在实际运用过程中,仍会有大量的学生认为一般平行四边形是轴对称图形。在学生眼中它是非常对称的,总感觉它们可以重合。实际上这是由于一般平行四边形是中心对称图形,确实看上去十分对称,但却不符合轴对称图形的要求。在实际教学中一定要让学生多加操作,反复验证易错图形,形成正确的认知。

(四) 在运用中掌握知识

数学与生活是紧密结合的,将图形与变换的内容应用于生活的案例比比皆是。在教学中学生可以通过观赏现实生活的应用场景,了解生活中的数学对称美,同时用数学的眼光剖析这些场景或者操作运用了哪些图形与变换的知识。此外,教师也可组织关于“图形与变换”内容的活动,帮助学生在娱乐中掌握数学知识,发挥学生的个性与创造力,培养学生形象思维能力。

[**案例**]

轴对称图形——部分教学实录

教师出示一组实物剪纸作品。

师:请同学们分一分并且说一说你分类的理由。

生:老师,这几张作品为一类,因为它们对折后能完全重合。

师:非常棒,那我们怎样才能剪出一个轴对称的图形呢?

生：根据轴对称图形的特征对折后两边能够完全重合。那我们可以先把纸对折再在纸上画出我们喜欢的图案的一半，最后再剪。这样剪出来的图形就是轴对称图形了。

师：同学们，你们觉得他说得对吗？

生：老师我觉得不对，对折后画喜欢的图案必须靠近折痕，要不然剪出来以后是两个单独的图形。

师：你真仔细，现在请同学们尝试一下吧，画完后对折，同桌之间猜猜看他剪的是什么图案吧。

本节课通过剪之前的想象与操作、剪完之后的验证这些活动，帮助学生进一步掌握图形与变换的知识。同时，剪纸的趣味性降低了学习的消极情绪，提高了学生的积极性。

四、图形与位置的教学策略

(一) 在轻松环境中学习

图形与位置在“图形与几何”之中是与生活最为息息相关的内容，在教学中要充分利用学生的生活经验，从生活中抽象出数学概念与数学方法，可以较为有效地提高概念及方法的掌握效果。同时应增加生活场景中的使用情境，在常见情境中帮助学生将数学概念和方法进行巩固和内化。在上述基础上建立清晰的认知、形成灵活运用的能力，逐步摆脱具体实物的束缚，形成空间观念。

学生在学习之初对于方位掌握会存在一定的困难，会存在反复或畏难情绪，要允许学生有一个接受感知、逐步认识的过程，教师可以给予情绪上的抚慰，同时教学选择学生喜爱的儿歌、动画片等进行辅助。

[**案例**]

认识东南西北——部分教学实录

1. 谈话导入,引入课题

师:你们的前后左右有哪些同学呢? 请你们向右转,现在呢?

师:这位同学一会在你前面一会在你左边,那我们告诉其他同学,他能知道这个同学到底在哪吗? 其实除了前后左右,我们还有固定的方向,今天我们就来学习东、南、西、北帮助我们解决这个问题。

2. 走出教室,学习新知

师:面向太阳升起的方向,同学们,你们知道太阳从什么方向升起吗?

生:从东边升起。

师:请同学们转向太阳升起的方向也就是东边,看看我们学校的东边有什么啊。

生:国旗、大草坪。

师:和东边相对的方向是西边,太阳每天从西边落下,请同学们转向西边,我们学校的西边有什么啊?

生:垃圾站、停车场。

师:当我们面向东边的时候,我们的左边是北边,学校的北边又有什么呢?

生:有教学楼。

师:与北边相对的是南边,我们学校的南边又有什么呢?

生:校门。

师:现在请同学们以操场为中心将它的东南西北四个方向的建筑物填写出来吧。

师:啊,同学们画的怎么都不一样呢?

生:老师,他们有些把北画在了上面,有些把东画在了上面。

师：但是在我们的生活中如果大家都按照自己的想法随便选择方向来画，其他人可读不懂地图了。那我们应该怎么办呢？

生：我们应该统一规定什么方向朝上。

师：非常好，在我们现代社会中，为了方便读图，都采取的是“上北、下南，左西、右东”的绘图方式。

3. 游戏感知，深入探究

(1) 小游戏：感知方向的相对性。

东拍手，西拍手。向右转，继续东拍手，西拍手。感受东西始终相对。

北跺脚，南跺脚。向右转，继续北跺脚，南跺脚。体会南北相对。

(2) 小游戏：感知方向的顺时针规律。

师：我们再玩个游戏，谁来挑战？

学生齐读活动须知：

① 挑战者蒙眼转几圈。

② 组员告知“你面向的方向”。

③ 挑战者说出其他三个方向，并用手势指向。

学生以小组形式展开活动，老师巡视。

师：从游戏中发现什么？

生：东南西北四个方向是按顺时针方向排列的。

本案例通过生活实际场景进行教学，利用动手游戏促进思考，自然推动教学环节。

(二) 根据认知方式调整教学方式

学生根据场认知方式可分为场独立型和场依存型。场独立型的人信息加工更倾向于以自身为参考，不易受外界因素的干扰；而场依存型的人在处理信息时更倾向于使用外部信息进行推断。在图形与位置的教学中，两种类型的学生对知识的理解方向有较大的差异，这会对教学推进带来不良影响。例如在对位置描述上，场独立型的学生更喜欢独立思考且速度较快，但由于缺乏耐心容易出现错误，而场依存型的学生更喜欢结合多种信息，如结合之前的学习经验或同学交流来思考问题，容易受到思维定式影响。

针对这些问题，教师要注意结合两者的特点进行活动设计，同时关注概念表象和概念定义的共同作用，帮助两者克服缺点，展现优势。例如在六年级描述位置的内容中，题目要求在原有学习的正东、正西、正南、正北的基础上加上角度（如北偏西 30°），面对此类型题目，学生较容易犯错。场独立型的学生容易角度判断为正确角度的余角，而场依存型的学生凭借之前的学习经验容易产生认知冲突，导致错误。因此在教学中要建立概念表象、概念定义及实物的联系，形成有机整体，避免出现场依存型的学生对一个概念存在多种形式的理解。我们可以先要求学生进行独立思考，同时对场依存型的学生给予适当的提醒，再要求学生共同交流讨论，尤其要鼓励场独立型的学生参与，可以对场依存型的学生提供信息，通过讨论也可以帮场独立型的学生查漏补缺，最后让场独立型的同学进行解题方法讲述，培养耐心。

（三）在实际运用中巩固知识

新一轮教育教学理念倡导数学知识要回归生活本身，在生活中找到其数学模型，培养学生的应用意识。从生活中抽象出数学问题是基础，应用数学知识解决生活实际问题是根本目的，有意识地培养学生解决实际问题的能力，才能提高应用数学的意识。例如在第三学段中要求学生能够描绘简单的路线图，在课后可设置项目化学习内容，可以布置实践性作业。如藏宝图游戏，让每个小组学生在校园放置一样物品，并且以班级教室为起点绘制藏宝图，藏宝图包括路线、标志性建筑及相对应的距离，小组讨论修改后完稿。课后分别分发给其余小组进行宝藏的寻找，上课后进行汇报展示，讨论优缺点并在课后继续修改完善。学生在此游戏环节中运用数学知识，进一步掌握借助不同参照物确定物体的位置的方法并绘制出简单路线图。

思考题

1. 2022年版课程标准关于“图形与几何”的教学有何特点？

2. “图形与几何”领域主要涉及的核心素养有哪些？作为教师或即将作为教师的我们该如何在教学中提升学生的相关核心素养？

3. “图形与几何”领域的教学策略有哪些？

4. 你认为具体哪些策略是“图形与几何”领域独有的？并说明理由。

5. 如今项目化学习已形成热潮，在教学中又该如何将项目化学习与“图形与几何”领域的知识相结合呢？在阅读完下面的拓展材料后，你能不能试着也设计一个与“图形与几何”有关的项目化案例呢？

[拓展案例]

《寻找轴对称的秘密》——“图形与几何”项目化案例分享

舟山第二小学北校区　张××　　年级：二年级　学科：数学

(一) 项目背景

图形与几何是义务教育阶段学生数学学习的重要领域，在小学阶段包括“图形的认识与测量”和“图形的位置与运动”两个主题。学段之间的内容相互关联，螺旋上升，逐段递进。我发现二年级和四年级的教学内容都涉及“图形的运动”，结合本人所教年段，在研读教材后，我决定围绕“轴对称”这一主题，在二年级开设项目化学习。

(二) 驱动性问题

(1) 什么是轴对称图形？

(2) 怎样画出轴对称图形的另一半？

(三) 学习目标

(1) 通过观察、操作、想象，初步认识轴对称图形。

(2) 理解轴对称图形的含义,能找出对称轴并用自己的方法创造轴对称图形。

(3) 利用轴对称的特征画出轴对称图形的另一半,掌握画图的方法和步骤。

(4) 通过阅读绘本,掌握线对称,了解点对称和面对称,并在生活中找具有相应轴对称特征的物体。

(四) 实施过程

1. 了解轴对称

活动前期,同学们通过阅读数学绘本《什么是对称》,初步感知轴对称的相关知识点。重点学习我们课本中即将要学的轴对称,也就是绘本上说的线对称。阅读完绘本后,学生用自己喜欢的方式制作一个漂亮的轴对称图形。我们发现学生大多以绘画或者剪图形的方式完成。

学生初次作品(见图 6-8)的质量参差不齐,这三幅图凸显出一个较为普遍的问题,学生以经验为主构建的对称图形很多不是数学意义上的对称图形。有的左右大小不一,有的外形对称但内部图案布局不对称,这都是现阶段学生眼中最真实的轴对称。

图 6-8 项目化学习——什么是对称?

2. 发现轴对称

“轴对称”在生活、自然界中的例子是屡见不鲜的,轴对称的图案、轴对称的建筑物是随处可见的。从建筑物外形到日常生活用品,从动植物外貌到生物体的构造……其中皆有轴对称。所以我们分阶段、分内容地让学生寻找不同情景里的轴对称。

情景一:寻找校园里的轴对称

校园是学生学习知识的场所,也是学生学以致用的场所。瞧,新课一学完,学生就迫不及待地到校园里寻找轴对称(见图 6-9)。

图 6-9　寻找校园里的轴对称

其中有位同学发现校园里的这个建筑物是轴对称图形,她赶紧告诉大家她的发现,这时有个小朋友发现门上的单个门把手打破了对称,因为对称总不能一边有一边没有吧。看来我们观察的时候要格外仔细哦。

情景二:寻找家里的轴对称

门、电视、矿泉水瓶、椅子、剪刀等的功能不同,但是它们的形状却有一个共同特征——轴对称。试想一下,如果椅子不对称可能会发生什么情况?显然,一高一低的椅子会让人不舒服,看来我们的家具都是在追求平衡,也给人一种美的感受(见图 6-10)。

情景三:寻找车标、路牌里的轴对称

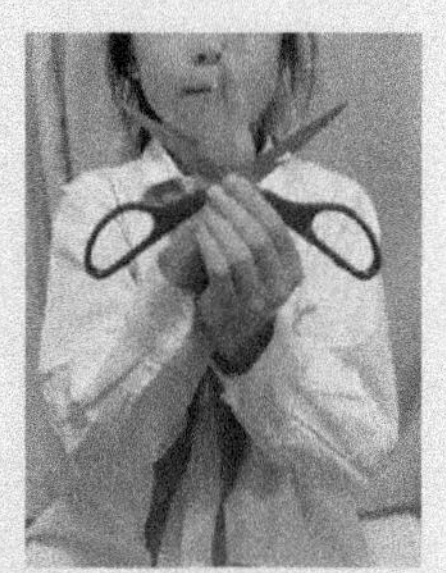

图 6-10 寻找家里的轴对称

汽车的车标、马路上的路牌无不体现着对称美，细心的同学们很快就发现，这些居然都是轴对称的（见图 6-11）。

图 6-11 寻找车标、路牌里的轴对称

情景四：寻找植物中的轴对称

植物姿态万千，但无论是花、叶和枝的分布都是十分协调的。比如枫树叶，左右对称的样子就像手掌一样。还有很多植物的花都以五瓣数组成对称的辐射图案（见图 6-12）。

图 6 - 12

在寻找过程中，有学生发现有些植物的叶子肉眼可见地一大一小不完全对称。这一现象也引发了学生的思考：植物界是不是没有数学中严格意义上的轴对称呢？同学们利用网络，查找到了很多资料，最后发现大多数植物都不是完全的轴对称。

图 6 - 13　学生在网络上收集资料

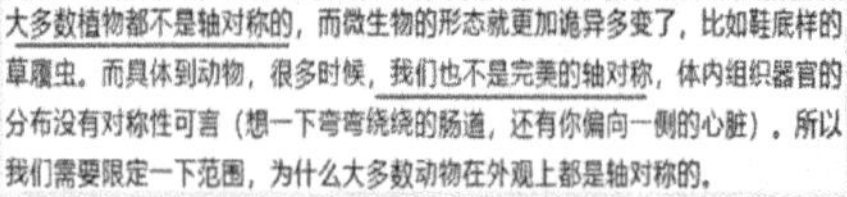

大多数植物都不是轴对称的，而微生物的形态就更加诡异多变了，比如鞋底样的草履虫。而具体到动物，很多时候，我们也不是完美的轴对称，体内组织器官的分布没有对称性可言（想一下弯弯绕绕的肠道，还有你偏向一侧的心脏）。所以我们需要限定一下范围，为什么大多数动物在外观上都是轴对称的。

图 6 - 14　学生收集的网络资料

3. 制作轴对称

有了这些经验的积累，在“探寻数学之美之轴对称图形——项目化实践作业(见图 6－15)”中,同学们都很仔细,有用照片记录的,有自己画的,但是显而易见地这些图中存在对称。

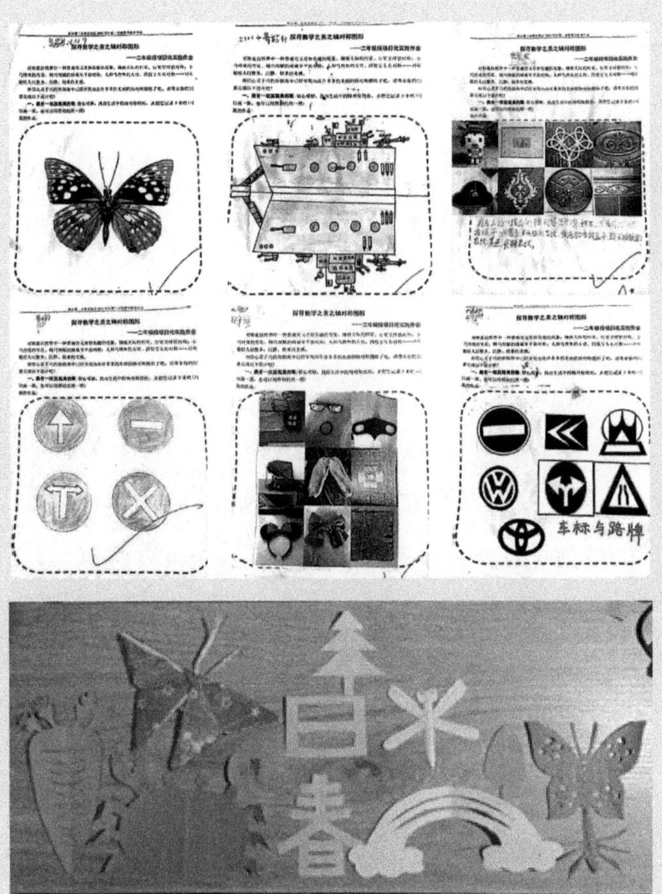

图 6－15 轴对称图形作业

(五) 项目成效与评价

1. 成效

学生在本次项目化学习中不仅掌握了课内知识,还拓展了课外知识。

2. 自评与互评

学生的自评与互评内容见表6-5。

表6-5 自评与互评

评价内容	自评星级	互评星级
能准确判断什么图形是轴对称图形	☆☆☆☆☆	☆☆☆☆☆
通过观察能找到身边的轴对称图形	☆☆☆☆☆	☆☆☆☆☆
两次作业情况有明显进步	☆☆☆☆☆	☆☆☆☆☆
二次作业无知识点错误	☆☆☆☆☆	☆☆☆☆☆

(六) 项目反思

在本次项目化实践活动中,二年级的学生已经能理解轴对称图形的含义,找出生活中的轴对称图形。此项目实施过程中有惊喜,如学生找到学校的一座建筑物有的说是轴对称图形,有的说不是,在集体讨论之后,明确了该建筑物不符合轴对称图形的特点,在思维与思维的碰撞中,学生再次巩固了轴对称的含义。同时,学生也能反向检验或判断找到的图形是不是轴对称图形。

数学是思维的语言,也是生活的语言,生活中的轴对称知识还有很多,如建筑物中、文字中、民俗中都藏着轴对称图形,如风筝中也蕴含着对称的道理。相信通过此项目,学生能将数学知识自主延伸到生活,他们在巩固知识的同时,也在感受图形的对称美,培养审美情趣。

第七章
“统计与概率”的教学

知识要点与思政目标

知识要点	思政要点	案　　例
数据分类	爱国主义情怀、文化自信	通过数学专业的系统分析，感受教学内容特色，培养学生的爱国主义情怀，树立文化自信
数据的收集、整理与表达	文化自觉、社会责任感与使命感	通过“三百星”等中国特色案例，形成文化自觉，能够做一个有社会责任感与使命感的人
随机现象发生的可能性	责任担当、关注现实	通过常态教学经验共享，引导学生从实际出发，能够在未来课堂中更有责任担当

知识目标

知识目标 1:通过教学，使学生系统地学习小学数学“统计与概率”教学的主要内容与教学要求，全面认识小学数学“统计与概率”的知识体系。

知识目标 2:使学生掌握小学数学“统计与概率”教学的基础知识和基本技能，能够结合教学内容以及教学要求，准确实施教学策略。

知识目标 3:使学生形成分析教材与学情的能力，并能够针对“统计与概率”不同学段的教学准确进行教学预设，能够针对具体教学环节进行设计。具备一名小学数学教师必备的教学素养与教学能力。

问题导引

数学的学习往往是在“看得见”中挖掘“看不见”的价值，小学阶段“统计与概率”模块的学习就紧密贴合了这一特质。教师需要引导学生通过不同学段的系列学习，最终能够利用有限的已知的数据，预测估计无限的未知的结果，从而更好地培养学生的数据意识、推理意识与应用意识。

“统计与概率”在小学阶段分为三个学段进行教学，分别是第一学段(1—2年级)、第二学段(3—4 年级)、第三学段(5—6 年级)。针对不同的学情，教师应当如何智慧地把握教学目标？如何巧妙地进行教学设计？“统计”与“概率”这两个概念在三个学段的教学中又应该采取怎样的教学策略呢？

第一节 “统计与概率”的内容分析与教学要求

统计与概率是义务教育阶段数学学习的重要领域之一，在小学阶段包括“数据分类”“数据的收集、整理与表达”和“随机现象发生的可能性”三个主题。这些内容分布在三个阶段，由浅入深，相互联系(见表 7 - 1)。学生在学习过程中，了解统计与概率的基础知识，感悟数据分析的过程，形成数据意识。

表 7 - 1 小学数学“统计与概率”人教版教材梳理

统计与概率	第一学段统计	主要涉及数据信息的收集
		主要包括数据的描述、分析过程
	第二学段统计	经历数据统计的全过程
		统计图表及其对数据的有效表示
		理解不同统计量的基本特征
		利用数据作出一些简单的判断和预测，并正确对待数据的信息
	概率	初步了解随机现象
		感受可能性

内容来源：根据百度百科—数学(学科)“统计与概率”整理。

一、数据分类

(一) 内容分析

“数据分类”的本质是根据信息对事物进行分类。学生经历从事物分类到数据分类的过程，感悟如何根据事物的不同属性确定标准，依据标准区分事物，形成不同的类。在学习统计图表时，学生将进一步认识数据的分类，从中感悟对事物共性的抽象过程，不仅为统计学习，也为数学学习奠定基础。

学生能够对物体、图形或数据进行分类，初步了解分类与分类标准的关系，形成初步的数据意识。

(二) 教学要求

教学学段:第一学段(1—2 年级)

具体要求:

1. 尊重学生已有生活经验

教师要重视对接学生学情，充分了解学生学前阶段对于该内容的已有认知，尤其是生活经验。“数学源于生活并回归于生活”，教师的教学需要站在学生学习的生长点，了解学生需求，让学生感受到与数学的“近距离”，削弱对于新知的陌生感，激发求知欲。

2. 引导学生经历多个分类过程

“实践出真知”，教师需要组织有效的课堂与课后活动，学生能够在活动中学会物体的简单分类。经历对不同的事物进行分类，对于同一事物不同的分类标准的分类结果不同，真正感悟分类的价值，学会分类的方法。在分类的过程中认识事物的共性与区别。

3. 鼓励学生记录并描述分类结果

教师引导学生尝试不同的记录方式，如文字、图画、表格等。学生能够运用不同的记录方式对分类的结果进行记录，体会如何用数学语言表达现实世界。

二、数据的收集、整理与表达

(一) 内容分析

“数据的收集、整理与表达”包括数据的收集,用统计图表、平均数、百分数表达数据(见表 7-2)。在学习过程中,让学生初步感受现实生活中存在大量数据,其中蕴含着有价值的信息。利用统计图表和统计量可以呈现和刻画这些信息,形成初步的数据意识。

表 7-2　小学数学“统计与概率”模块“数据的收集、整理与表达”内容梳理

第二学段内容(3—4 年级)	经历简单的数据收集和整理、描述和分析的过程,了解简单的收集数据的方法,会呈现数据整理的结果
	通过对数据的简单分析,感受数据蕴含着信息,体会运用数据进行表达与交流的作用
	认识条形统计图,会用条形统计图合理表示和分析数据
	能读懂报纸、电视、互联网等媒体中的简单统计图表
	探索平均数的意义,能解决有关的简单实际问题
	能在简单的实际情境中,合理应用统计图表和平均数,形成初步的数据意识和应用意识
第三学段内容(5—6 年级)	根据实际问题需要,经历数据收集、整理和分析的过程,能合理述说数据分析的结论
	认识折线统计图、扇形统计图会用条形统计图折线统计图呈现相关数据,解释所表达的意义
	能从各种媒体中获得所需要的数据,读懂其中的简单统计图表
	结合具体情境,探索百分数的意义,能解决与百分数有关的简单实际问题,感受百分数的统计意义
	在简单的实际情境中,应用统计图表或百分数,形成数据意识和初步的应用意识

内容来源:根据《义务教育数学课程标准(2022 年版)》相关内容整理。

(二) 教学要求

教学学段:第二学段(3—4 年级)、第三学段(5—6 年级)

具体要求：

1. 创设真实情境

教师需要通过现实背景，在学生熟悉的现实情境中进行问题导入，不论是针对统计图(条形统计图、折线统计图)还是数(平均数、百分数)，都要基于现实情境进行教学，从而促使学生产生新知学习的需求，帮助学生理解新知意义。

2. 聚焦教学重点

在“数据的收集、整理与表达”这一内容的教学中，由于跨越两个学段，并且内容较多，因此教师需要特别注意不能平均用力，应当明确每一课时的教学重难点、关键点，引导学生轻负高效学习。

(1) 条形统计图：通过教学活动，让学生理解条形统计图中横轴和纵轴的意义及两者之间的关联，知道条形统计图的主要功能是表达数量的多少，借助条形统计图可以直观比较不同类别事物的数量。

(2) 折线统计图：折线统计图教学要引导学生理解折线统计图的主要功能是表达数据的变化趋势。例如，表达中国高速铁路运营里程的逐年增长、某学生身高的逐年增长、某地区一个月最高温度的变化等。体会折线统计图与条形统计图的区别，知道针对不同问题应选择合适的表达方式，逐步感知统计学基于合理性的价值判断准则。有条件的学校可以利用信息技术处理数据、绘制统计图。

(3) 平均数：平均数教学要引导学生在熟悉的情境中理解平均数所具有的代表性，通过刻画一组数据的集中程度表达总体的集中状况。例如，某篮球运动员平均每场得分、某地区玉米或水稻的平均亩产、某班级学生的平均身高等，理解平均数的意义；也可以让学生经历收集体现社会发展或科技进步数据的过程，初步体会平均数的统计意义，形成初步的数据意识。

(4) 百分数：百分数教学要引导学生知道百分数是两个数量倍数关系的表达，既可以表达确定数据，如饮料中果汁的含量，税率、利息和折扣等，也可以表达随机数据，如某篮球运动员罚球命中率、某城市雾霾天数所占比例等。建议利用现实问题中的随机数据引入百分数的学习，帮助学生了解百分数的统计意义，了解利用百分数可以认识现实世界中的随机现象，做出判断、制定标准。同时，引导学生了解扇形统计图可以更好地表达和理解百分数，体会百分数中部分与整体的关系。

(5) 培养应用能力：引导学生经历简单的数据收集和整理，感悟收集数据的意义和方法，学生能根据问题的需要，通过合适的方式获取数据，整理成合适的统计图，能够运用数学语言表达数据中所蕴含的信息。教师及时提问、追问，引导学生主动思考，能够获取图表中的有效信息，运用平均数、百分数解决相关实际问题，形成初步的数据意识，发展应用意识。

三、随机现象发生的可能性

(一) 内容分析

“随机现象发生的可能性”是通过试验、游戏等活动，让学生了解简单的随机现象，通过实例感受简单的随机现象及其结果发生的可能性。在实际情境中，感受并定性描述随机现象发生可能性的大小，感悟数据的随机性，形成数据意识。

(二) 教学要求

教学学段：第三学段(5—6 年级)

具体要求：

1. 感受生活中发生的随机现象

引导学生在自然界和生活的情境中感受简单的随机现象，如下周三是否是晴天、从家到学校所需要的时间等，知道在现实世界中随机现象普遍存在。

感知随机现象的基本特征，可能发生也可能不发生，可能以这样的程度也可能以那样的程度发生。

2. 预测随机现象发生的可能性大小

通过教学，让学生感知，许多随机现象发生可能性的大小是可以预测的，例如，一个袋子里装有若干不同颜色的球，学生通过有放回地摸球试验记录，感受数据的随机性，判断各种颜色球的多与少，发展数据意识。

第二节 “统计与概率”的教学策略

“统计与概率”是小学数学教育中的重要模块，不仅可以培养学生数据统计能力和画图能力，还可以发展学生的应用意识，使他们能够运用客观数据分析问题并做出相应的决策和判断，进而完善个人的思维方式，学会从更加多元、开放的角度看待问题。“数据分析观念”是小学数学核心素养的重要组成部分，故重视“统计与概率”教学、不断优化该模块的教学策略，不仅能促进学生核心素养的发展，还可以实现本学科的教学目标，让学生得以全面发展。

以人教版和苏教版小学数学教材为例，对两个版本数学教材中的“统计与概率”内容的分布情况进行梳理，见表7-3、表7-4。首先，两个版本的数学教材在内容安排上略有不同。以数据的收集与整理为例，人教版《数学》主要安排在一年级、二年级，而苏教版《数学》则安排在整个第一学段。其次，两个版本数学教材内容主要集中在数据整理、统计图表、平均数和可能性四个方面，这主要是因为小学数学教材的编写依据是课标。最后，两个版本数学教材的内容安排顺序基本一致，例如，数据的收集与整理放在最前面，之后是统计表、条形统计图、可能性，最后是折线统计图和扇形统计图。

表7-3 人教版小学数学教材中“统计与概率”内容分布情况

册数	内容	册数	内容
一年级上册	分一分	五年级上册	统计表与条形统计图(二)
二年级下册	数据的收集和整理(一)	五年级下册	折线统计图
三年级下册	数据的收集和整理(二)	六年级下册	扇形统计图
四年级上册	统计表和条形统计图(一)和可能性		

表 7-4　苏教版小学数学教材中“统计与概率”内容分布情况

册数	内容	册数	内容
一年级下册	分类与整理	四年级下册	平均数与条形统计图
二年级下册	数据收集整理	五年级上册	可能性
三年级下册	复试统计表	五年级下册	折线统计图
四年级上册	条形统计图	六年级上册	扇形统计图

综上所述，虽然两个版本的小学数学教材在内容安排上有一些差异，但从总体上来说，在教材内容及其安排顺序上具有相当的一致性。教师在教学时可以以第二学段的教学内容为蓝本，探讨统计图、平均数以及可能性的教学策略。

一、统计的教学策略

统计在生活中的应用非常广泛且有意义，它是日常生产生活中最为常用和实用的工具之一。2022 年版课程标准在总体目标中提出要发展学生的统计观念，使学生“能从统计的角度思考与数据信息有关的问题；能通过收集数据、描述数据、分析数据的过程作出合理的决策，认识到统计对决策的作用；能对数据的来源、处理数据的方法，以及由此得到的结果进行合理的质疑”。基于小学生的年龄及其他种种原因，虽然小学阶段的统计较为简单，加之统计的教学较为枯燥无味，但教师不能轻视统计教学所产生的价值。下面，我们将通过 2022 年版课程标准中的具体案例，剖析归纳统计的教学策略。

[课标案例参考]

例 1　调查研究

某班的新年联欢会准备购买水果，要调查班级同学喜欢吃的水果，设计购买方案。

[问题设计]

(1) 全班同学讨论决定购买方案的原则,可以在限定的金额内考虑学生最喜欢吃的一种或几种水果,或者其他原则,让学生感知制定原则对于调查研究的重要性。

(2) 引导学生讨论收集数据的方法。例如,可以采用一名同学提议、其他同学赞同举手的方法;可以采取填写调查表的方法;等等。

(3) 按照讨论后的方法收集数据、整理数据,然后按照决定的原则制订购买水果的方案。

[设计意图]

经历调查班级同学喜欢吃的水果的过程,感悟数据调查的方法,知道数据分析对于决策的作用。在这样的过程中,可以根据学生讨论的实际情况灵活生成教学过程,要让学生感知:收集数据的方法没有对错之分,但要一以贯之;购买方案没有对错之分,但要符合最初制定的原则。培养学生想事情和做事情的严谨性,发展理性精神。

例 2 哪个小组跳绳水平高(平均数)

体育课进行小组跳绳比赛,在规定时间内两个小组每名同学跳绳次数情况记录如表 7-5 所示。你认为哪个小组跳绳的整体水平高一些?

表 7-5 两个小组的跳绳成绩

单位:次

组别	1号	2号	3号	4号	5号	6号	总数	平均数
第一组	96	92	88	94	101	81	552	92
第二组	95	96	87	93	94		465	93

[问题设计]

(1) 让学生认识到两个小组人数不同,不能用总数作为比较两个小组跳绳整体水平的依据,感悟引入平均数的必要性;在引导学生利用平均数进行比较的过程中,感悟平均数可以用来代表小组的整体水平;在用平均数对两个小组跳绳水平进行分析的过程中,逐步理解平均数作为一个统计量,能够刻画一组数据的集中趋势,介于"最大数"与"最小数"之间。

(2) 引导学生讨论第一组中两个"92"的实际意义,通过这两个数值所表示意义的不同,进一步理解平均数的代表性。

(3) 继续引导学生讨论,如果第二组再增加一名学生参加比赛,这组的平均成绩可能会发生怎样的变化?感悟每一个数据都会对平均数产生影响。

[设计意图]

让学生在比较两个小组跳绳比赛结果的过程中,体会每个小组的平均数能够表达这个小组数据的集中趋势,理解平均数的代表性,逐步提升数据意识。

例 3 用统计图表达空气质量变化(统计图)

2018 年 7 月,国务院颁布了《打赢蓝天保卫战三年行动计划》,北京市积极响应,聚焦移动源、扬尘源、生产生活源等重点污染源,深化秋冬季大气污染防治攻坚,人们普遍感觉到雾霾天数明显减少,请用统计图表达空气质量是否得到改善。

[问题设计]

(1) 自主设计方案。分组实施,启发学生广开思路,设计收集数据的方案。显然方案有多种:把 2018 年某月的空气质量情况,先按照污染程度分类,计算各类别的天数,然后分别计算 2019 年和 2020 年这个月份的相应数据,进行比较,判断空气质量是否得到改善;也可以先按污染程度分类,分别计算每年中各类别的天数,然后进行比较;还可以计算一年中空气质量优良的天数并进行比较;等等。引发学生对不同方案展开讨论,最终形成小组意见。在这样的过程中,培养学生的交流能力。

(2) 实施设计方案。每个小组按照自己设计的方案,收集、整理和表达数据。学生可以查阅相关图书,也可以通过网络查询,培养获取数据的能力；对获取的数据进行整理，尝试用各种统计图表达整理后的数据，在尝试的过程中体会各种统计图的功能，知道对于这类与过程有关的数据，用复式条形统计图或折线统计图表达的合理性；借助统计图对空气质量的变化进行分析。在这样的过程中，培养学生的推理意识，让学生感悟如何用数学的语言表达现实世界。

(3) 组织学生进行小组汇报，分析各自小组的设计思路、数据收集过程、构建统计图的理由、最终的结论，让学生体会数据收集、整理和分析的现实意义，提升数据意识。

[设计意图]

本活动可以通过主题活动的方式进行，让学生经历设计方案、收集数据、整理和表达数据的全过程，感受数据蕴含的信息以及掌握如何提取信息的方法，发展数据意识。这样的活动适合第三学段学生。

例 4 谁的套圈水平高(百分数)

为丰富学生的课外活动，学校开展套圈游戏活动。请你比一比，谁的套圈水平高?

[问题设计]

(1) 如表 7－6 所示，先只出示 1 号和 2 号同学的套中次数让学生经过讨论知道，只有套中次数的数据，无法比较判断。然后出示 1 号和 2 号同学的套圈总次数，再经过讨论使学生知道关键是要找到套中次数与套圈总次数的关系(命中率)才能进行比较。

(2) 出示 3 号和 4 号同学的套圈总次数和套中次数，让学生自主尝试进行比较，体会统一比较标准的重要性。再通过对不同标准的比较，感受以百分数为标准进行比较，既直观又方便。

(3) 深入讨论：如果这四名同学再进行一次同样的套圈比赛，排名还会是这样吗? 使学生感受百分数对随机数据的刻画与表达，体会百分数的统计意义，发展数据意识。

表 7-6　谁的套圈水平高

学生编号	套中次数	套圈总次数	套中次数占套圈总次数的几分之几	命中率/%
1号	9	20	$\frac{9}{20}$	45
2号	5	10	$\frac{5}{10}$	50
3号	6	15	$\frac{6}{15}$	40
4号	12	25	$\frac{12}{25}$	48

[设计意图]

通过套圈活动,引导学生对数据进行分析,了解百分数对随机数据进行刻画与表达,认识到百分数可以帮助人们作出判断和预测,感受百分数的统计意义,培养数据意识。

[策略分析]

策略一:教——紧密联系生活;学——体验学习价值。

上述案例中,所有的问题提出都基于现实生活——“班级购买水果”“小组跳绳水平”“航天器发射”“空气质量”“套圈水平”,不论是社会时事还是身边小事,都与学生的生活息息相关。小学生相对年龄较小,思维活动比较简单,注意力容易被感兴趣的事物所吸引。所以,教师应抓住学生的心理特征开展教学。

数学知识源于生活,统计内容与生活息息相关。教师要从学生的生活经验出发,让学生可以将自身的生活经验与数学知识相连,在教师引导学生从生活中理解数学知识时,学生会觉得这不仅是在学习数学知识,解决数学课本上出现的这个问题,更是在解决生活中的一件事情。创设生活情境,引导学生结合生活实践去理解数学问题,同时要根据学生已有的统计学知识和生活经验创设生活情境,从学生需求出发，这样可以让学生的学习变得更加高效，提高教学质量。

策略二：教——丰富活动形式；学——强调内心体验。

小学数学有效教学需要教师根据教材内容组织相关活动，营造有感染力的课堂教学氛围，激发学生学习兴趣，使他们能以高涨饱满的情绪参与到活动中，从而保障课堂教学的高效率。

在“统计”内容教学中，上述案例中有的通过组织活动体验，比如“跳绳”与“套圈”活动，可以让学生在参与中经历统计的过程；有的通过微课、科普知识导入，比如“三百星”“空气质量”，在现实教学中，结合不断发展的信息技术，教师的课堂活动形式更是丰富多彩。教师通过不同的活动形式，设计课堂活动、课后实践，给予学生充足的时间和空间，让他们通过自主学习和自主分析，独立寻找绘制方法，学生亲身经历了知识的产生和形成，对知识理解得更深刻，掌握得更扎实。加强学生统计意识的培养，体会统计的必要性，感受统计的价值。

策略三：教——重视方法应用；学——培养决策能力。

教师在开展小学数学教学中可以使用探究式教学方法，在教学中鼓励学生“一题多解”多尝试不同的解题方案，激励学生找“最优解”，学会比较发现，优化解决问题的方案。教师合理地设问、追问，引导学生不断思考。

比如，上述例 1 中，在教师的积极引导下，学生的调查研究途径多种多样；例 4 中，学生需要自己分析思考，如何用数学语言体现空气质量，怎样制订实施方案找到比较的结果。学生通过学习，遇到问题知道选择合适的方法去解决。

“授人以鱼，不如授人以渔”，教师作为“传道授业解惑”的存在，应充分尊重学生学习的主体地位，组织学生在小组或集体内充分展现自我，满足学生的探究欲与表现欲，有助于收获更佳的课堂教学效益。从而培养学生不仅仅会解决一道题，更能解决一类题，拥有数学思维，提高决策能力。

二、概率的教学策略

概率问题主要涉及样本和总体的关系。在小学阶段，教师需要通过一系列教学活动与教学策略，使学生了解随机现象发生的可能性，其结果表现为能够感受到具体情境中的随机现象，并且能够量化描述不确定现象发生的可能性的大小。通过前阶段对于“统计”的学习，学生知道在现实生活中，有许多问题应当先做调查研究，收集数据，感悟数据蕴含的信息。那么深入学习，学生会知道同样的事情每次收集到的数据可能不同，而只要有足够的数据就可能从中发现规律；知道同一组数据可以用不同方式表达，需要根据问题的背景选择合适的方式。从而形成数据意识，这有助于理解生活中的随机现象，逐步养成用数据说话的习惯。

[课标案例参考]

例 1 摸球游戏

小组合作，袋子里有 4 个红球、6 个白球任意摸一个球。

[问题设计]

(1) 可能是什么颜色？

(2) 摸到哪种颜色的球的可能性大？

(3) 菲菲每摸完一次球都放回袋子里，摸了 10 次都是白球，可能吗？

(4) 菲菲每摸完一次球都放回袋子里，摸了 10 次有可能摸到黄球吗？

[设计意图]

学生通过猜想、推测，在游戏中进行验证，能够更好地体会事件发生的可能性。

例 2 抛硬币

学生以小组为单位，每个学生各抛一次硬币，组长把抛硬币的结果按顺序记录下来。接下来进行全班对比分析。

[问题设计]

(1) 观察各小组记录的数据，交流发现，第一次抛硬币时，有的小组是正面朝上，有的小组是反面朝上，第二次抛硬币时，也是有的正面朝上、有的反面朝上。那么每一次抛硬币的结果是确定的吗？

(2) 选择一组连续出现几次正面(或反面)朝上的，让学生观察思考，这一组已经连续有几次正面朝上了，那么接下来再抛一次，一定还是正面朝上吗？一定会是反面朝上吗？

(3) 让学生认识到，尽管前面已经连续抛出了几次正面朝上，但是接下来仍然无法预测，同样可能是正面朝上也可能是反面朝上，前面抛硬币的结果对后面没有任何影响。这就是一个事件发生的“可能性”。

(4) 如果同时抛两枚硬币，会有几种情况出现？这几种情况出现的可能性是否相等？你觉得哪种情形出现的可能性最大？

[设计意图]

巧妙利用乒乓球比赛中的抛硬币环节，当学生发现裁判员通过抛硬币来决定双方的场地和发球的先后顺序时，他们的好奇心一下子就被激发了出来，对抛硬币产生了浓厚的兴趣，从而拉近了可能性的知识与学生之间的心理距离，激发了学生的探究欲望，更加积极主动投入接下来的课堂探究之中。在这样的操作和分析的基础上，学生对可能性的认识会更加深刻，从而更好地认识随机事件。

[策略分析]

策略一：教——创设游戏情境，学——激发探究兴趣

在小学阶段的“概率”教学中，要求学生感受随机现象发生的不确定性，能够定性描述随机现象发生的可能性大小。对此，教师可以带领学生做一些能够呈现不同结果的游戏或实验，加深学生对可能性的感受，重在激发学生对数据的兴趣，加强统计与概率的思想意识。

对于随机现象的感受，学生此前对这部分知识没有相关认知基础，需要教师辅以生动形象的活动进行教学。关于可能性的教学游戏有很多，如抛硬币、摸球、抽卡片、掷骰子、转转盘等，可供教师选择的游戏种类丰富多样。但是，有的教师过分注重游戏形式，出现堆砌游戏、刻意加快教学节奏的现象，使课堂教学看起来华而不实，导致学生

没有真正理解可能性的相关知识，因此，教师要根据教学目标和教学重、难点，合理地选择游戏活动。在游戏过程中，教师要引导学生观察、动手、思考、检验，探索新知，积累知识，重视培养学生对生活中随机现象的可能性做出正确判断的能力。

策略二：教——鼓励合作探究，学——拓展数学思维

合作学习是基于有效开展自主学习而树立的思想，改变学生一人学习的模式，让学习理解中有综合思维的建设，也有主动性学习的理解。随着新课标的不断完善，小学数学课堂教学需要落实生本理念，让课堂教学符合自主探究学习需要，促进学习方式的转变，并在形式上做综合素质的培养，使小学生在数学学习中有全面发展。

上述案例中，不论是“摸球游戏”还是“抛硬币”，在活动过程中，都需要学生进行小组分工合作，学生会有实践性的参与，有积极主动的探究学习行为。教师应合理建设分组，保证每个小组中有自主探究学习理解的过程，能够完成知识的正确理解，建立共生探究的环境，使思维和思想的培养得到落实。课堂中的分组要保证教学效率，所以要做能力互补，使每个小组中都有学生可以带动合作探究的进程，完成知识的理解认识。同时要保证小组中学生的归属感和集体意识。拓展学生数学思维，有能力解决问题。

[常态课教学案例示范]

表 7-7　人教版《数学》五年级下册第四单元第 1 课时教学设计

课题	可能性	教学内容	可能性	主备人	×××
教学目标	1. ①学生初步体验有些事件的发生是确定的，有些则是不确定的。②学生能结合已有的经验对一些事件发生的可能性做出判断，并能简单地说明理由。③培养学生的表达能力和逻辑推理能力。 2. 学生通过亲身体验，在观察、交流、动手、思考、验证的过程中探索新知。 3. 培养学生的表达能力和逻辑推理能力。				

续表

<table>
<tr><td>教学重点</td><td colspan="2">体验事件发生的可能性</td></tr>
<tr><td>教学难点</td><td colspan="2">会用“可能”“不可能”正确地描述事件发生的可能性</td></tr>
<tr><td>课前准备</td><td colspan="2">多媒体课件、卡片、棋子</td></tr>
<tr><td>材料与任务</td><td>学生活动与学情预设</td><td>教师跟进</td></tr>
<tr><td colspan="3">预学:故事激趣、引入新课</td></tr>
<tr><td>一、故事激趣、引入新课
同学们,你们喜欢听故事吗?今天老师就给大家带来一个有趣的故事。
在古代西方的某个国家,有一位大臣无意犯了错误。国王很生气,决定要惩罚大臣,他被关进了大牢。按照该国当时的规定,在临刑前还有一次选择的机会,那就是由大法官拿来一个盒子,盒子里有两张写着“免”和“罚”的纸条。如果摸到“免”就可以有一次改过的机会,如果摸到“罚”就得接受惩罚。你们认为这个大臣摸纸条时会出现什么结果呢?
可是国王很生气,一心要惩罚这个大臣,于是派人偷偷地把盒中写有“免”的纸条换成了“罚”字,同学们猜一猜,他的命运又会怎样呢?
二、引入课题
故事里的大臣经过了从“可能免罚,也可能被罚”到“一定被罚”,生活中的事情就像故事中的一样,有些我们不能肯定它的结果。</td><td>生回答:喜欢!

学生独立思考,解答(可能被罚,也可能免罚)

生回答:一定被罚!</td><td>利用故事引入新课,在激发学生的学习兴趣的同时,让学生初步感知事情发生的可能性

有效的数学学习活动不能单纯地依赖模仿与记忆,动手实践、自主探究、交流是学生学习的重要方式,创设生活情境让学生从体验中学习,在体验中自我建构新知,并从中掌握数学方法</td></tr>
<tr><td colspan="3">研学:组织学生辩论,以辩明理</td></tr>
</table>

续表

材料与任务	学生活动与学情预设	教师跟进
1. 老师想组织大家表演节目,每个人都有机会表演。但节目形式不能重复。 2. 活动:出示三张卡片,上面分别写上唱歌、跳舞、朗诵,找同学上来抽一张,引导学生先思考一下,会抽到什么? 3. 师小结:每位同学表演节目类型是一件不确定的事件,有三种可能的结果。 抽签指生抽一张。(以抽到跳舞为例) 师引导:如果再找一名同学来抽签,可能会抽到什么? 引导学生质疑:有没有可能会抽到跳舞? 找生抽一张,验证学生的猜测是否正确。(以学生抽到的是朗诵为例) 4. 引导:只剩最后一张了,你们能猜一猜这一张可能是什么吗? 5. 师小结:刚才在猜测会抽到什么节目时,第一次同学们用的词是“可能”,第二次同学们用的词是“不可能”,第三次用的是“一定”。一般事情的发生都有“可能”“不可能”“一定”三种情况,当然,不同情况下,它们有时也会发生变化。(板书:可能、不可能、一定)	学生思考,相互讨论 生回答:可能是唱歌,也可能是朗诵。 生回答:不可能,因为剩的两张签里没有跳舞。 学生抽取,验证 学生摸一摸,并讨论、验证,再集体汇报 学生独立思考,举手回答	组织学生进行辩论,鼓励学生说出自己的看法及理由,大胆地与同学进行交流 组织学生讨论,强调以理服人 通过体验、猜测、验证、再次实践、总结,让学生在猜一猜、想一想、试一试、说一说等情境中玩数学、学数学,亲身体验知识的形成过程
拓学:运用新知,解决问题,深入了解,加深认识		
1. 完成教材第45页“做一做”。 出示:两个盒子,一号盒子放的全部是红棋子,二号盒子放的有红棋子、蓝棋子和绿棋子。引导学生先说一	学生独立完成,举手回答	引导归纳: 1. 判断事件发生的可能性的几种情况:可能、不可能、一定。 2. 能结合实际情况对一些事件进行判断。其中

续表

材料与任务	学生活动与学情预设	教师跟进
说，哪个盒子里一定能摸出红棋子？哪个盒子里可能会摸出绿棋子？哪个盒子里不可能摸出绿棋子？等问题。 让学生在小组内组织摸一摸活动，并验证，再集体汇报。 2. 完成教材第47页“练习十一”第1题。 让学生说一说，并说明理由。 3. 完成教材第47页“练习十一”第2题。 先让学生自主连一连，教师发彩色球让学生验证摸一摸，再说一说为什么这么连。 4. 说一说：教师引导学生用“一定”“可能”“不可能”等词语说说自己生活中一些事件发生的可能性。 师：这节课你们学了什么知识？有什么收获？	学生独立完成，举手回答 学生集体回忆，举手回答 1. 学生独立思考，解答。 2. 学生进行辩论，大胆与同学进行交流。 3. 解决问题。 学生运用新知解决问题，全班交流 学生质疑	“不可能”和“一定”是能够在完全确定的情况下做出的判断，而“可能”是在不能确定的情况下做出的判断 引导学生从知识、能力、方法、情感等方面进行总结
作业布置：		
板书设计：		
课后反思： 年　月　日		

表7-8 人教版《数学》五年级下第四单元第4课时教学设计

课题	可能性	教学内容	掷一掷	主备人	×××
教学目标	1. 通过活动，学会运用已经掌握的统计、可能性和找规律等方面的知识，列举事件发生的所有可能，探讨可能性的大小，从而体验事件的确定性与不确定性。				

续表

<table>
<tr><td>教学目标</td><td colspan="2">2. 经历观察、猜测、实验、统计、分析、验证、交流的数学探究过程，体会影响可能性大小的深层次因素。培养发现问题、解决问题、合作探究的能力。
3. 初步渗透比较、归纳、概率统计及有序思考等多种数学思想，感受偶然性后面的必然性。
4. 在主动参与丰富的数学活动的过程中感受数学的实用价值和乐趣。</td></tr>
<tr><td>教学重点</td><td colspan="2">探索“同时掷两颗骰子，得到的两个数的和为什么是5，6，7，8的可能性大”。</td></tr>
<tr><td>教学难点</td><td colspan="2">探讨影响事件发生可能性的相关因素。</td></tr>
<tr><td>课前准备</td><td colspan="2">骰子、学习任务单、多媒体课件等</td></tr>
<tr><td>材料与任务</td><td>学生活动与学情预设</td><td>教师跟进</td></tr>
<tr><td colspan="3">预学：认识骰子，故事激趣</td></tr>
<tr><td>认识骰子
1. “骰子”图片，请学生说出它的名称及特征。
2. 一次掷一个骰子，面朝上的点数可能有哪些？那么掷到1到6这6个数字的可能性是不是都一样。
3. 如果掷两枚骰子，面朝上的点数和可能是几？为什么不可能是1呢？
今天我们要研究的就跟这两颗骰子有关。
古时候，有一个小商贩在街头设了个小赌局，掷一次10文钱，如果掷出的点数和是2，3，4，9，10，11，12，那么小商贩就再给你10文钱，也就是你一共能拿回20文。如果掷出的点数和是5，6，7，8，那么你这10文钱就算打水漂了。
师：想参加这个游戏吗？一组7个数，一组4个数，你觉得你赢的可能性还是输的可能性大？举手表决。</td><td>学生说名称及特征

学生思考并回答

学生举手表决</td><td>激发学生学习兴趣</td></tr>
</table>

续表

材料与任务	学生活动与学情预设	教师跟进
研学：组织学生辩论，以辩明理。		
1. 动手实践 师：那怎样才能知道究竟是赢的可能性大还是输的可能性大？你们有什么想法？（试一下、统计结果、多试几次） 师：就听大家的，实践出真知，我们就来实践模拟一下这个游戏，再统计结果，找找可能性大小的规律。实验前先听清楚要求。 ① 小组分工，一人掷骰子，四人共同观察点数再求和，一人记录和是多少就在对应的点数和上方涂一格，任意一列涂满，游戏结束。 ② 将4个数记作A组，7个数记作B组，完成数据统计。 ③ 观察统计结果，思考你们有什么发现？ 2. 统计反馈 ① 观察你们统计图形状和统计结果，你发现了什么？（两头少，中间多，赢的次数少，说明赢的可能性小） ② 有没有哪组赢的次数多、赢的可能性大的？ ③ 每个小组的统计图都有差异，还有小组反而赢的次数多，这是为什么呀？ ④ 怎么样才能看出整体情况呢？（掷的次数再多一点，把全班的数据放在一起） ⑤ 老师的想法和你不谋而合，刚才已经请几位观察员帮助老师统计了大组的数据，按你们的办法，把全班的	学生思考，相互讨论 学生小组合作讨论、验证，再集体汇报 学生独立思考、举手回答 学生回答 观察发现规律 提出疑问和想法 举例说明	组织学生进行讨论，鼓励学生说出自己的看法及理由，大胆地与同学进行交流 ① 投影反馈学生的错误，展示正确结果。 ② 出示课件，现在观察这张表格，你发现了什么？现在你能解释一下为什么刚才中间出现的次数多，两边少了吗？ 为什么A组占的点数和多，反而出现的次数少呢？（B组点数和出现的可能有16种，所以掷出的可能性就小；A组点数和出现的可能有20种，所以掷出的可能性就大。） 小结：你们真厉害，用数学知识揭开了迷雾，识破了真相。今天很多同学的直觉出现了错误，可能性的大小不能由表面的数量决定，要找到真正影响可能性大小的因素。在这个游戏中影响可能性的因素是什么？ 现在又到了见证奇迹的时刻，这是我们通过数的组成分析得到的表格，这是我通过实践得到的统计

续表

材料与任务	学生活动与学情预设	教师跟进
数据放在一起，再观察，你发现了什么？（中间多，两边少的形状越来越稳定，赢的次数少，输的可能性大） ⑥ 掷的次数少，就会出现偶然性，掷的次数足够多，就会形成某种规律。看来看事物不能片面，需要我们充分调查，研究统计大数据才会有大智慧。 3. 探究原理 师：面对这样的统计结果你有什么疑问吗？ ① 为什么中间多，两边少？ ② 为什么明明占了 7 个点数和反而出现次数少？ 师：谁有想法，给大家点建议？ 引导：能举个例子吗？出现点数和 7 的组合有哪些？12 呢？ 师：看来和数的组成有关。也请你们把所有可能出现的组合方式用算式的形式写出来，再仔细观察，看看你能得出什么结论。		图。两幅图竟然惊人地相似，你有什么想说的？ 小结：任何可能性、不确定事件的背后都一定有理可依、有据可循。很多事我们都可以用数学的眼光辨别，这就是学习数学的价值
拓学：运用新知，解决问题，深入了解，加深认识		
怎么样才能让这个游戏变得公平呢？ 双十一快要到了，商家为了吸引顾客购物，推出了以下促销活动：在 11 月 1 日～11 月 11 日期间在本商场一次性消费 500 元者，凭发票单到总台抽奖一次，一等奖 100 元购物券，二等奖 50 元购物券，三等奖 30 元购物券。总台的抽奖箱里是标有	学生独立完成，举手回答 学生运用新知，解决问题 独立解答，全班交流 ① 先独立思考。 ② 全班交流答案 学生总结	引导学生从知识、能力、方法、情感等方面进行总结

续表

课题	可能性	教学内容	掷一掷	主备人	×××
1—5 号码的乒乓球各 2 个，顾客可从中同时摸出 2 个乒乓球，根据两数之和来定奖项，请你设计一份既可吸引顾客，又能为商家节省开支的合理的奖励方案。 这节课你们学了什么知识？有什么收获？					
作业布置：					
板书设计：					
课后反思： 年　月　日					

内容来源：杭州市某学校四年级数学备课组校本作业设计。

[常态课教学案例分析]

两份教学案例的“预学”部分，均为学生的学习创设情境，不论是“古代西方大臣被罚”还是“街头商贩的赌局”都充分体现了对于概率的教学策略之一——创设游戏情境，激发学生的探究兴趣，在“研学”与“拓学”环节，案例均以合作游戏活动为任务驱动，鼓励学生合作探究，拓展学生的数学思维。

图 7-1　学生在“掷一掷”课堂积极合作探究

根据课堂实况反馈，加入了探究环节，学生的课堂参与度极高，在“掷一掷”一课中（见图 7-1），每一小组都为课堂探究提供了有效的数据，真正融入课堂，做课堂的小主人，教师仅仅作为课堂的主导，就像一位主持人，为学生提供环节引导，真正将课堂还给学生。

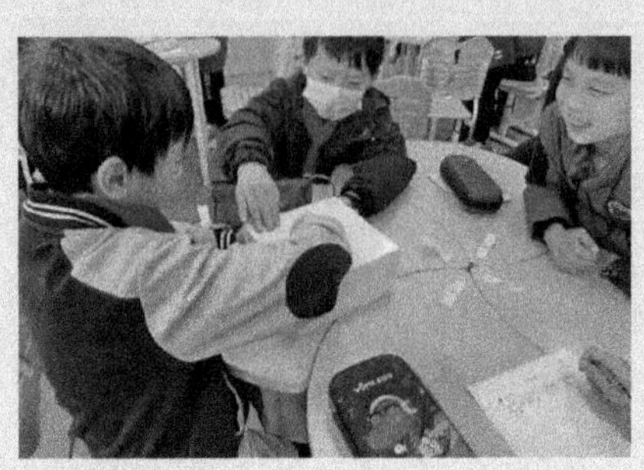

图 7-2　学生在“可能性”课堂快乐探索摸球环节

在“可能性”一课中（见图 7-2），小组合作设计游戏环节和幸运转盘环节，更是深入了本节课的课程目标——感知概率的差别，且联系实际生活，让学生明白需要理智地看待投机事件。同时通过后测，使得学生对于课堂的知识会在理解的基础上进行运用，产生知识迁移。多一些思考与活动，课堂便多一些笑容与专注。

[练习设计案例]

“位置、可能性、掷一掷、数学广角”练习

班级：　　　姓名：　　　学号：　　　限时 15 分钟

实际用时：

1. 教室一共有 8 列 8 排，最后一列最后一排的同学用数对（　　）表示，他前面一个同学用数对（　　）表示。

2. 如图所示，如果将△ABC 向左平移 2 格，则顶点 A 的位置用数对表示为（　　　）。

3. 如果 A 点用数对表示为(1, 5)，B 点用数对表示数(1, 1)，C 点用数对表示为(3, 1)，那么三角形 ABC 一定是（　　）三角形。

4. 如图所示，如果 A 的位置是(6, 7)，B 的位置是(5, 5)，那么 C 的位置是（　　，　　）。

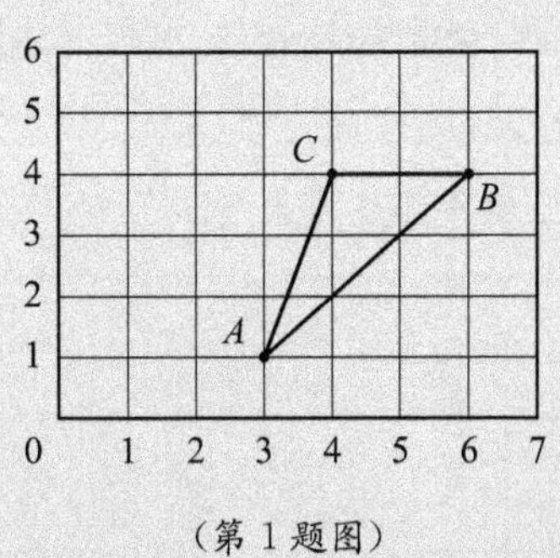

(第 1 题图)

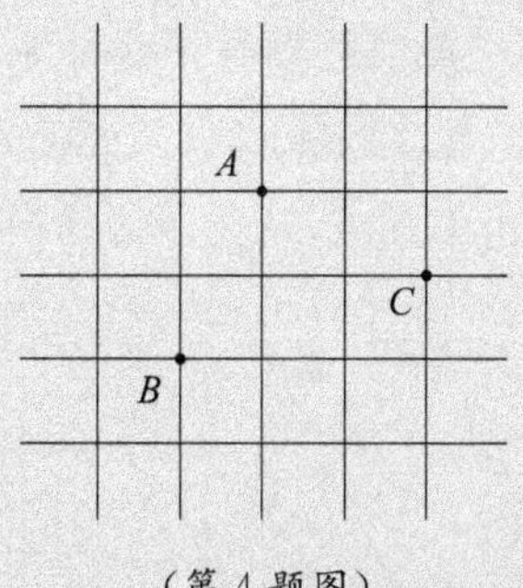

(第 4 题图)

5. 小明和小红玩石头剪刀布的游戏，用○表示石头，用√表示剪刀，用□代表布。请把可能出现的情况填在下面的表格里。

小明									
小红									

小明赢的可能性(　　)(填“大”“小”“一样大”)。

6. 掷两枚一模一样的硬币，游戏规则如图所示。

甲得1分　　乙得1分　　丙得1分

(第 6 题图)

(　　)赢的概率最大，因为(　　　　　　　　　　　　　　　)

7. 图中每个小方格的边长为 1，移动③号点，使它的位置变成(　　)时，①②③④四点连起来就是一个平行四边形。

A. $(a+2,\ b-1)$

B. $(a+1,\ b)$

C. $(a-1,\ b+2)$

D. $(a,\ b+2)$

8. 笔直的跑道一旁插着51面小旗，它们的间隔是2米。现在要改为只插26面小旗(两端的旗子不动)，间隔应改为多少米?

内容来源：杭州市某学校五年级数学备课组校本作业设计。

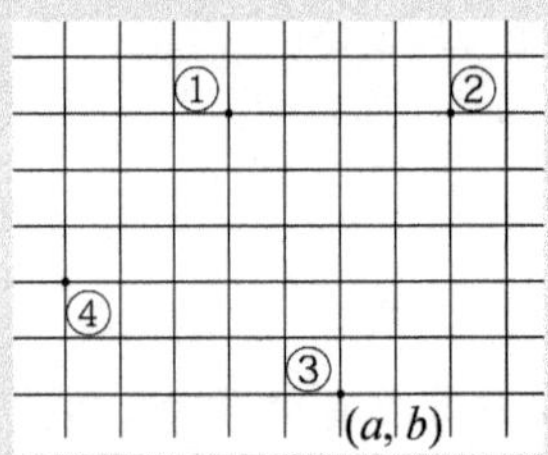

(第8题图)

思考题

1. 你能分别针对“平均数”和“复式条形统计图”进行作业设计吗?

2. 你能结合教学策略，针对两节课的教学目标，分别设计一个情景用于导入环节吗?(要求：包括“材料与任务”“学生活动与学情预设”“教师跟进”)

3. 针对“预学、研学、拓学”三个部分，你能选择其一，结合教学策略，围绕“掷一掷”设计一个符合该环节的教学问题吗?

4. 你能针对“可能性”一课的内容，进行作业设计吗?

第八章

"综合与实践"的教学

知识要点与思政目标

知识要点	思政要点	案　　例
综合与实践的教育价值与教学策略	文化自信、学科素养、教育情怀	通过对具体教材内容的简单分析，培养学生的文化自信、学科素养、教育情怀。
结合具体案例分析教学策略	学科素养、教育情怀	数学飞行棋；烙饼里的数学；一瓶水可以做什么？
结合完整教学过程分析教学策略	责任担当、文化自信、学科素养、教育情怀	综合与实践完整教学过程

知识目标

知识目标1：能够积极参与活动，在活动中能主动表达，并与他人交流，加深对数学知识的理解。感悟数学知识与现实生活的联系，发展对数学的好奇心，提升学习数学的兴趣，初步获得一些数学活动经验。

知识目标2：能够积极参与活动，在活动中能独立思考问题，主动与他人交流，加深对数学知识以及数学与其他学科关联的理解。经历解决简单实际问题的过程，提高应用意识，积累数学活动经验，感悟数学的价值。

知识目标3：能够积极参与活动，在活动中能独立思考问题，主动与他人交流，经历实地测量、收集素材、调查研究、解决问题的过程，提升思考问题的能力。积累根据解决问题的需要合理选择策略和方法的经验，形成模型意识、初步的应用意识和创新意识。

问题导引

2022 年版课程标准指出，“综合与实践”是小学数学学习的重要领域。学生将在实际情境和真实问题中，运用数学和其他学科的知识与方法，经历发现问题、提出问题、分析问题、解决问题的过程，感悟数学知识之间、数学与其他学科知识之间、数学与科学技术和社会生活之间的联系，积累活动经验，感悟思想方法，形成和发展模型意识、创新意识，提高解决实际问题的能力，形成和发展核心素养。综合与实践主要包括主题活动和项目学习。在主题活动中，学生将面对现实的背景，从数学的角度如何发现并提出问题？如何综合运用数学和其他学科的知识与方法分析并解决问题？项目式学习的设计以解决现实问题为重点，学生如何综合应用数学和其他学科知识解决问题，体会数学知识的价值以及数学与其他学科的关联？

第一节 “综合与实践”的教育价值

“综合与实践”是数学课程中一个较新的领域，它为学生提供了一种实践性、探索性和研究性学习的课程。“综合与实践”不是在其他数学知识领域之外增加新知识，而是强调数学知识的整体性、现实性和应用性。它建立起生活中的数学与课堂上数学的联系，帮助学生全面地认识数学、了解数学。小学数学教材中综合与实践领域的内容很少，但这一领域的教学却对学生和教师都具有很大的教育价值。教师的有效指导是实现综合实践活动课程价值的基本保证。学生自主性的实践学习总是与教师的有效指导相伴随的。

一、“综合实践活动”课程的性质与特点

“综合实践活动”课程是基于学生的直接经验、紧密联系学生自身生活和社会生活、体现对知识的综合运用的课程形态。这是一种以学生的经验与生活为核心的实践性课程。在新的基础教育课程体系中,“综合实践活动”课程是综合程度最高的课程,它具有如下特性:

(1) 整体性:“综合实践活动”课程具有整体性。人的发展是通过对知识的综合运用而不断探究世界与自我的结果,“综合实践活动”课程主题的选择范围应包括学生本人、社会生活和自然世界,对任何主题的探究都必须体现个人、社会、自然的内在整合。“综合实践”课程必须立足于人的个性的整体性,立足于每一个学生的健全发展。

(2) 实践性:“综合实践活动”课程具有实践性。“综合实践活动”课程以学生的现实生活和社会实践为基础发掘课程资源,“综合实践活动”课程以活动为主要开展形式,强调学生的亲身经历,要求学生积极参与到各项活动中去,在“做”“考查”“实验”“探究”“想象”“创作”等一系列的活动中发现和解决问题、体验和感受生活,发展实践能力和创新能力。

(3) 开放性:“综合实践活动”课程具有开放性。“综合实践活动”课程面向每一个学生的个性发展,尊重每一个学生发展的特殊需要,其课程目标具有开放性。“综合实践活动”课程面向学生的整个生活世界。它随着学生生活的变化而变化,其课程内容具有开放性。“综合实践活动”课程关注学生在活动过程中所产生的丰富多彩的学习体验和个性化的创造性表现,其评价标准具有多元性,因而其活动过程与结果均具有开放性。

(4) 生成性:“综合实践活动”课程具有生成性。这是由“综合实践活动”课程的过程取向所决定的。每一个班级、每一所学校都有对“综合实践活动”课程的整体规划,每一个活动开始之前都有对活动的周密设计,这是“综合实践活动”课程计划性的一面。但是“综合实践活动”课程的本质特性却是生成性,这意味着每一个活动都是一个有机整体,而非根据预定目标的机械装配过程。随着活动的不断展开,新的目标不断生成,新的主题不断生

成，认识和体验不断加深，创造性的火花不断迸发，这是“综合实践活动”课程生成性的集中表现。对“综合实践活动”课程的整体规划和周密设计不是限制其生成性，而是为了使其生成性发挥得更具有方向感、更富有成效。

（5）自主性：“综合实践活动”课程充分尊重学生的兴趣、爱好，为学生的自主性的充分发挥开辟了广阔的空间。他们自己选择学习的目标、内容、方式及指导教师，自己决定活动结果呈现的形式，指导教师只对其进行必要的指导，不包揽学生的工作。

二、依托“综合与实践”促进学生全面发展

综合与实践强调数学知识的整体性、现实性和应用性。它是维系生活数学与课堂数学的良好纽带，弱化了数学与生活的分界线，使得数学与生活的联系更为紧密。学生在活动中有意识地利用数学的概念、原理丰富或解释现实中的现象和问题，认识到现实生活中蕴含着大量的与数量和图形有关的问题，这些问题抽象成数学问题，学生运用所学习的数学思想、方法、知识、技能去解决这些问题，从而加深对数学的理解。此外，综合与实践的特殊性使得它能通过问题整合数学与其他学科，让学生感悟体验数学应用，不仅让学生用数学的眼光看世界，还能用数学的思维分析世界。

（一）有利于帮助学生养成良好的合作探究意识

随着社会的发展，教学环境、教学内容、学情等都发生了巨大的变化，按照新课程改革和素质教育理念，当前的小学数学课堂应该突出学生学习的积极性和探究性，让学生不光要学会知识，还要学会学习。合作能力已经成为现阶段每个人都需要具备的一种能力和素质。借助开展综合实践活动课程教育的方式，能够让学生意识到通过合作的方式学习以及工作能够更好地完成各项任务。在实践的过程中，学生可以通过和他人进行合作来完成任务，从而意识到合作的重要性。小组合作学习就是其中一种较为有效的教学模式，在这种教学模式下，学生的学习积极性得到最大限度发挥，这种模式给足了学生在课堂上探究、思考和锻炼的时间与空间，一定程度上提升了小学数学教学质量。

[**案例**]

在学习《平行四边形的面积》的时候，教师就可以依据学情设计教学任务和学习目标，先让每一个数学学习小组通过不同的方式(如画图、剪纸等)制定一个平行四边形，再让学生尝试寻找方法探究它的面积。同时，在学生进行实践探究的过程中，教师应该鼓励学生尽可能多地采用不同的方法，最终达到一个目标多种方案，不同方案同一结论。在课堂具体实施的过程中，我们还可以采取小组奖励机制、竞争机制，提升学生参与度和课堂氛围。这样的教学设计可以让小组成员有一个明确的目标和流程。对于求面积还存在一定的难度，那么成员之间就会相互商量和商讨。通过这样的设计，学生的探究意识和学习兴趣得到了激发，并达成良好的教学效果。

(二) 有利于培养学生的应用意识及创造思维

综合与实践为学生提供了在综合、实践的过程中做数学、学数学、理解数学的机会。学生在积极主动参与活动的过程中初步了解探究解决问题的方法，学会与同伴合作交流，学会独立思考，并从中积累丰富的数学活动经验。在解决问题的过程中，学生能够综合运用所学的数学知识去解决现实生活中的问题，充分感受数学与现实生活是密切相关的，感受数学应用的广泛性，树立应用意识。当学生会用数学的眼光观察世界，学生会发现问题、提出问题，这是创新的前提。将综合实践活动课程和日常生活充分结合到一起，并借助提问等各种方式呈现，能够使学生对问题充满兴趣，促使学生积极主动地思考和探究问题，引导学生充分发挥出自身的创造性思维，想到各种具有个性化的解决方法，这给予了学生锻炼自身创造性思维的机会，推动学生自身的创造性思维不断进步和发展。学生在寻找解决问题的方法的过程中能够想办法解决问题是创新的核心，他们综合利用数学知识和方法参与解决问题的全过程，培养了自己的应用意识和创新精神。

[案例]

在学习《轴对称图形》的相关知识时，可以首先出示一些生活当中的对称实例，让学生通过肉眼观察、动手操作等形式发现“左右两边完全重合”这一现象。随后，教师根据学生发言总结“对称”的含义。紧接着，可以再让学生感受数学的对称美在建筑、美术等各行各业中的应用，然后列举生活中的一些实例，引出“轴对称图形”的概念。之后，接着让学生思考：你还知道哪些轴对称图形？生活中哪些地方利用了轴对称图形的相关知识？然后开展小组讨论，总结本小组的答案。并且为了更加直观地让学生了解和掌握轴对称图形的相关知识，还可以让学生们一起做剪纸游戏，从生活中的常识出发，让学生加深对知识的理解。通过以上过程，再让学生从理论文字的角度诠释轴对称图形的概念。这样，从实践到理论的教学，颠覆了以往的教学模式，通过合作学习，成效和教学质量得到了提升。

（三）有利于提高学生的应用能力

实践能力具有如下特点：

（1）社会性。实践在本质上是主观见之于客观，是主体认识和改造客体的活动，是社会关系的运用，因此实践能力也必然具有社会性。在现实的教育改革中，有一种观点强调教育教学要回归生活，密切与生活的联系。而生活涉及广泛包括学校生活、家庭生活、社会交往生活等。这种观点反映了现代教育教学变革的趋向为学生实践能力的培养提供了一种有效的选择。

（2）实效性。实践能力就是做事、活动的能力，所以这种能力具有实效性，是可以用来做实事、进行活动、获得成效的。在这个过程中，学生要学习必要的知识、技能，应用已学过的东西去做、去活动，在这个过程中来发展实践能力。

（3）手脑并用性。实践能力涉及动手的能力与动脑的能力两个方面是两者的有机结合。在日常教育教学中学生以动脑活动为主，改变现实教育教学的这一问题真正培养学生的实践能力就需按照实践能力动手与动脑相结合的特点组织学生动手与动脑相结合手脑并用进行学习和实践。

综合实践课程的主要教学目标就是通过组织各种实践活动，让学生切实加入实践活动中，通过实际操作完成各种任务，提高自身对数学知识的实践应用能力。

［**案例**］

在教学《小数的加法和减法》一课之后，教师让学生跟家长一起到超市采购，把花的钱记录下来。在课堂上，有学生说：“我买了一双鞋232元，一件衣服66元。”教师提问：“一共花了多少钱呢？”学生很快列出了算式：232＋66＝298(元)。然后进一步拓展延伸，提出问题：“假如我们挑选了一支钢笔23.2元，一本笔记本6.6元，一共花了多少钱？这两个商品的差价是多少？”让学生说一说自己的计算方法，并思考：“整数加减法和小数加减法有什么相同点和不同点？你需要注意什么？”教师根据学生遇到的问题，有针对性地给学生讲解小数加减法的计算方法，让学生借助实践活动掌握知识，养成自主探究的良好习惯，提高解决问题的能力。

在这个过程中，学生可以更加全面和透彻地感悟生活、体验生活，感受到解决各种问题后的成就感。由此可见，开展综合实践课程教学能够培养学生的实践能力，推动学生后续的进步以及发展。

(四) 有利于孕育学生学习数学的兴趣与信心

学生综合利用数学知识和方法参与解决问题的全过程，提高了学生合作交流能力，学生在活动过程中更容易获得成功的体验和快乐，同时还能促使学生养成良好的学习习惯，形成积极的情感态度与价值观。“综合与实践”通过问题把数学学习整合起来，让学生在参与活动过程中养成认真勤奋、独立思考、合作交流、反思质疑、不畏困难等良好的学习习惯，获得积极的情感体验，建立学习数学的信心和科学态度。因此，“综合与实践”教学对培养学生的数学兴趣、促进学生的全面发展都起着至关重要的作用。

三、依托“综合与实践”助力教师专业成长

2022年版课程标准确立了核心素养导向的义务教育数学课程总目标，明确指出义务教育数学课程要帮助学生“形成和发展面向未来社会和个人发展所需要的核心素养”。

（一）增加教师知识储备

（1）数学教师知识领域扩展：由“单一学科”到“多元学科”。

义务教育综合与实践领域的跨学科特点，需要传统数学教师扩展其专业知识领域。例如，数学教师缺少科学、技术领域的知识，会制约数学教师跨学科教学的实施。因此，扩充数学教师的专业知识领域，拓展教师知识面，使教师具备将多学科知识进行整合的能力，是数学教师胜任综合与实践领域教学的基础。

（2）数学教师课程设计转变：由“知识体系的理解运用”到“知识联结的跨学科融合创新”。

2022年版课程标准指出，综合与实践领域的教学以跨学科主题学习为主，这对教师的课程设计能力提出了全新要求。

［案例］

史宁中教授设想过一个教学方案：围绕“制定四年级学生的跳绳标准”主题，解决一个标准制定的现实问题，开展体育、数学、语文三门学科的跨学科主题学习。第一节上体育课，组织学生跳绳，记录下每个学生的最佳跳绳个数；第二节上数学课，把每个学生跳绳的数量由少到多进行排序，引发学生讨论并制定跳绳标准（体现达标意图）；第三节上语文课，让学生把之前经历的过程和感受以实验报告或记叙文

的形式写下来。通过这样的“系列课”，学生能够自然地体会到体育、数学、语文学科之间的横向联系，并系统地解决一个真实的、有意义的问题。这不仅能充分发挥学生的主观能动性，而且能让学生在这个探究过程中自然地用“数学的眼光”(数学抽象)、“数学的思维”(运算能力)和“数学的语言”(数据意识)来思考、分析与解决问题，更好地体会数学的意义以及学科融合的价值。

数学教师课程设计由“知识体系的理解运用”到“知识联结的跨学科融合创新”的转变，是数学教师设计和实施优质跨学科主题学习的关键，是数学教师胜任综合与实践领域教学的核心。

(二) 助力教师优化教材

“综合与实践”活动的关键是选择恰当的问题，这些问题既可来自教材，也可以由教师根据当地的实际情况和学生特点自主开发。教材中的活动在类型上有所不同，不同类型的活动该如何开展，各自的侧重点是什么，活动如何体现“综合与实践”活动的问题性、探索性、综合性、实践性都值得教师思索。对问题的选择、设计、实施与评价的过程中有利于教师开阔视野，提升自己的知识及素养。教师需要开发设计活动，促使学生针对问题情境综合所学知识，经历发现和提出问题、分析和解决问题的全过程，感悟数学与生活的联系，加深对所学数学知识的理解，发展数学素养。

过去的小学数学课程过于注重书本知识传授的倾向，而现在的综合与实践课程要加强课程内容与学生生活以及现代社会和科技发展的联系，关注学生的学习兴趣和经验，并要适应不同地区和学生发展的需求，体现课程结构的均衡性、综合性和选择性，要加强课程对地方、学校及学生的适应性，这对于长期习惯于使用统编教材，依赖教学参考书教学的教师来讲，将是教学行为方式的变革，是一种角色的转换，是一种范式的自我更新过程。这就要求教师要创造性地开发和利用一切有助于实现课程目标的资源，把课程资源当作实现新课程目标的中介，充分发挥其在课程实施过程中的作用。如果没有对课程资源明确且清晰的认识，没有切实有效的开发利用方式，这种变革转换和更新就不可能实现。

（三）提升教师专业素质

未来工作需要能够解决非常规问题的人才，问题解决能力是未来社会工作者的必要能力，中国学生的问题解决能力有待进一步提升。培养具有问题解决能力和跨学科思维的复合型创新人才，是建设人才强国的重要任务。

义务教育数学综合与实践课程以核心素养为导向，聚焦问题解决，是培养复合型创新人才的重要载体。但是，义务教育数学综合与实践领域中提出的主题学习、项目学习等教学与学习方式，对大多数数学教师而言是全新的内容，如何进行主题活动、项目学习设计？如何通过跨学科主题学习有效培养学生发现、提出、分析和解决数学问题的能力？如何加强跨学科主题学习的组织与实施？如何落实多维度、多主体参与的教学评价？这些问题都需要数学教师积极地学习与探索。

研究数学综合与实践领域的教师胜任力，明晰教师开展“综合与实践”教学所要具备的能力要素，对提高教师综合与实践领域的教学能力、培养复合型创新人才有重要实践意义。

（四）促进教师专业发展

厘清义务教育数学综合与实践领域的教师胜任力要素，一方面，可以帮助教师明确进行“综合与实践”教学需要具备的内驱动力、知识、技能与能力，有利于数学教师从内而外全面自我赋能，在加深对综合与实践教育价值理解的同时，不断储备“综合与实践”教学的知识、技能和能力，实现教师自我成长；另一方面，有助于精准诊断数学教师“综合与实践”教学胜任力水平，有的放矢地设计数学教师综合与实践领域的提质方案，开发有针对性的培训课程。此外，还可以帮助数学教师明确自身的优势与不足，指导教师合理组建与自身可以形成优势互补的教学团队，共同参与，群体协作。这些也是加强数学学科综合与实践领域教师培养的重要之举，有利于促进数学教师的专业发展。

（五）复盘教师合作拓展

数学“综合与实践”领域的跨学科融合特点，要求数学教师深度融合不同领域的知识与经验，需要数学教师具备与不同领域专业人士开展合作、持续学习、创新实践等能力，以突破自身专业局限。“综合与实践”教学的教师合作与拓展是教师进行综合与实践教学的支撑。数学教师进行“综合与实践”教学的教师合作与拓展具体表现在以下三个方面。

第一，协同合作。数学教师能够根据教学需要合理组建教学团队，分工协作，深度交流，开展“综合与实践”教学；妥善处理与家长、社会各界（如公园、社区、博物馆等）管理人员、各领域（如天文、美术设计、体育等）专业人员的关系，获得理解与支持，共同整合与开发数学“综合与实践”课程资源。具体来说，学校数学教研组可以同市文化馆、科技馆共同开展数学文化交流项目，聘请一线专家、学者或权威人士前来教授或讲座，科普数学知识，领略数学前沿。

第二，学习实践。数学教师具备持续、主动的学习能力，能够主动学习和收集国内外数学综合与实践领域的教学思想、理论、方法及案例等；能够迅速进入某个学科领域，学习并掌握“综合与实践”教学所需的跨学科知识与技能。同时，数学教师具备较强的行动力，能够将所学内容应用于数学“综合与实践”教学，改进教学。具体来说，数学教师可以通过在知网、万方、维基、报纸杂志上浏览或学习到的优秀课例内容进行提炼整合，予以记录、整理，并结合自己的教学实际运用于自己的课堂中，优化自己的教学模式，强化自己的教学能力。

第三，教学创新。数学教师能够突破传统数学教学的思维模式，探索数学“综合与实践”教学的课时规划、跨学科主题学习的设计、驱动性问题串的设置、学生个性化学习的组织管理等，并将其转化应用于“综合与实践”教学实践和教育研究。具体来说，数学教师可以随时发挥自己的主观能动性与创新性，在对教材和学生有充分理解的前提下打破原有的教学思路，通过全新的教学流程设计、教学道具、作业设计、教学评价等打造新式教学模式，并在实际教学中不断打磨、改进，最终达成独特化的成熟风格。

第二节 “综合与实践”的教学策略

综合与实践是小学数学学习的重要领域。学生将在实际情境和真实问题中，运用数学和其他学科的知识与方法，经历发现问题、提出问题、分析问题、解决问题的过程，感悟数学知识之间、数学与其他学科知识之间、数学与科学技术和社会生活之间的联系，积累活动经验，感悟思想方法，形成和发展模型意识、创新意识，提高解决实际问题的能力，形成和发展核心素养。

一、根据不同的教学环境设置教学策略

（一）在校园生活中开展“综合与实践”

综合实践活动这门学科有着相对较强的活动性，但是很多教师没有意识到这门课程的特点，依旧重点关注在课堂教学中组织各种教学活动。实际上，这种做法是错误的，综合实践活动课程不能局限于课堂教学。学生对校园十分熟悉，把综合实践活动课程融入校园生活中，能够促进学生发展自身的思维能力，学生在学习时，可以获得一个更加广泛的活动范围，在这种范围内能够激发学生自身的学习热情。

[案例]

在开展“关注弱势群体，做爱心天使”这个活动教学时，一些教师会在课堂教学中为学生展示各种“如何关注弱势群体”的方法，这种传统的教学方式不能激发学生学习这些内容的兴趣，同时还极易导致学生失去学习这节内容的兴趣，甚至会使学生失去对本门课程的兴趣。

教师可以围绕“关注弱势群体”，组织综合实践活动，带领学生在校园中组织为家庭条件较差的学生捐款、成立小型校园帮扶基金会等活动。在开展有关“关注弱势群体”的教学内容过程中，教师要引导学生通过校园内的活动，为那些需要帮助的学生提供帮助。在帮助他人的过程中，学生一方面能够养成乐于助人的习惯，另一方面能够让学生明白要加强对弱势人群的关注，进而提升学生的综合素质。

（二）在家庭生活中开展“综合与实践”

对任何人来说，家庭都是重要的，尤其是家中有小学阶段的学生，家庭教育非常重要。由于家庭是生活的地方，家庭各个方面的人、事、物都会给学生带来直接影响，甚至影响学生自身综合能力的发展。所以，教师在针对综合实践活动开展教学的过程中，要把教学内容和学生的家庭生活充分结合起来，这样一方面可以发展学生自身的综合能力，另一方面可以促使学生将所学知识运用到家庭生活中，培养学生灵活运用文化知识的能力。在家庭中开展综合实践活动的教学时，教师需要提前了解学生的实际家庭情况，按照学生不同的家庭情况，组织各种教学活动。

[案例]

在针对《节约能源，从我做起》这节内容开展教学的过程中，教师可以先为学生布置一个任务，要求学生回家询问父母家中每个月水费以及电费分别为多少钱。当学生调查完自己家庭每个月的水费以及电费后，教师可以先根据这些数据开展一个有关于统计的教学，提升学生的数据意识。之后再根据数据实际情况引入分段计费模型，与生活接轨。紧接着，教师可以引出教学内容“如何节约水资源、电力资源”。在整个教学过程中，教师首先需要让学生意识到各种能源的重要性以及现阶段的能源储存情况，让学生明白能源是日常生活、生产中十分重要的一部分，如果有一天出现能源枯竭的问题，那么就会给人们的日常生活、生产等方面带来直接影响。其次，教师可以进一步思考如何将数学的计算、统计的相关知识同日常生活联系起来，在提升学生数学能力的同时提高学生的应用意识，锻炼学生的思考能力与实践能力。老师可以使用多媒体设备等一些新颖的教学工具，向学生传授如何保护水资源、电力资源等各种常见能源的方法。

（三）在社会生活中开展“综合与实践”

如果生活是对学生进行教育的另一个课堂，社会就是另一所学校。小学生能够接触社会的机会比较少，对社会的实际情况缺少一定的了解，然而不管是社会中的大事，还是社会中的点滴小事，都会令学生产生一定的印象。所以，教师可以借助学生的社会经验进行综合实践活动课程教学。社会在不知不觉间就会给学生带来各种影响，如果想让学生今后能够更好地进入社会，就要从小抓起，帮助学生认识和了解社会。社会生活中涉及较多内容，学生关注的内容相对也比较多，教师要正确利用学生对社会的认识开展教学活动。

[案例]

在针对《生命的呼唤》这节内容开展教学时，教师可以询问学生都了解哪些濒临灭绝的野生动物，引导学生将自己了解到的内容和其他学生进行交流，这样能够使学生的知识更加丰富。然后，教师可以带领学生去野生动物园观看各种野生动物，最后教师可以在开展教学时引导学生思考为什么野生动物越来越少，人类又在野生动物灭绝中扮演着什么样的角色。在开展教学的过程中，教师要帮助学生了解各种野生动物灭绝的过程,以及人类的哪些行为会导致动物灭绝等。在学习完这些内容后,教师可以引导学生思考:“如果在日常生活中,发现有的餐馆在偷着售卖野生动物,那么作为学生的我们应该怎么办?”这时,教师可以给予学生充足的时间以及空间让其进行思考,一些学生说可以报警,一些学生认为可以及时告诉家长,由家长处理这件事等。在社会生活中融入综合实践活动课程的教育内容,能够有效帮助学生养成保护动物和生态环境的意识,调动学生学习自然科学的兴趣以及热情,提高综合实践活动课程的效率。

(四) 在自然生活中开展“综合与实践”

小学阶段学生具有较强的好奇心,十分好奇大自然中的东西,希望能够走进自然,感受自然。所以,教师在开展教学的过程中,可以借助学生的这一特点,把综合实践活动课程加入自然生活中,让学生能够在学习各种知识的过程中感悟自然和体会自然,调动学生学习各种知识的兴趣。自然生活中的很多内容都与学生的学习生活存在联系,所以,教师在完成教学任务的过程中,可以将两者充分融合到一起,组织各种形式的综合实践活动。

[案例]

《植树问题》的教学中,有两端植树、只有一端植树、两端都不植树等不同情况,这些植树模型如果放在传统的课堂教学中,对于部分学生是难以理解,学会融会贯通的。那么如果将其设计为一个综合实践活动,在河道边、林荫道边、山道边等合规封闭区域内按照事先规定要求种树,并将种的结果、共同特点以数学小报、数学活动册的形式记录下来,一方面可以大幅提高学生的兴趣程度和实践水平,另一方面也让学生在亲近自然的同时领略数学的奥秘。

二、根据操作类型设计教学策略

“综合与实践”课型研究的意义在于从客观存在着的众多具体的课型中归纳出一般性的规律，即课型特征及结构，并运用这种规律去指导教师正确地、合理地选择综合与实践活动的课型，设计教学过程。在研究和分析的基础上，依据“综合与实践”的活动形态，把经常出现并有着明显结构特征的课，分为动手操作型、场景观察型、游戏活动型、调查访问型、课题研究型五大类。

（一）动手操作型

这类课型常用的活动方式有制作、试验、实验、测量等，具体方法有做一做、摆一摆、剪一剪、画一画、量一量等。动手操作型综合与实践活动在教学中要注意以下要点：

第一，做好活动场所、活动材料和活动工具的准备。这类课中往往需要提供或者让学生准备一些活动素材，以便在课上观察或者操作，因而需要教师精心考虑，做好教学准备。以苏教版《数学》三年级下册《周长是多少》这一节内容为例（见图 8-1），教材设计了用线“围一围”、用小棒“摆一摆”、用小正方形“拼一拼”，以及“量一量”“估一估”等不同形式的活动，需要准备好练习纸、图形、线、小棒、尺子等，这样才能让每个学生顺利地进行动手操作，为课堂教学打下坚实的基础。

第二，讲明操作要领，理清前后步骤，强调注意要点。教学时，面对多样的活动材料，如果不进行有效的组织、讲清楚操作要领，那么整节课可能就会呈现一种乱的态势，所以教师需要向学生明确要求。

第三，将课堂还给学生，充分发挥学生能动性，尽可能地让学生自己动手实践、合作交流、探索发现。这类课型在具体实施时，应该尽量让学生参与操作，经历完整的探索过程，教师切不可包办代替，活动内容比较复杂时，教师要合理组织，确保学生的操作体验。像《周长是多少》中的“拼一拼”活动，可以设计小组合作探究，但由于涉及的内容较多，要摆、要算，还要填表和发现规律，所以需要小组成员的密切配合。活动时，应要求分工合理、共同参与，以保证每个学生在小组内参与探究的机会均等，体验自我价值，经历整个探究过程，这样才能有效地完成活动目标。

图 8－1　苏教版《数学》三年级下册《周长是多少》

第四，教师要及时地进行方法上的指导。这类课重在学生自己的操作、体验，但也离不开教师的指导，有时教师在方法上的指导还显得尤为重要。《周长是多少》的教学中(见图 8－2)，“量一量”的活动难度比较大，教师宜采取“适时介入”的方法，帮助学生形成解题思路。例如可以先出示如下题目：

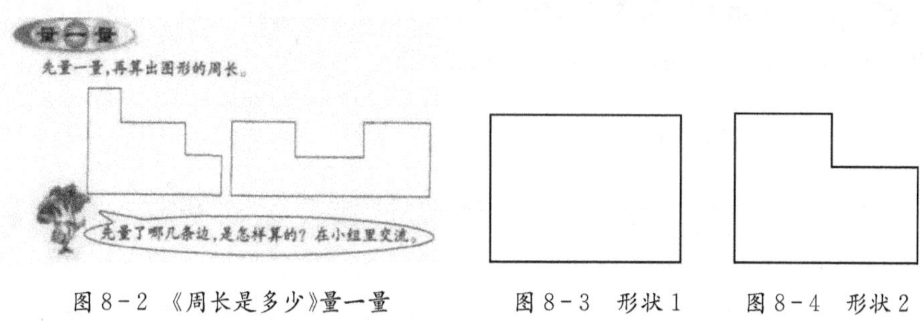

图 8－2 《周长是多少》量一量　　图 8－3　形状 1　　图 8－4　形状 2

请学生量一量，计算周长。当大部分学生认为形状 1 的周长计算比较方便后(见图 8－3)，及时引导学生思考计算形状 2 的周长有没有简单的方法(见图 8－4)，并在小组中讨论。有了教师的提醒，在小组讨论中，学生开启心扉，产生更多的问题和想法，在全班交流中，群体智慧产生了共振，学生再利用自己探究出来的方法，解决教材上的问题，学得就更加有效了。

（二）场景观察型

这类课型的教学一般是向学生展示一幅（组）生活场景图，让学生观察后再开展相关的实践活动。教学中，应找到一条观察活动的主线，逐步发现与生活有联系的一些数学现象、数学问题，从而加深对教学内容的理解和体验。场景观察型综合与实践活动在教学中要注意以下要点：

第一，要把握活动主题。一般情况下，场景观察型的教学内容都有着明确的主题，需要教师引导学生合理把握，营造积极的学习氛围。

第二，要有序观察。教材情景图的有序观察是十分重要的，要引导学生看懂图的意思。实际教学时，可将场景图做“从分到合”的处理，指导学生从“部分到整体”地进行观察，看懂场景里的内容，了解其结构。

第三，要读出数学信息、了解数学问题。教学时要引导学生“会说”“会问”和“会质疑”。会说，就是让学生把看到的、想到的信息说出来，这是一个收集信息和整理信息的过程。会问，就是让学生会提出数学问题。对于学生提出的问题，要引导他们进行合理的数学思考，培养他们善于思考的习惯和解决问题的能力。会质疑，就是让学生对于教材、对于教师的讲解、对于同学的回答提出不同见解或看法。质疑的内容，是课堂的良好生成点，教师可以巧加点拨，化疑难为亮点，挖掘课堂深度。

（三）游戏活动型

这类课一般是以游戏为载体开展教学活动的，教学中游戏项目比较集中，相关活动放在一起。这类课型主要是组织学生主动参与、尝试，在游戏活动中感受、感知、体验，在教师的指导、归纳和自主探索中掌握解决数学问题的方法，并运用知识解决实际问题。游戏活动型综合与实践活动的教学中要注意以下要点：

第一，创设好游戏活动的情境。游戏活动内容贴近学生的生活，深受学生喜爱，教学时，要为学生创设游戏活动的情境，让学生从中感受到热烈的气氛，在游戏中发现问题、分析问题、解决问题，提高数学学习的兴趣。

第二，让学生明白并遵守游戏规则。教学时，必须让学生明确游戏规则，并按这个规则去开展游戏活动。这样学生才能在游戏中玩好，教师也才能将游戏活动组织好，不然课堂教学时间很难把握，无法有效教学，会有负面效应产生。

第三，既要处理好学与玩的关系，又要与数学紧密结合，要有数学价值。但如果只是把着眼点放在课堂的气氛上，就没有办法体现数学的味道，要让学生能够充满数学智慧地玩，既要玩得开心，又要在玩中感受数学，学会用数学知识解决玩中的问题，学会用数学的眼光观察、用心感受游戏中的数学味道。

（四）调查访问型

调查访问，即“小调查”，指的是学生在教师指导下，从学习生活和社会生活中选择和确定调查专题，主动获得信息、分析信息并做出决策的学习活动。调查访问型综合与实践活动在教学中要注意以下要点：

第一，开展调查访问活动时，教师要协助学生明确调查的内容和方法，引导学生主动从数学思考的角度去解决一些现实问题，感受数学的价值与作用。针对要调查的项目，组织学生交流、讨论，选择适合的调查方式。在活动中，教师提出注意要求，做好引导工作，必要时帮助完善。

第二，用数学方法对收集的数据进行整理，保证收集的数据要准确、可靠。这类活动，教师要对学生的数据收集给予指导和帮助，指导学生收集可靠的、有用的信息，并教会学生获取信息的方法与途径。教学中要对信息进行收集并整理，对学生收集的信息要全面进行了解，将有效信息与无效信息分开，并从学生收集的信息中提炼出数学问题，为课堂教学做好充分的准备。

第三，对调查的结果进行数学分析和思考。这一点是此类活动教学的核心，要让学生经历发现问题、解决问题的过程。要让学生自己出示调查所得的信息，并从中发现数学问题，通过课堂上的讨论与研究科学合理地解决这些问题，培养学生综合运用数学知识分析解决问题的能力，并学会运用策略解决问题。调查访问型活动，往往还可以适当地在课后延伸，以进一步拓展学生能力。如《我们去春游》教学活动结束后，可以让学生分别结合课堂上学到的知识，做出自己的春游方案，并根据学生的设计，选出一份合理的方案，推荐给学校，也可以要求学生利用自己学到的知识，回家后设计一份既合理又省钱的家庭旅游方案。

(五) 课题研究型

课题研究,即“做小课题”,是围绕“小课题”开展的数学实践活动。和之前的调查访问型相仿,但是操作过程更加复杂,内容覆盖面更广。课题研究型综合与实践活动在教学中要注意以下要点:

第一,教师要充分利用各种资源、结合班级的实际情况,开发“小课题”项目,帮助学生了解方案制作的要素。实际教学时,课本提供的信息量很大,学生要利用生活经验正确理解信息的实际含义,而且需要根据所要解决的问题合理灵活地选择、组合信息。对于问题的解决,不必拘泥于课本,可以以各小组的预算为主线,以学生介绍各种不同的预算方案为主要方式,充分发挥学生的主体性。教师对做预算的方法和注意点做了有效的提炼,让学生在实践中形成方法,并用此方法指导以后的实践。

第二,教师要加强对做“小课题”的指导,帮助学生做好选题和制订方案,参与研究过程。确定专题时,个人会有不同的兴趣点,学生想研究的专题很多,可以让学生自己选择做方案的方式。制订计划时,学生明确需要考虑的项目有很多,这里可以合理选择、各抒己见、开放思维,有的学生可能以省钱或是舒适为前提,抑或是考虑时间的限制等,但需强调紧扣主题。写出方案的过程,可以根据课堂时间灵活变动,如果时间充足,可以让学生在课堂上做方案;如果课堂时间不够了,也可以让学生利用课后时间来做方案。

第三,要安排课题汇报会,让学生交流活动体会和成果。如果实施行动放在课后,那么教师就可以再用别的时间让学生充分地交流汇报自己所做的方案,让大家自由发表评价,最后进行总结。对于方案的选择,教师要始终保持“中立”态度,让学生充分发表自己的观点,形成思维的碰撞。每种课型都有自己的特点和要求,当然,根据实际情况的不同,这样的分类方式还会有细微调整。每一种课型都是相对独立的,但是它们之间在形式和特点上也有着内在的联系,经常呈现交织状态,因此,在对课型分析、处理的过程中要具体分析,灵活运用。

三、依据数学核心素养分析教学策略

(一) 充分发展学生的符号意识

想要让学生运用符号表示数、数量关系和变化规律，就必须让学生认同符号，欣赏符号，认识到用符号表示数的优越性。在小学阶段，用字母表示数这一教学内容能够让学生深切感受到用字母表示数具有很大的优越性，不但比较简洁，而且具有较强的概括性，无论在数学学习的过程中，还是在生活中，运用字母表示数，都会给我们带来极大的便利。这样学生对符号有了一定的好感，就会自觉自愿地运用符号来表示数量关系和变化规律，从而促进学生符号意识的发展。

(二) 协调发展学生的推理能力

儿童天生具有好奇心。在鼓励学生大胆猜想，得出结论的基础上，我们还要引导学生对结论做出解释，这对学生推理能力的发展起着至关重要的作用。为培养学生的推理能力，首先教师应在教学过程中应鼓励学生多表达自己的观点，多问学生：“你是怎么想的?”“你能说说你这样做的理由吗?”……指导学生有条理有根据地表达自己的观点和想法，加强学生思维的训练。更重要的是，教师应让学生建立完整的解决问题的过程，体验“提出猜想—得出结论—解释结论”的全过程，以便让学生积累从头到尾思考问题的经验，促进学生合情推理和演绎推理能力的发展。

其次，教师应鼓励学生经常进行迁移、类比等思维活动，这有利于学生建立起新旧知识间的联系，利用旧知识解决新问题。例如在教学“三角形的面积”“梯形的面积”时，教师可以让学生类比“平行四边形的面积”的探究过程，让他们自己借助数方格、先减后拼的方法来得出三角形、梯形的面积计算公式。

最后，教师应引导学生全面分析辩证事物间的关系。小学生在辩证事物间的关系时，并不能关注到所有的点。所以教师要带领着学生一起观察几个事物的共同点和不同点，这样学生慢慢地就掌握了方法，能够自己观察、辩证事物间的关系。

(三) 深入发展学生的模型思想

在教学过程中,教师首先要注重设置真情境。真情境具有两个特点:一是贴近学生的日常生活;二是贴近学生的心理发展水平,情境需符合学生的年龄,必须是学生感兴趣的情景。在各个版本的教材中,"综合与实践"模块创设了丰富的情境,学生基于情境可以提出许多不同的问题,这样能够减少传统教学中探究问题的单一性,有利于为学生提供开放的探究环境。

在以往的教学中,教师过分关注让学生运用前人提供的数学模型来解决问题,忽视教学生厘清这些数学模型的生成过程。这使得学生既不理解这些数学模型,也不会灵活运用数学模型。其实,教育的真正意义并不在于掌握前人的知识,而是经历先人探索知识的过程,培养学生的创新意识。因此,在教学过程中,教师应给予学生充分的时间和空间,让学生了解数学模型的产生过程,从而促进学生深入理解模型,并且灵活应用模型。

(四) 灵活发展学生的几何直观

在教学过程中,教师要逐步引导学生利用画图的方法来表示数、计算结果和解决问题。为了解决学生数形结合的几何直观发展模式化的问题,教师不应单一地运用线段图来解决问题,可以在教学中尝试运用多种图形来表示问题,具体包括点子图、竖线、正方形、立方体、圆等。例如在教学两位数乘两位数时,教师可以借助点子图、表格、立方体图来帮助学生理解算理。长此以往,学生自己能够灵活运用多种图形来进行表征,对几何直观也会有更深入的理解。

借助几何直观,能够使抽象的数变得直观化、显性化。例如,在学习小数的意义这一内容时,教师可以借助图形(见图 8－5)来帮助学生理解小数的意义。具体说来,教师可以借助立方体图,让学生清楚地看到,1 是在以 0.1 为计数单位的基础上,不断累加得到的;0.1 是在以 0.01 为计数单位的基础上,不断累加得到的……这样使得小数的意义变得直观,为学生学习小数的意义提供了"脚手架",帮助学生突破了学习的重点和难点,有利于促进学生几何直观能力的发展。

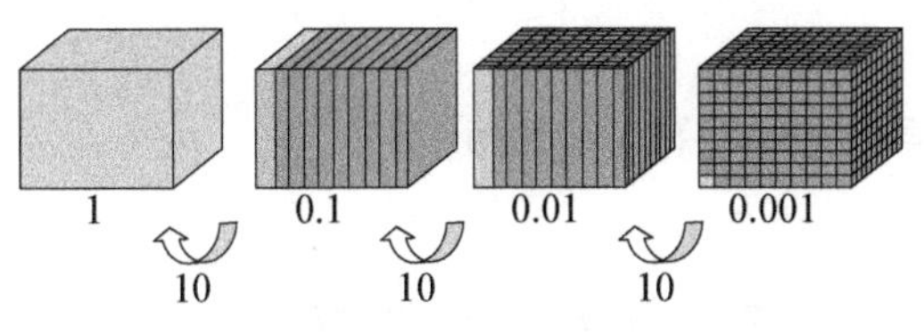

图 8-5 理解小数的意义

(五) 努力发展学生的应用意识

数学作为人类认识世界、改造世界的一种工具，被广泛地应用于生产生活中。作为教师，在教学过程中，应充分挖掘教学资源，加强数学知识与学生日常生活的联系，促进学生应用意识的发展。具体来说，教师可以创设问题情境，让学生利用数学知识来解决实际问题。

数学经历了漫长的发展过程，数学的每一次发展都给人类生产生活带来了极大的改变。在小学数学综合与实践的教学过程中，教师应充分挖掘数学史的知识，让学生体会到数学并不是一门枯燥乏味的学科，而是一门生生不息，不断发展，具有广泛应用价值的学科。教师可以抓住生成性的教学资源，在学生掌握了数学知识之后，让学生接受知识的发展历程，这有利于让学生感受到前人探索知识和智慧的艰苦历程、提高学习数学的兴趣以及发展学生探索知识的能力。

(六) 积极发展学生的创新意识

想要促进学生创新意识的发展，首先，教师需要营造良好的课堂教学氛围，给予每个学生更多的自主权，相信每个学生都是有能力进行创造的，认真倾听学生的想法和观点，鼓励学生大胆猜想，勇于质疑，不轻易否定学生的猜想，为学生提供充分的时间和空间，尽量减少对学生行为的无谓限制。其次，教师应调动学生的多种感官，因为人的记忆思维等都离不开感官通道。在课堂教学中，教师应引导学生积极地用手操作、用脑思考、用眼观察、用嘴阐述，这有利于学生打开思维的大门，释放创造的潜能。最后，教师需要设置开放的问题情境。因为开放的问题情境能够发散学生思维，促使学生联想出许多新观念。开放的程度越高，越有助于学生活跃思维。

四、结合具体案例分析教学策略

"综合与实践"的目的是让学生经历实践与研究的历程，在此过程中学会用数学知识或数学思想解决生活中的实际问题，加深学生的数学综合应用意识，提高他们将理论用于实践的能力。如何有效地开展这一领域内容的教学，充分体现该内容领域的问题性、实践性、综合性？现结合部分案例谈谈教学策略。

（一）主题情境源于学情

开放的情境让课堂与思维的源泉、语言的源泉相通，进而丰富了课堂教学。综合与实践中最重要的情境创设都是以学生学情为基础的，结合不同学段的学生学情特点，设计丰富的情境。下面以各学段的不同活动来说明体现。

第一学段：数学飞行棋

玩一玩：家中准备飞行棋和扑克牌，和你的爸爸妈妈来一局。

赶紧开始玩吧！

说一说：怎么样才能让小飞机飞得更远呢？

我发现飞行棋棋盘上不同颜色有顺序地排列，比如黄色的每隔4个又会出现1个黄色。

想一想：仔细观察飞行棋的棋盘特点，你能不能和爸爸妈妈或者小伙伴一起想一个新的游戏规则来玩一玩呢？

第二学段：烙饼里的数学

做饼一般有下面这些步骤，请你动手做一做，记录下各需要多少分钟、共需要多少时间。

步骤	洗面盘	加面粉	加温水	搅拌	揉面	醒面	洗案板	洗擀面杖	擀成面饼	合计
所用时间（分钟）										

下一次做饼，你有什么优化方案？（思考：哪些步骤可以同时进行？）

第三学段：一瓶水可以做什么？

“综合与实践”任务规划		
活动内容		具体安排
任务一（必做）	一瓶水可以做什么？	调查并利用思维导图的形式记录一瓶 550 ml 的水可以做什么。
任务二（必做）	探索水资源浪费问题	采访身边的人，有没有没喝完一瓶水就丢弃的时候？
任务三（选做）	形成数据分析报表	生活中还有没有其他浪费水的时候？做好统计数据。（可以用问卷星的方式完成数据的收集）
任务四（选做）	设计、制作双语节水标语	小组研究分享，针对节约水资源问题设计双语节水标语。
任务五（选做）	设计环保海报	发掘问题，设计“珍惜水资源”海报。
任务五（选做）	设计节约用水宣传视频。	提出措施，制作节约用水宣传视频。

(二) 学习行动源于问题

创设数学学习情境是将抽象、生硬的数学知识向学生的现实生活贴近，致力于激发学生提出问题、解决问题等探究的内需。综合与实践是以问题为载体的数学学习活动，有效的情境可以吸引学生的注意，激发学生的兴趣，发现并提出数学问题。

学生的学习需要问题的驱动，带着疑惑去探索，实践才是真实有效的，和情境关联的问题能够激活学生，让学生在实践中思考。

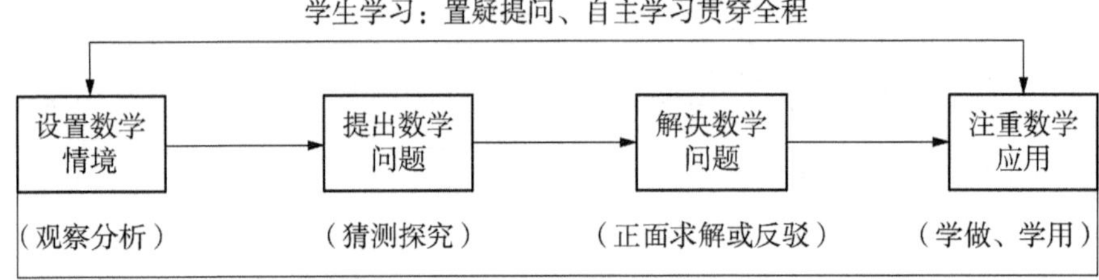

图 8-6　学习驱动模型

如“数学飞行棋”让学生思考“玩飞行棋没有骰子怎么办?”给了扑克牌的提示，跟进问题“怎么样让小飞机飞得更远?”让学生能够自由创造规则。

如“烙饼里的数学”在学生经历烙饼尝试后问“下一次烙饼，你有什么优化方案”，学生自然会去思考步骤中可以合并的地方。

如“一瓶水可以做什么”，在面向第三学段学生布置时，就能够以问题串导入“一瓶水可以做什么”“你发现过没喝完的矿泉水吗”“没喝完的矿泉水被直接扔掉了，有什么办法能避免浪费呢”，促使学生自然达成学习目标。

(三) 实践体验源于合作

活动理论研究成果认为活动中的人、物、时间等都是资源，为了在有效时间内解决问题，小组应合理分配资源、合理安排时间。资源分配好之后，进入尝试解决阶段。实践体验单靠自己是不够的，可以和父母合作，最重要的是和同学合作，每个人都有自己的特点，不同的人能够在实践中形成优势互补，让实践活动的体验感更强烈，互相头脑碰撞，分工合作，得到最佳实践成果(见图 8－7)。

图 8－7 综合实践小组活动图

(四) 优化反思源于评价

学习评价的主要目的是全面了解学生学习的过程和结果，激励学生学习和改进教师教学。因此，学校需要建立目标多元、方法多样的评价体系。该评价体系既要关注学生学习的结果，又要重视学生学习的过程；既要关注学生学习的水平，又要重视学生在教学活动中所表现出来的情感与态度，帮助学生认识自我、建立信心。其中，活动单模式下的小组合作学习评价是符合学生发展，切实贴合学生学习实际，适用于不同层次学生的评价方式。

在“综合与实践”中的实践反思离不开学生自身、同学和教师的评价，评价贯穿始终，过程和结果的评价都能让学生对自己的整个实践有进一步的思考。表 8－1 与表 8－2 以上述“烙饼里的数学”中的评价为例展示。

表 8－1 “你会做饼吗?”评价单

表现任务	评分标准			等级水平☆☆☆		
	基本符合☆	符合☆☆	完全符合☆☆☆	自评	互评	师评
信息处理	1. 能简单收集、分析喜欢的食材和口味。 2. 能快速收集、分析调查的信息，并对信息进行分类和统计，形成数据，并主动判断数据的有效性和合理性。 3. 根据前期调查，能简单估算制作成本和时间。					

续表

表现任务	评分标准			等级水平☆☆☆		
	基本符合☆	符合☆☆	完全符合☆☆☆	自评	互评	师评
知识应用	1. 根据合理膳食原则，能搭配营养均衡的馅料，说明合理的理由。 2. 在保证营养均衡的基础上，考虑做饼方式。					
合作探究	在合作活动中分工明确，配合紧密，能够高效完成馅饼馅料的搭配，设计并能形成个性化且详细的方案。					
问题解决	使用多种方法解决问题，搭配的馅饼馅料受到客人的欢迎。					

表 8-2 “你会做饼吗?”评价单

表现任务	评分标准			等级水平☆☆☆		
	基本符合☆	符合☆☆	完全符合☆☆☆	自评	互评	师评
知识要求	1. 知道解决问题的方案可以多样，但可以通过优化获得最优的方案。 2. 理解一些最优方案获得的过程与思路，了解一些基本的策略。 3. 了解数学中的简单对策问题。					
技能要求	1. 会设计简单的方案。 2. 会通过计算、比较、枚举等方法获得活动的最优方案。					
数学思考	1. 理解、体会最优方案的核心和关键，把握实质。 2. 体会运筹思想和对策论方法在解决实际问题中的应用。 3. 体会解决问题策略的多样性，并形成寻找解决问题最优方案的意识。					
问题解决	能运用运筹思想和对策论方法设计活动的最优方案。					

在我们的综合与实践中，对学生“综合与实践”不以纸笔测试为手段，不追求量化指标，要强调过程性评价，要以“质”的评估为主。评价时要特别关注：能否主动运用数学知识描述并解决实际问题；是否善于运用多种方法；对结果有无反思的习惯；是否积极参与讨论与表达。加强学生实践活动的过程检测，关注学生在活动中的主动性、积极性、参与程度、活动经验积累等，运用教师评价、自我评价、小组评价等形式评估学生在活动中的表现。

思考题

1. 怎样设计有效的综合与实践活动？请以实际课程为例，写出教学设计。

2. 怎样评价有效的综合与实践活动？请以实际课程为例，设计可行评价方案。

3. 怎样改进当前综合与实践活动？请以实际课程为例，提供改进措施。

第九章
小学数学教学评价

知识要点与思政目标

知识要点	思政要点	案　　例
小学数学教育评价概述	文化自信、文化自觉	通过理解数学教育评价内涵、明晰评价的历史发展，使学生意识到我国悠久的评价制度，树立文化自信
小学数学课堂教学评价	关注现实、社会责任感与使命感	通过课堂评价案例，关注教学现实，从而更好改进教学，激发使命感
小学数学学习评价	社会责任感、责任担当	通过学习评价的现状与趋势，知道身为教学者在评价体系中所起的重要作用，养成必备的社会责任感

知识目标

知识目标1：通过教学，知道小学数学教育评价体系，并理解数学教学评价的基本概念及作用。形成一定的评价能力：知道多种评价方式，能从不同的维度进行评价，最后将评价结果合理地呈现。

知识目标2：通过评价得到的信息，能关注到自身教学过程中的不足，并分析出现这些问题的可能原因，促进自身的专业发展。

问题导引

教学是有目的性和计划性的活动，而活动的落脚点是教学评价，因为它能为教师提供实际教学情况的反馈信息，发挥课堂诊断与育人导向的作用。教学评价是一门艺术，如果你想成为一名优秀的教师，首先你要学会评价学生，同时也应该会评价自己和同事的课堂以发现不足或取长补短。

“这节课很好”“这节课还不错”。这样的评价单调片面，无法体现评价的价值。那么，究竟什么样的课才是好课呢？应该如何去评价一堂课呢？评价的标准是怎么样的？身为教学者，又如何运用多元评价激发学生学习的主动性，发展其数学核心素养？

第一节 小学数学教育评价概述

一、数学教育评价基本内涵

评价作为教活动学中的专业术语，是“评定价值”的简称。一般认为“教育评价＝教育测量结果＋质的描述＋价值判断”，其中“教育测量”指的是通过量化、精确化的打分形式，获得学生在某个阶段的数据信息，比如通过测量学生某个阶段某门学科知识技能的分数作为评价的基础。“质的描述”指的是通过定性的方法所获得的事实，比如日常和学生的交流、对学生的观察等。这两者都是价值判断的依据。人们往往把“评价”与“考试”混在一起，其实两者不尽相同，考试是通过确定数量值的方法定量地描述成就表现，而评价是在获得全面、系统的信息上，对某一事物或对象定性、定量相结合地进行描述，从而实现相应的价值判断。

小学数学教育评价的内涵则更加具体。数学教育评价是指全面收集小学数学课程在设计和实施过程中的信息，根据这些信息做出价值判断、改进教学决策的过程。换言之，就是通过收集评价对象的表现信息来剖析整个数学教育工作的发展状况，以便于发现问题、改进策略、做出价值判断，并更好地帮助学生进行全面发展。数学教育评价根据评价内容的区分包括课堂教学评价、学生学习评价（数学学习评价）和教师教学工作评价。本节主要论述课堂教学评价和数学学习评价。

二、小学数学教育评价基本功能

（一）管理功能

数学教育评价的依据是数学课程标准。评价的出发点和归宿都是为了实现课程标准中所提出的数学核心素养，无论采取什么样的评价都不能脱离这个核心。同时，为了实现课程标准中的各种要求，我们不能采用随机性的自然管理，这时候就要依靠教育评价严格的科学管理功能，对评价对象有一定的约束。具体表现为：对每个学生数学学习上的行为要求与情感培养；对每个阶段学生数学知识与技能、数学思想与方法、数学活动与经验应该达到何种程度的细化；对数学教师的备课、上课、批改作业、课外辅导和个别化教育的常规要求等。

（二）导向功能

数学教育评价具有导向功能，即教育评价引导了教学者在教学过程中会偏向什么教学内容，因而就有了相对的教学结果。具体表现为：是全面培养学生的数学核心素养以期他们可以在数学学科有着更多发展的广度和深度，还是追求数学基本知识和基本技能的熟练从而在数学测试中取得相应的成绩；是面向全体学生，使不同的人在数学上得到不同的发展，还是只面向部分优异学生，实施精英教育。

要想实现数学教育评价的导向功能，首先我们要理解教学成果的深度含义，它不能被简单地定义成数学成绩。我们更应该关注的是学习数学的过程中每个公民能建立起来必需的数学思维。其次，教学活动应该是学生学和教师教的统一，学生是学习的主体，是思维活动的独立者，要把学生从各种影响因素中解脱出来，创造真实情境，使他们主动获取知识。在这个过程中，各种核心素养自然而然能够养成，良好的个性品质也会慢慢形成，数学教育评价正确的导向功能也因此体现。

（三）调控功能

数学教育评价具有对评价对象的教育教学或学习活动进行调节与控制的功能。在数学教育评价的过程中，通过全面收集教育信息和即时的反馈，调节教学内容与环节，控制教学进度，促使教学目标的达成，使之获得理想的教学效果，这就是教育评价的调控功能。

对于教师成长而言，数学教育评价的调控功能是至关重要的。调控不仅要调节教学目标、教学素材、教学方法、教学语言、教学反馈、教学难度等，有时更加磨炼的是教学者的心态，一堂精品课需要多次操作，反复纠正，直至完全契合教学目标。数学教师的个人素质和教学能力也会得到不断提高和强化。

（四）激发功能

学好数学的必要条件是喜欢数学，评价是激发学生学习兴趣、调动学生内驱力的重要手段。评价的功能不仅是甄别和选拔，也要推动学生潜能的开发。

学生的发展，内因起关键作用，外在的行为、学习的状态都是基于自主驱动。数学教育评价的激发功能，可以强化学生的学习动机，激发他们高昂的学习热情、积极的学习态度，让其主动探索新知识以满足心中的求知欲，获取最好的学习效果，逐步养成良好的学习品质。可惜的是，激发功能往往在实践中不受重视。

因此，要充分认识数学教育评价的激发功能所具备的独特优势，在情感、态度、价值观、数学思维等领域里发挥它的作用，实现它应有的价值。

第二节　小学数学课堂教学评价

一、小学数学课堂教学评价基本内涵

课堂教学评价是教育评价的重要组成部分，不同于教师评价和学生评

价,课堂教学评价不仅关注教师的“教”,也关注学生的“学”。具体表现为:教师评价只包括对教师基本素质、教学能力、工作绩效等内容的评价,学生评价是对学生的身心全面发展进行评价,但是课堂教学评价的对象是多方面的。一方面要看教师在课堂教学活动中的行为表现,另一方面也要关注到学生的活动以及教师与学生的交互作用,从而达到“以学论教”和“以教论教”相结合。

二、当前课堂教学评价出现的问题

(一) 课堂教学评价标准缺乏规范性

现行的课堂评价标准只是提供了一个大概的参考框架。当一堂课结束,评价者对课堂教学的主观感受各不相同,又因为对评价标准的理解不同,评价结果就往往比较模糊。例如,非常多的课堂教学评价都把“学生的学习参与度”作为评价标准之一,但是“学生的学习参与度”本身却是一个极为笼统的概念。一堂课学生参与到何种程度才算达到标准?学生参与度高的课是否就一定是好课?评价标准缺乏规范性,给教学评价工作带来了困难,评价者会用“上得不错”“缺少亮点”“感觉很差”等定性词进行课堂教学评价,不能给教师提供具体的努力方向。

(二) 课堂教学评价的方法存在不足

信息技术的更新迭代以及教学理念的不断发展使得大数据渐渐融入课堂教学评价中。如今,课堂教学评价也从定性评价转向定量评价,将课堂观察的内容量化,以数据的形式展开虽然可以很清晰、很具体地对课堂教学进行评价,但是随之而来的问题也不容小觑:课堂教学是一个非常复杂的过程,教师和学生的很多行为特征、心理活动是很难通过量化的数据表现出来的。因此,定性评价尽管在课堂教学评价的有些方面是更加合理且占优势的,但评价的方法也应该多元化,将定量、定性和等级评定结合起来。

三、小学数学课堂教学评价维度

小学数学课堂教学评价，其关键是关注学生的学习状态和成效，关注教师能否根据课堂的即时反馈，诊断和改进教学，促进教学方式的改变，提高教学效率。课堂教学评价要坚持定性评价与定量评价相结合，不仅要关注教师的“教”，更要关注学生的“学”，具体应从以下几个维度进行评价。

(一) 学生学习的参与度

学生的课堂参与度是教学效果的决定性因素。关注学生学习注意力的集中度，是否全身心地投入课堂中；关注课堂上的师生互动和生生互动，学生是否能在课堂上积极主动发表自身意见；关注学生学习方式的多样性，既有独立思考，又有小组合作，既有实践操作，又有思维辨析等。

(二) 知识与技能的达成度

评价全体学生对基本知识、基本技能掌握的程度，比如对知识认识的深度、技能掌握的熟练度等；要评价学生知识与技能的获取途径，是主动思考、还是被动接受教师的传授。要关注不同层次学生发展的差异，评价教师是否能根据差异因材施教，不仅重视中间层次的学生，也要兼顾两头，给学习能力弱的学生个别化的指导，给能力强的学生提供更多的发展空间。

(三) 数学核心素养的发展度

义务教育数学课程应该使学生通过数学的学习，形成面向未来时个人发展所需要的核心素养；当学生脱离教师，离开课堂时，教师所能传授的知识是有限的，但是素养的形成会让他们受益终身。

因此，课堂评价中知识与技能的评价是一方面，另一方面还要评价学生在课堂教学过程中获得的学习方法、养成的学习能力、形成的数学思维。主要评价学生在面对情境时，能否发现并提出有意义的数学问题、能否借助积累的数学基本活动经验和自身数学思维，采用独立思考、小组合作等方式，探索新知。最后用数学的语言表达出来。

四、小学数学课堂教学评价个案分析

课堂教学评价一般以课堂观察量表和评价量表为载体进行记录，下面以“两位数乘两位数”的教学评价为例，谈谈具体课堂教学评价的实施。

（一）课堂观察量表

1. 学生学习的参与度

（1）整体记录。整体记录的是学生一节课的学习状态和学习形式。以一分钟为刻度，将40分钟划分为“教师讲授”“师生互动”“自主探究”“小组合作”“独立练习”五种学习状态。评价时，在每种学习状态对应的时间条中涂上对应的颜色。一般来说，每种学习状态均不少于4分钟，在此基础上“自主探究”“小组合作”两项所占时间多，说明学生的参与度较高。反之，如果“教师讲授”所占时间过高，则说明参与度低。记录表如图9-1所示。

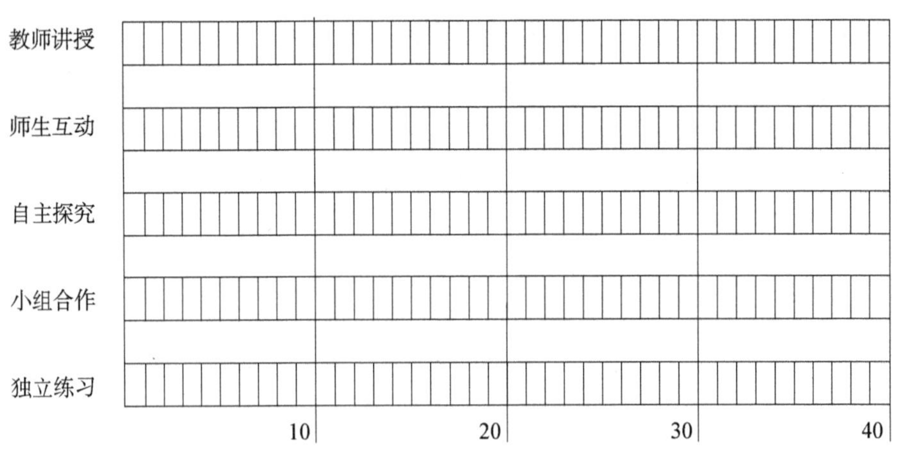

图9-1　学生参与度记录表

（2）重点记录。重点记录的是学生参与核心任务的探索情况，包括学生在探索过程中的课堂生成以及借助生成材料展开的师生交流。“两位数乘两位数”是一节数学新授课，要用核心任务推动新知的探索，核心任务的特点是具有适当的挑战难度，因此学生有思维发展的空间。当他们借助各自的生活知识经验进行探索时，会有着个性化的思考路径，形成不同层次的方法。收集这些材料，展开思维辨析，可以评价学生思维的积极性。同时，根据学生的实际情况组织好材料反馈也尤为重要。要选取具有代表性的材料，根据材料的难易程度，合理安排好反馈的顺序，沟通材料的联系以突出重点，并形成流畅的交流环境。这是关系学生课堂学习效率的关键环节，也是教学评价的重点。核心任务探究记录表如表 9 - 1 所示。

表 9 - 1　核心任务探究记录表

核心任务	14 × 12 怎么计算？写一写你的算法，并试着在点子图中将你的算法表示出来。
学生探究情况	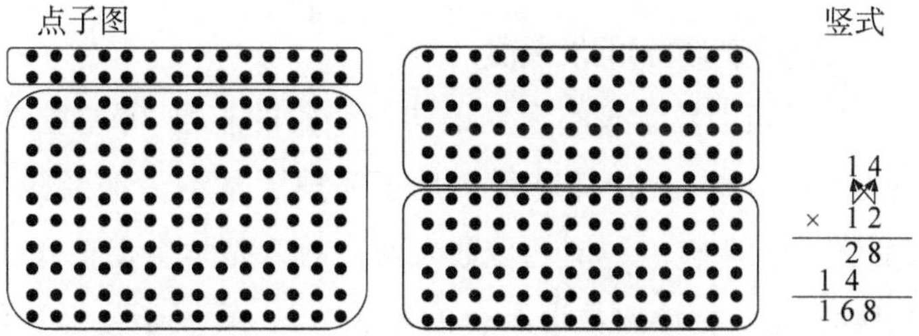 点子图　竖式 $\begin{array}{r} 14 \\ \times\ 12 \\ \hline 28 \\ 14\ \ \\ \hline 168 \end{array}$ 类型 1： 14×10=140 14×2=28 类型 2： 14×6=84 84×2=168 140 + 28 = 168
师生互动、反馈交流情况	教师选取典型的生成材料，先反馈点子图的做法。 讨论在各种点子图的分法中，更喜欢哪一种分法并说明理由。 试一试用竖式怎样计算，并反馈竖式的做法。 比较竖式的做法和点子图的做法，并思考有何联系。

2. 知识与技能的达成度

基础知识和基本技能达成度的评价具体可以从理解概念、掌握法则、熟练技能、学会解题四个方面进行观察记录。课型的不同，教学重点不同，记录的侧重点也会有差异。比如“两位数乘两位数”是一节计算技能课，这节课记录的重点是学生对竖式计算算理的理解和计算方法的掌握。因此，在设计记录表时，“掌握法则”维度需要重点考量，将学生是否理解算理掌握算法的评价标准细化。记录表如表 9-2 所示。

表 9-2　知识与技能达成记录表

<table>
<tr><th colspan="2">评 价 项 目</th><th>学生表现</th></tr>
<tr><td rowspan="4">掌握法则</td><td>学生是否能理解两位数乘两位数的意义。</td><td></td></tr>
<tr><td>学生是否能根据运算需要，尝试运用点子图表征计算过程和算出计算结果。</td><td></td></tr>
<tr><td>学生是否能够借助点子图的直观模型，思考并说清楚竖式计算时先算什么、再算什么，以及竖式每一步含义。</td><td></td></tr>
<tr><td>学生是否能够通过变式，提炼出笔算乘法的基本算法，并熟练运用。</td><td></td></tr>
</table>

3. 数学核心素养的发展度

小学阶段的数学核心素养偏向对经验的感悟，课堂教学评价时要对教学行为进行分析，考查其过程中是否体现了基本活动经验、渗透了思想方法、发展了数学能力。如“两位数乘两位数”，是学生真正开始学习多位数乘法的核心，重点要渗透数形结合的思想方法，发展学生运算能力，因此可以设计记录表(见表 9-3)进行具体记录。

表 9-3　核心任务探究记录表

评价项目	学生表现
数形结合思想	
运算能力	

(二) 评价量表

课堂评价是定量与定性的结合，在课堂观察的基础上，我们还要完成评价量表(见表 9-4)。评价量表采用数据分析进行定量评价，采用等级划分进行定性评价，能够比较合理、真实、客观地反映学生学习的状态，从而更好地评价教师的教育教学能力。

表9-4 小学数学课堂教学评价量表

序号	一级指标	二级指标	等级/分值				得分
			优	良	中	差	
1	学生学习的参与度	关注全体学生学习的积极性和主动性，是否能始终保持良好的学习状态，是否专注、投入。	10	8	7	6	
		关注学生是否能在轻松、安全的学习氛围中质疑问难，积极主动发表意见。	10	8	7	6	
		关注学生学习方式的丰富性，既有独立思考，又有合作交流，既有动手实践，又有理性思辨等。	10	8	7	6	
2	知识与技能的达成度	学生是否能在主动探究中获得知识，掌握技能。	20	16	14	12	
		全体学生对知识、技能目标的达成度。	20	16	14	12	
		全体学生是否能有差异性发展。	10	8	7	6	
3	数学核心素养的发展度	学生是否能在教学过程中获得学习方法，提升学习能力，锻炼数学思维。	10	8	7	6	
		学生是否既能独立思考解决问题，又懂得与人合作解决问题。	10	8	7	6	
总分			100				
等级(90分以上为优秀、80分至90分为良好、70分至80分为中等、60分至70分为较差)							
改进教学建议							

五、常见的课堂评价教学评价用语

学生质疑时的评价
(一) 表扬 1. 你的这个问题差点把全班同学都难倒，希望今后能多听到这样高水平的问题。

续表

学生质疑时的评价
2. 你能提出这样的问题,说明你已经比别人更早地学习过这个知识了,这很好。 3. 你提的问题很有研究价值,说说你是怎么想到的。 4. 你这个问题,老师都没想到,真是好样的。 5. 你的问题正是老师想问的,我们想到一块了。 6. 这个问题值得大家来思考。 7. 你能大胆提出自己不懂的方面,具有科学家的探索精神,老师喜欢你! (二) 鼓励 1. 发现问题比解决问题更难,会提问题的同学就是爱动脑子的同学。 2. 你能提出这样的问题,说明你已经进步了。 3. 再想想,怎样问得恰当? 4. 再试试看,你一定能提出比刚才更好的问题。 5. 你很会动脑筋,可是你提的问题还应再琢磨一下。 6. 你的猜想真了不起,假如能把猜想和探索、实践紧密结合,那就更棒了。 7. 现在你会提问,老师相信你以后会变得乐于提问、善于提问。
学生发言时的评价
(一) 表扬 1. (鼓掌)你的发言得到了同学们的认可!(竖起大拇指) 2. 你真像个小老师,说得头头是道。 3. 你的思路新颖流畅,启发了老师和同学们。 4. 你说得非常好,让老师都佩服。 5. 你今天出色的表现让老师非常惊喜,相信明天的你会更出色。 6. 能从多个角度来阐明你的观点,真棒 (二) 鼓励 1. 大胆些,当你举起小手时,你已经挺了不起,如果能大声地说出你的想法,那就更了不起了。 2. 如果你能把这个想法说得连贯些,那就更好了。 3. 没关系,让老师帮助你,你们再来试试看。 4. 马上就要成功了,你再仔细想一想! 5. 你很有潜力,只要能发挥你的优势,每天都有新的收获。 (三) 提醒 1. 你的勇气,我很佩服! 如果在发言前,多问几个为什么,或多想几个方案,那就更好了。 2. 老师发现你特聪明,如果你上课认真听,你定是班里最棒的! 3. 请你认真听同学的发言好吗? 学会倾听同学的发言是一种品质,养成这种品质你将会受益终身。

续表

学生小组合作时的评价
（一）表扬 1. 你们小组真棒！既分工明确，又善于合作。 2. 这个小组合作得很好，每位同学都能为解决问题献计献策。 3. 你们小组的想法很独特，别的小组没想到的解法，你们小组却想到了。 4. 有了你们这样一群合作的小伙伴，就没有难解决的事。 5. 第×小组的同学团结协作，出色地完成任务。 （二）鼓励 1. 集体的智慧不可低估，只要你肯投入进去，你就有所收获。 2. 小组合作时，你听得认真、看得仔细，能否自己发表见解呢？ 3. 分工具体恰当，如果能把各个想法有序地组织起来，就更妙了。 4. 组员之间要分工合作，这样才能发挥小组的优势呀！ 5. 能接纳别人见解的小组，才是最有合作精神的小组。
动手操作
（一）表扬 1. 你的手真巧，摆得又对又快，而且还很美。 2. 你真是个爱动脑筋的孩子，能做出这么有新意的东西。 3. 你制作的图形既准确又美观，老师真的很佩服你。 4. 你在动手操作时态度非常认真。 5. 老师发现了一个动作特别快的同学，你们想向他取经吗？ 6. 正是有了认真的实践，才有了智慧的火花。 （二）鼓励 1. 别着急，老师相信你能行！ 2. 你的作品很有创意，如果能再精细些，那就更好了。

第三节　小学数学学习评价

所谓小学数学学习评价，概括来说，就是对小学生数学学科的学习效果、学业质量水平做出评定。学习评价不是说考试分数决定一切，而是对学习过程和结果综合的价值判断。

基于不同的标准，学习评价的分类也各不相同。

从整个学习过程来看，评价可以分为诊断性评价、形成性评价、总结性评价。根据评价所运用的方法和标准的不同，分为相对性评价和绝对性评价。根据评价主体的不同，分为教师评价和学生自我评价。

一、学习评价的形式

我国对学生数学学习的检查与评定，主要以考查和考试两种形式进行。

（一）考查

考查是对学生学习情况经常性的考核，但是不是非常正规的形式。

1. 口头提问

课堂教学过程中，教师为了检查学习效果所采取的一种常规操作。优点是反馈信息非常有真实性且非常及时。口头提问之后要跟进口头评价从而帮助学生调整学习状态。

2. 书面作业

这也是理解学习情况最常见的方法。通过作业检测，一方面教师可以进一步了解学生学习过程中产生的问题，另一方面学生也可以理解不足，努力改进。

3. 书面测试

单元教学后进行的小考。注意次数不能过多，频率不能过于集中，以免学生负担加重。

（二）考试

考试是正式的、检测学生学完本课程后课程阶段性目标达成度的总结性评价。会预先说明考试科目、起始与结束时间，让学生有时间组织复习以考出真实水平。

二、学业质量标准

(一) 学业质量标准基本概述

通过数学学习,学生理应掌握了一定的知识、发展了一定的能力、形成了一定的学习品质。因而,我们需要具备评价学生学业成绩好坏的质量标准。2022 年版课程标准中用了三句话来讲学业质量:学业质量标准以核心素养及其表现、课程总目标以及学段课程内容的学业要求为依据,是对学生学业成就表现的总体刻画,并用以反映学段课程目标与核心素养要求的达成度。总结来说,学业质量标准是对学生在每一个学段要达到的素养总体的刻画。

每个学段的学业质量要求如下:

学段	学业质量描述
第一学段 (1—2 年级)	能结合具体情境,认识万以内的数及其大小关系,描述四则运算的含义,能进行简单的整数四则运算,形成初步的数感、运算能力和符号意识;能结合现实生活中的事物,认识并描述常见的立体图形和平面图形特征,会对常见物体的长度进行测量,形成初步的空间观念和量感,能对物体、图形或数据按照一定的标准分类,形成初步的数据意识。认识货币单位、时间单位和基本方向,尝试用数学方法解决问题,积累数学活动经验,形成初步的量感和应用意识。 结合现实生活情境,尝试用数学语言描述生活中的实际问题,运用所学的数学知识和方法解决问题,形成初步的数感、量感和应用意识。 通过操作、游戏、制作等丰富多彩的活动,对数学产生一定的好奇心,形成学习数学的兴趣和初步的合作交流意识与独立思考的学习习惯。
第二学段 (3—4 年级)	认识自然数,能结合具体情境初步认识小数和分数,能进行整数四则运算和简单的小数、分数加减运算,形成数感、运算能力和初步的推理意识;能认识常见的三角形和四边形,会测量,计算长方形与正方形的周长和面积,了解图形的平移、旋转和轴对称,形成空间观念、量感和初步的几何直观素养;能分析与表达数据中蕴含的信息,能绘制简单的数据统计表和统计图,形成初步的数据意识。进一步认识时间单位和方向,认识质量单位,尝试应用数学和其他学科知识与方法解决问题,积累数学活动经验,形成量感、推理意识和应用意识。 结合现实生活,能尝试运用所学的数学知识和方法描述、表达、分析、解释实际问题,运用常见的数量关系解决问题,形成量感和初步的应用意识,以及分析问题与解决问题的能力。

续表

学段	学业质量描述
第二学段（3—4年级）	经历数学学习的过程，通过操作、游戏等丰富多彩的活动，对数学形成一定的求知欲，具有学习数学的兴趣，初步养成独立思考、合作探究等良好的学习习惯。
第三学段（5—6年级）	认识自然数的一些特征，理解小数和分数，能进行简单的小数和分数四则运算和混合运算，感悟运算的一致性，形成数感和运算能力；能用字母表示数量关系和规律，理解常见的数量关系，形成符号意识：能认识常见的立体图形和平面图形，计算图形的周长、面积（或表面积）。体积，能描述图形的位置和运动，形成量感、空间观念和几何直观：知道数据的统计意义，能对一些随机现象发生的可能性大小做定性描述，形成数据意识和推理意识。了解负数，应用数学和其他学科知识与方法解决问题，形成数感、最感、模型意识、应用意识和创新意识。 能从数学与生活情境中，在教师的指导下，初步学会用数学的眼光观察，尝试、探索发现并提出问题，将所学的数学知识应用于解决现实生活中的问题，形成初步的模型意识和应用意识。 对数学形成一定的好奇心与求知欲，具有学习数学的兴趣，初步养成良好的学习态度和习惯，初步建立学好数学的自信心，体会数学的价值，在解决问题的过程中逐步克服困难，初步形成一定的应用意识和创新意识。

（二）如何评价学生的学业质量

评估学生的学业质量，关键是评价学生的核心素养，学业质量标准指出评价核心素养的三个角度。第一，以结构化的知识主题来培养学生的核心素养；第二，设计真实的问题情境，在情境应用当中来考查学生的核心素养；第三，在情感态度价值观的发展过程中，来考查学生的核心素养。

1. 问题情境角度——突出了实践性

从学生熟悉的生活和社会情境以及符合学生认知发展规律的数学与科技情境中，在用数学的眼光发展和提出问题、用数学的思维与语言分析和解决问题的过程中，形成模型观念、数据观念、应用意识与创新意识等数学素养。

如何评价学生的核心素养？关键是设置真实的问题情境。例如，生活情境、社会情境、科学情境、数学情境。

2. 知识主题角度——突出整体性

以结构化数学知识主题为统领，在形成与发展基础知识、基本技能、基本思想、基本活动经验的过程中所形成的抽象能力、推理能力、运算能力、几何直观和空间观念等数学素养。

同时，这些知识主题是结构化的，不是孤立的。具体表现如表 9－5、表 9－6、表 9－7 所示。

表 9－5 第一学段的知识主题

知识主题(7 个)	素养表现
能结合具体情境，认识万以内的数及大小关系，描述四则运算的含义，能进行简单的整数四则运算	形成初步的数感、运算能力和符号意识
能结合现实生活中的事物认识并描述常见的立体图形和平面图形的特征，会对常见物体的长度进行测量	形成初步的空间观念和量感
能对物体图形的数据按照一定的标准分类	形成初步的数据意识
结合现实生活情境，认识时间单位和人民币，知道生活中的方位，尝试用数学语言描述生活中的实际问题，应用所学的数学知识和方法解决问题	形成初步的数感、量感和应用意识

表 9－6 第二学段的知识主题

知识主题(7 个)	素养表现
认识自然数，能结合具体情境，初步认识小数和分数，能进行整数四则运算和简单的小数分数加减运算	形成数感、运算能力和初步的推理意识
认识常见的三角形和四边形，会测量计算平面图形周长和面积，感受图形的运动和轴对称的现象	形成空间观念、量感和初步的几何直观
能分析与表达数据中蕴含的信息，会绘制简单的数据统计表	形成初步的数据意识
结合现实生活，能尝试应用所学的数学知识和方法描述表达、分析、解释实际问题。运用常见的数量关系解决问题，积累相应的数学活动经验	形成量感和初步的应用意识，以及分析问题和解决问题的能力

表 9－7 第三学段的知识主题

知识主题(9 个)	素养表现
认识自然数的一些特征，理解小数和分数，能进行小数和分数的四则运算和混合运算，感悟运算的一致性	形成数感、运算能力

续表

知识主题(9 个)	素养表现
能用字母表示数和常见的数量关系	形成符号意识
能认识常见的立体图形和平面图形,计算图形的周长、面积、体积,能描述图形的位置运动	形成量感、空间观念和几何直观
知道数据的统计意义,对一些随机现象发生的可能性大小做定性的描述	形成数据意识和推理意识
能从数学和生活的情境中,在教师的指导下,初步学会用数学的眼光观察,尝试探索,发现并提出问题。将所学的数学知识应用于解决现实生活中的问题	形成初步的模型意识和应用意识

3. 情感态度角度——突出数学学科育人价值

学生经历数学的学习,逐步产生对数学的好奇心、求知欲以及对数学学习的兴趣和自信心,逐步养成独立思考、探究质疑、合作交流等学习习惯,逐步形成自我反思的意识。

各个学段对情感态度的要求不一样。第一学段,要求通过操作、游戏制作等丰富多彩的活动,对数学产生一定的好奇心,形成学习数学的兴趣和初步的合作交流意识与独立思考的学习习惯。第二学段,经历数学学习的过程,通过操作游戏等丰富多彩的活动,对数学形成一定的求知欲,具有学习的兴趣,初步养成独立思考、合作探究等良好的学习习惯。第三学段,具有学习数学的兴趣,初步养成良好的学习态度和习惯,初步建立学习数学的自信心,体会数学的价值,在解决问题的过程中逐步克服困难,初步形成一定的应用意识和创新意识。

从上,我们可以看到情感态度评价的三条主线:第一,关注学生兴趣发展;第二,关注学生态度与习惯的发展;第三,关注应用意识与创新意识。

(三) 考试命题

1. 考试命题的基本要求

(1) 不出偏题、怪题。

(2) 要恰当呈现并合理利用评价结果,发挥评价的激励作用,保护学生的自尊心和自信心。

（3）对基本知识和基本技能的掌握进行考查，要注重学生对其中所蕴含的数学基本思想方法的感悟，以及在具体情境中的合理应用。

（4）要根据学业质量标准，对学生学完本课程后的课程目标达成度进行终极性的评价。

2. 如何进行命题

命题应该全面贯彻党的教育方针，落实立德树人根本任务，坚持核心素养导向，全面提高教育质量，发挥科学的教育评价的导向作用。考试的命题可以参照以下几个方面：

（1）重点考查学生对数学知识的整体理解。以具有联系的结构化的数学知识主题为载体。在形成、发展基础知识、基本技能、基本思想、基本活动经验的过程中，考查学生对数学知识的整体理解。

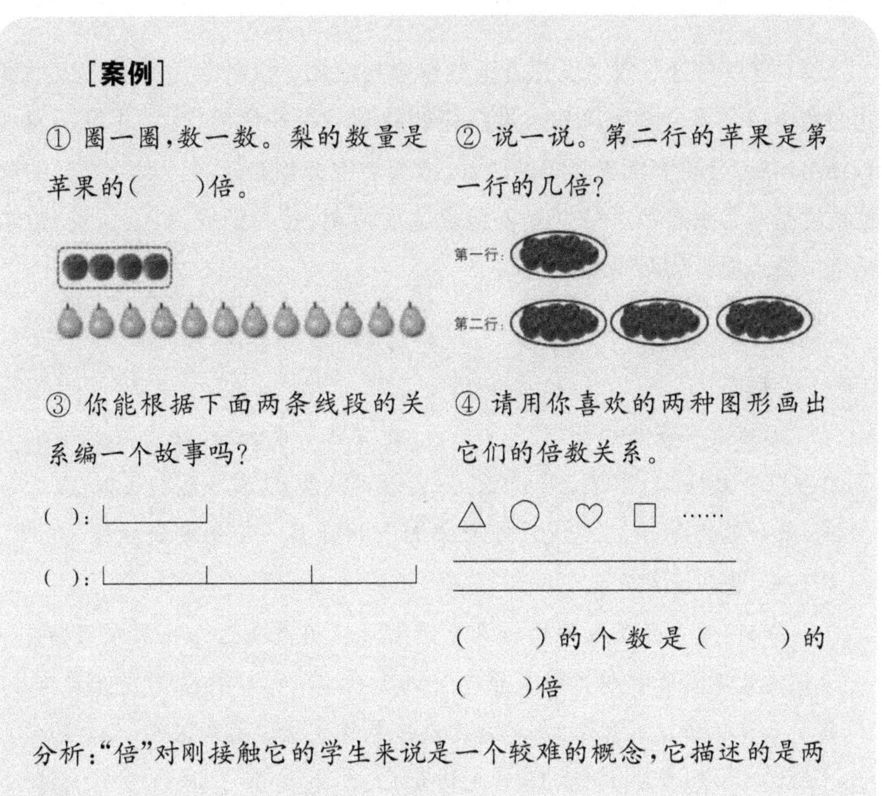

［案例］

① 圈一圈，数一数。梨的数量是苹果的（　　）倍。

② 说一说。第二行的苹果是第一行的几倍？

第一行：

第二行：

③ 你能根据下面两条线段的关系编一个故事吗？

（　）：

（　）：

④ 请用你喜欢的两种图形画出它们的倍数关系。

△　○　♡　□　……

（　　）的个数是（　　）的（　　）倍

分析：“倍”对刚接触它的学生来说是一个较难的概念，它描述的是两个相对量之间的关系，学生学习“倍”要经历从加法结构到乘法结构的转变。结构的转变我们可以借助具有联系的数学知识来实现，同时，案例中也蕴涵着数感、形象思维、抽象思维、推理能力等数学素养和数学思想方法。

第①题“圈一圈，数一数”。4 个苹果为一个标准量，12 个梨作为多倍量则需要通过圈之后，数圈的个数得到。这个过程有些学生需要动手去圈，有些是在脑中动态想象。不管何种方式，学生都能体会到这与之前加减模型不同，但是也能描述数量之间关系的模型；同时低段学生还是以形象思维为主，所以第②题出现具象的图形帮助学生描述倍数关系；第③题就将具象的图形抽象为线段，让学生展开想象编故事，发挥其创造性；第④题是学生活动经验的积累和推理能力的展现。

(2) 重点考查对数学思想方法的掌握与应用。设计学生熟悉的生活和社会情境以及符合学生认知发展规律的数学与科技情境，让学生经历发现和提出问题、分析和解决问题的过程，考查学生的核心素养。设计真实的问题情境是非常重要的。特别是要包含生活情境、社会情境、科学情境、数学情境。重点设计生活情境。

[案例]

李阿姨去商店购物，带了 100 元，她买了两袋面粉，每袋 30.4 元，又买了一块牛肉，用了 19.4 元。他还想买一条鱼，大一些的每条 25.2 元，小一些的每条 15.8 元。请帮助李阿姨估算一下她带的钱够不够买小鱼，能不能买大鱼。

分析：买东西是数学比较常见的生活应用情境。而在买东西时，我们常常要估算钱够不够。估算可以大估、小估，学生在解决此类问题时需具体情况具体分析，也需要说清楚够或者不够的理由。都往小了估，30.4 元估成 30 元，19.4 元估成 19 元，总共用了 $30\times2+19=79$

元，还剩21元，而实际剩下的是没有21元的，所以肯定不够买大鱼。都往大了估，30.4元估成31元，19.4元估成20元，总共用了31×2+20=82元，还剩下18元，而实际剩下的肯定大于18元，所以够买小鱼。

(3) 不断探索数学命题的革新创新。命题坚持核心素养为导向，充分体现数学学科的育人价值和功能。不断探索命题的革新创新，引导学生求知问学、增长见识、丰富学识。对于综合、创新性试题的设置，也要以课标为依据，避免超出课标要求和学生的认知水平。特别在“双减”背景下，提出命题创新是特别有意义的。命题创新并不是难题。

[案例]

计算1000－678时，通常把1000分成(　　)个百、(　　)个十和(　　)个一。

分析：这是针对三位数减三位数的连续退位的试题，理解算理的学生很快就能写出正确答案，反之则会看不懂题目，因为并不明白其内在机制。相比于直接让学生计算结果，此题是很有新颖性的。借助元角分模型解释算理：被减数看作10元0角0分，减数看作6元7角8分。0分减8分不够向角借，角也不够，所以向元借。百位上退1作10相当于借走1元当作10角，十位上留9角，又借走1角化作10分给个位。

三、学习评价的趋势和案例

(一) 评价维度多元

新一轮课改确立了在评价过程中，不仅要关注“四基”“四能”，也要关注核心素养的对应表现。所以评价的维度是非常多元的。学生数学思想的认知深度、活动经验的积累、提出问题解决问题的能力等都是评价的内容。对此，可以先从数学课本中的核心知识切入设计问题，学生在解决问题的过程中需要选择、重组、运用在课程学习中学到的知识技能、思维方法、情感态度，在这一过程中，数学知识、方法、价值得到不断整合和发展，核心素养也将得到体现。

[案例]

(1) 下图是一块长方形的布料，求它的面积。(单位：分米)

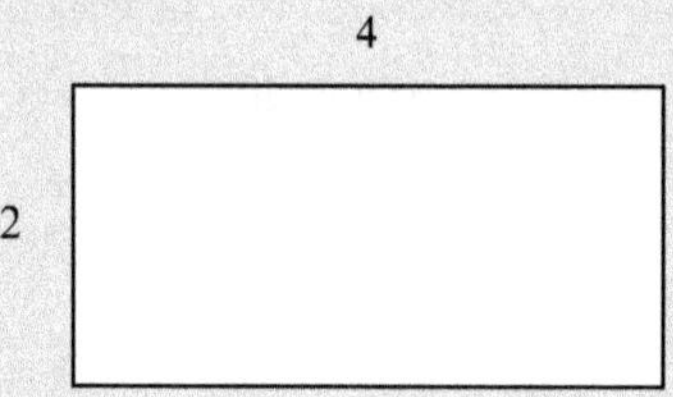

(2) 利用(1)中的长方形布料，画一画，想一想，长方形的面积为什么这样计算?

画一画：

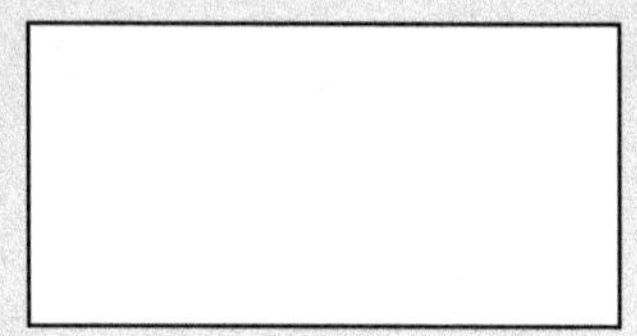

想一想：长是 4 分米，说明一行有(　　)个同样的面积单位；宽是 2 分米，说明有(　　)层这样的面积单位；计算这个长方形一共需要多少个面积单位，算式是(　　　　)，所以长方形面积的计算方法是(　　　　)。

分析：此题针对学生对知识生成过程的理解，即为什么长方形的面积计算公式是长×宽，将长方形面积计算公式在整数范围内的算理解释转化成了填空题。学生需要解释长方形面积计算公式的合理性：因为长方形面积的计算本质是度量长方形中有多少个面积单位，长 4 分米说明一行有4个面积单位，宽2分米，说明有2层这样的面积单位。总共2×4=8个，8个1平方分米就是8平方分米，所以面积公式也等价于数面积单位的个数，是长×宽。

同时这一解释的过程也是锻炼学生的归纳推理能力，归纳推理是指由部分到整体、由个别到一般的推理。从归纳推理的角度来说，考查的数量对结论的影响并不大。只要是真正沟通了对象与其属性之间的对应联系，即使只有一个也能得出可靠结论。

(二) 评价主体多样

学生学习利益的相关者不仅包括教师，也包括家长，更重要的是学生本身。因此，学习评价主体必然会呈现多样化的趋势，具体表现为教师评价、家长评价、学生自评和同学互评。但是当前的实践，由于设计理念不成熟，实施效果不是很理想。不求多、不求全，但求适合、适量，才能有所成效。以家长评价和学生互评为例：

[案例]

小学低学段一、二年级的数学期末考试改为“数学游乐园”，考查内容简练为口算、应用、数学思考。教师主持，每学期轮流邀请部分家长，参与评价。

分析：孩子小的时候，因为望子成龙的想法，家长对孩子的期望值往往过高。邀请家长参与评价，让家长有机会了解大部分同龄孩子的能力与水平，有一个判断的基本标准。当家长在看自家孩子玩数学游乐园时，就可以判断其表现到底如何，从而恰当地评价自己的孩子。这对于改善家校的沟通，促进家长对学校教育的支持是非常重要的，家长也能明白教师“继续加油”“相信你能更棒”等评语的另一重含义。

[案例]

你看得懂如图 9-2 所示的线段图吗？请你根据线段图编一道数学题目，并和你的同桌交流。

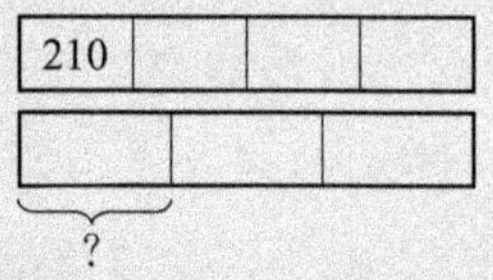

图 9-2　线段图

分析：课堂教学中学生也可以成为评价的主体，并能推进教学。同桌两人先互相说再互相评，结束后再组织全班评价。首先，针对同桌互评阶段出现的争论，可以让全体学生帮忙进行评价，在不断的理性辨析中突破难点；然后，向全班分享个人的创意，提出与众不同的实际问题，让全班进行评价，把评价权又还给学生，既节省时间，反馈又非常及时，还让评价成为扩宽思路的学习过程。

(三) 评价方式丰富

评价方式丰富，指的是评价途径的多种多样。之所以会产生这样的需求，其一是学习内容的多样性，单一的评价方式无法匹配多样的学习内容；其二是学生个体发展具有差异性，多种评价方式才能综合起来去合情合理地评定。评价的方式应该包括书面测试、口头测试、活动报告、课堂观察、课内外作业、成长记录等。

活动报告主要包括小学生数学活动后交流的总结和体会，例如，实践活动的总结、数学调查的报告、数学实验的报告、讨论活动的记录。课堂观察是教师在课堂中观察学生学习活动，记录相关资料，评价学生表现的一种方法。例如，观察学生的学习困难、观察学生的学习过程、观察学生的学习创意、观察学生的情感态度。课后访谈是指教师在课后与学生交流，了解学生的想法和情况。如了解学生解题的思考过程，了解学生的学习困难，了解学生的学习兴趣，了解学生对概念的理解。“档案袋”评价指系统地收集能够表征学生在学习过程中能力与努力，并作为成长证据的记录，该评价的目的是促进儿童学习的自我评价和学习目标的自我构建。“档案袋”包括儿童学习过程的记录、儿童数学学习代表作、儿童自我评价的记录、教师的指导与评价的记录等。下面以档案袋评价为例。

[案例]

在学习了“对称、平移、旋转”之后，相信你有非常多的想法，你能自己动手制作一些与对称、平移、旋转相关的作品吗?

分析：成长档案袋是记录和描述学生数学发展过程的载体，经过美化和装饰之后，学生会有各种各样的创意。在这个过程中，他们既加深了对知识的理解、经历了动手操作，也体会到数学带来的乐趣，还留下了成长发展的痕迹。教师还可以组织学生交流作品所表达的含义，还可以带领学生欣赏中国的剪纸，渗透中国优秀的传统文化。

学生作品(见图 9-3、图 9-4)赏析：

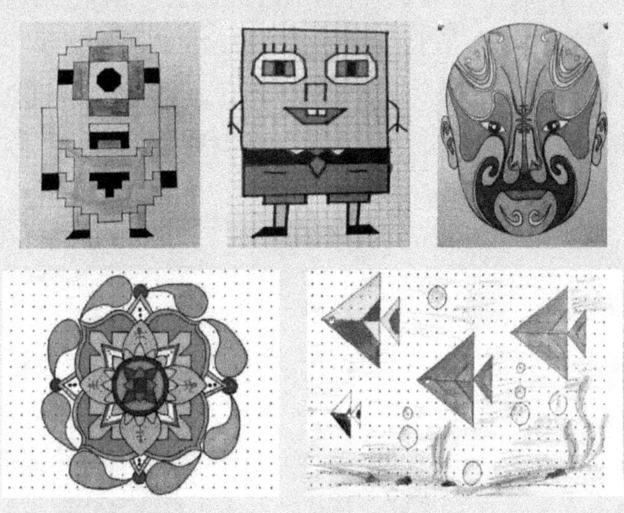

图 9-3　学生绘画作品

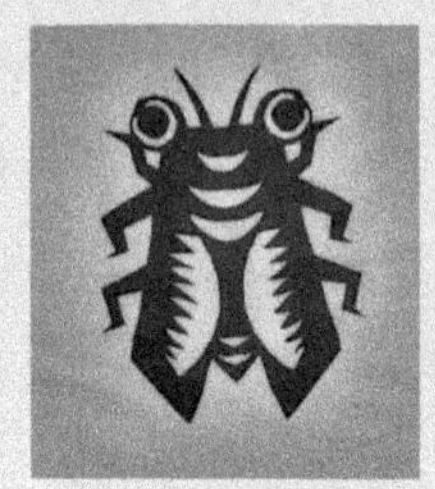

图 9-4　学生剪纸作品

(四) 评价结果合理呈现

评价结果的呈现应采用定性与定量相结合的方式,关注每一位学生的学习过程。第一学段的评价应以定性的描述性的评价方式为主;第二学段可以采用描述性评价和等级评价相结合的方式;第三学段可以采用等级和分数相结合的方式。

为什么要这么做? 因为过早地进行分数评价,有一系列弊端。例如可能会引导学生和家长过度关注高分,会形成一种"高分即成功"的误解;会使学生和家长忽略小学生数学学习和发展丰富的内涵,还会丧失评价应该给予学生的丰富的信息;有时还会影响学生的自信心等方面的发展,继而加重学生的负担。

所以,在小学阶段会更多采用描述性评价。评价者对评价对象平时的表现、现状和状态的观察和分析,直接对评价对象做出判断。

[案例]

小小表扬信——激发学生上进心

"那么网络教学为什么不能发一封电子表扬信呢? 想到这里,我就试着自己制作了第一封表扬信,根据当天作业情况,选出作业优秀的同学进行表扬,并公示在班级群里。表扬信一出现,学生就迫不及待想知道如何才能获得这封表扬信。也无比期待自己的名字能出现在表扬信中。"

榜样在身边——取长补短看得见

在批改作业过程中，我发现很多学生的作业做得赏心悦目，他们会把自己的思考好习惯留痕在作业上。我又设计了“优秀作业”展示的奖励环节，把表扬信和优秀的作业制作在每天课件的前几页。

多一句评价——让我们的批改更有温度

每次收到学生的作业，我都会及时地进行批改对错。但有些学生做错是因为不理解，学生不知道该怎么思考。也有学生作业能做全对，但书写不认真，学习习惯有待改善。像这样的情况，仅仅批改对错是不够的，我往往会通过文字或语音给学生留下评价，提出我对他作业的感受和想法。如积极奖励的评价：“全对通过，书写特别认真，喜欢你的作业！希望能继续保持！”如启发式的评价：“注意问句，思考一下到底应该用加法还是减法？”；如诊断式评价：“数学的书写要加油，特别关注 0，5，9 这几个数学的规范书写。”……这样的评价虽然会比单纯的批改对错更花时间，但是可以让学生能够感受到老师对他的关注，认真踏实的同学得到老师的认可，会继续保持好习惯不断进步；稍有松懈的学生经过老师的提醒，也会尽快调整改善，努力达到标准。

分析：此案例是针对学生作业情况的描述性评价，是一种真实性的评价，它是在真实的脉络中进行评价，是长跨度地评价学生的核心素养，与教师教学有机地联系。教师通过表扬信、树榜样、写评语等一系列的评价方式来强化学生的学习动机、树立书写规范、进行情感的沟通。这样的评价是冷冰冰的一个分数所无法替代的，学生也能从描述性评价中知道自己的不足之处从而进行改进，评价的价值也因此体现。

思考题

1. 可以从哪几个方面去评价一节课？结合教学见习，写出一节见习课的教学分析与对应的课堂教学评价。

2. 为什么如今教学很注重形成性评价和学生自我评价?

3. 相对性评价和绝对性评价各有何特点与作用?

4. 学了教学评价的理论后,你对教学评价有何新的感悟?对本章所阐述的教学评价理论有何意见?

第十章

小学数学教师专业发展

知识要点与思政目标

知识要点	思政要点	案　　例
小学数学教师的专业特色	文化自信、责任担当	通过数学名人的故事，在中西文化中树立文化自信，教师专业化发展需要责任担当
小学数学教师的专业素质	社会主义核心价值观、社会责任感与使命感	对比专业素质的结构理论，渗透社会主义核心价值观，培养社会责任感与使命感
小学数学教师的专业发展内涵	责任担当、关注现实	通过国内外研究综述，明确专业发展内涵需要关注现实，为不断提升自我树立责任担当意识

知识目标

知识目标 1：以数学家为例，针对小学数学专业特色从专业知识、专业技能、专业精神上论述，形成个体的专业特色的理解。

知识目标 2：掌握小学数学专业素质结构内容，以实例加以说明，能够培养为今后教学所服务的专业素质。

知识目标 3：通过对专业、教师专业、数学教师专业的逐层分析，提炼内涵，为学生未来发展铺路。

问题导引

教育是振兴民族繁荣的希望所在，教师是教育的核心，是教育体制改革、课程改革、教育观念和教育政策实现的媒介，所有这些改革内容最终都将要落实到教师身上。教师队伍专业发展水平的高低决定教育教学的质量好坏，而具有高专业水平的教师则是保障基础教育质量必不可少的因素。可以说教师的有效发展会在一定的程度上决定学生的有效发展。所以，教师的专业特色是什么呢？对教师而言，其专业成长就是不断更新自己、不断进阶的一个过程，同时也是教师综合素质提高的过程。同样地，教师的专业化过程并不是一蹴而就的，而是需要不断积累、不断深化。小学数学教师应该具备怎样的专业素质？其专业发展的内涵又会是什么呢？

第一节　小学数学教师的专业特色

一、从专业知识看专业特色

“如果你想给学生一杯水，那么你就需要有一桶水。”就数学学科而言，很多人包括数学教师想到的教学都是要有丰富的与数学有关的学科内容知识。毕竟波利亚说过这样一句话：“掌握数学意味着什么？那就是善于解题。”我们也有把解题能力作为教师“看家本领”的传统。那么，数学教师拥有数学学科内容知识的多少是否就和教师的专业水平的高低画上了等号呢？在一篇名为《基于数学核心素养的小学数学教师专业素养研究》的论文中，阐述了比较有意思的一个现象，在解题能力竞赛中，往往取得较好名次的是一些刚刚参加工作的新教师，这些教师一方面都具备数学方向的本科甚至研究生学历，另一方面也历经高考、研究生考试和教师招聘考试的锤炼，而一些仅仅中等师范学历的中老年教师名次不高，这些教师谈不上数学专业系统学习，有的还是半路出家由其他学科转教小学数学，自然成绩不甚理想。有一些长期教低年级学生的数学教师也常常得分不高，可是到了实际教学当中，后者的教学水平未必就比前者差，甚至在教学上更具有专业性，有种说法叫“思维稚化”。

我国著名数学家陈景润(1933—1996 年)生前攻克了世界著名数学难题“哥德巴赫猜想”中的“1＋2”，创造了距摘取这颗数论皇冠上的明珠“1＋1”只有一步之遥的辉煌。但是当陈景润面对学生，为他们授课时，却说不出多少东西。在校方安排下，陈景润只能待在办公室里为学生批改作业。陈景润的数学知识不可谓不渊博，可是数学家未必就能胜任数学教学。

早在 1999 年，上海师范大学数学科学学院的陈跃就指出，在“老三高”(数学分析、解析几何、高等代数)的基础课程后面加上一大堆的现代数学专业课程，以这样的方式来培养未来的中学数学教师并不是一个科学的方案，因为在并未深刻理解的情况下被动输入大量抽象的高等数学知识，对未来教师在中学教学初等数学不能带来多大的帮助。40 岁赴美留学的马立平博士在美国进行课题研究时发现，尽管美国大部分的小学数学教师都拥有学士学位，但相比中国很多没有读完高中，只是在初中毕业后接受了两到三年的师范学校教育的教师，并不见得对小学数学知识的理解更深刻。她开始怀疑两个国家的小学教师可能拥有不同的数学知识结构体系。

不少新教师在实习期间，一定会收到来自前辈的叮嘱——要备好课。而这个“备”字，藏了很多的含义，备课标、备教材、备学生等。“备课”的奥秘，也许是来自许多老教师、名教师多年工作经验的总结。1986 年，舒尔曼指出，我们要区分开三类内容知识，即“学科内容知识”“学科教学知识”“课程知识”。在这三种类别的知识中，学科教学知识被认为是对教师的课堂行为影响最大的知识，是教师知识基础的核心。

小学数学教师的专业特色便是其专业知识的整合性强。随着对专业知识研究的逐步深入，我们可以发现数学教师专业知识的内涵越来越丰富，它可以包括对数学价值的认识、数学学科内容的知识、数学文化的知识、教学的知识、对班级管理的知识、心理学的基础知识、有关评价的知识、信息技术的知识等，但我们需要认识到教师专业知识并非这些知识的简单累积，教师专业知识是对众多知识综合并加以实践的体现，这也是为什么我们强调在专业知识中学科教学知识是核心的原因。

二、从专业技能看专业特色

美国心理学家加涅对技能概念的最大贡献是拓展了技能的内涵，他提出了三种技能：动作技能、对外办事的智慧技能和对内调控的认知技能。这里需要指出技能和能力的联系，有些观点把能力等同于技能，更多的看法是技能只是能力的要素之一，我国心理学家冯忠良教授认为，能力是个体对活动的进程及活动的方式直接起调节和控制作用的一种心理特征，是一种个体的经验，而这些个体经验即为个体已掌握了的知识和技能，知识和技能应是能力结构的基本构成因素。从这个角度来看，为了与前面的专业知识相对应，我国颁布的《中小学教师专业标准》中提出的“专业能力”，称之为“专业技能”似乎更加合适，而小学数学教师的专业技能亦是其专业特色的核心。

教师专业技能是教师在一定教育思想指导下，凭借自己的专业知识，在教学中所采取的旨在实现某种意图的自觉性行动，它是教师在教学过程中，运用教与学有关知识和经验，为促进学生的学习、实现教学目标而采取的特定的教学行为方式。关于小学数学教师专业技能的构成，从《中小学教师专业标准》来看，可以分为以下要素。

(一) 数学技能

一般来说，数学技能本质上是运用已经掌握的数学概念、定理、公式和法则等基础知识，来理解并解决问题的动作或者心智活动方式，是一种智慧技能。作为数学教师应该对数学知识有着较为深刻的理解，能正确运用数学知识顺利地解决问题，表现出较高的数学思维水平。

(二) 教学设计

教学设计主要表现在教师能够准确而科学地制订教学目标以及教学的计划，在此基础上合理地利用教学资源和方法设计教学过程，并最终实现良好的教学效果。可以说教学设计是顺利实施课堂教学的保证，教学设计体现了教学的复杂性和创新性，同时也是一种个性化的表现。教师专业水平的高低可以通过教学技巧来体现。

（三）教学技巧

教学技巧表现在教师能够创设一个良好的学习情境，调动学生学习数学的积极性，通过启发、探究、合作等多种形式引导学生主动学习，实现教学目的和任务的达成，取得良好的教学效果。教师能够根据学生的需求、学习风格因材施教。

（四）管理技巧

管理技巧表现在教师能有效管理学生的学习，全面了解学生学习数学的过程，对学生在心理和学习上进行指导，促进学生的发展。教师能够有效实施课堂管理，顺利开展教学活动，妥善应对各种问题。

（五）评价技巧

教师能够采取合理的评价方法，不仅关注学生的学习结果，也关注学生学习的过程，多角度、多元化评价学生的学习。能够鼓励和激发学生的潜力，使学生完成学习的工作和任务；提高学生学习的自主性，发展学生自我管理、自我评价的能力。

（六）沟通技巧

教师能与学生开展深入而平等的交流，同时也发展学生交往沟通能力，促进学生集体意识的形成。教师应该具备与同事、家长进行良好沟通的能力，在教师之间形成“共同体”，培养团队精神，实现共同发展；与家长密切沟通，群策群力为学生的发展建立友好的互助合作关系。

（七）信息技能

信息技能主要表现在教师能在教学中应用信息技术，促进信息技术与学科的深度融合，有效改变学生的学习方式以及教师的教学方式，实现师生互动方式的变革。进入21世纪后，八国集团在冲绳发表的《全球信息社会冲绳宪章》中认为："信息通信技术(ICT)是21世纪社会发展的最强有力动力之一，并将迅速成为世界经济增长的重要动力。"目前，国际上也开始重视教师ICT技能的发展，要求教师能使用ICT工具辅助教学，开展更为专业的活动；能使用ICT工具进行知识更新，开展网络化的学习。

(八) 反思意识

教师的专业成长离不开教师的反思，这是教师的一种主动行为，教师在反思中使自己知识结构中的实践性知识得到发展和改善。教师反思意识的觉醒，是教师主体性的体现，能真正激发教师自我提高的动机，使教师的教育观念、教育教学行为和能力有了从本质上提高的可能性。

专业技能从某种角度来说是专业知识进一步发展的结果，从布鲁姆的认识教育目标分类学的角度来看，当教师对专业知识的掌握达到"运用"以上的水平，那么教师的专业知识就表现为专业技能。如果从知识的狭隘说来看，教师专业知识与专业技能共同构成了教师的专业能力。数学教师的专业能力具体可以表现为数学教师的教学智慧，体现了数学教师的教学思维。数学专业知识和数学专业技能都是数学教师专业能力的要素。

三、从专业精神看专业特色

教师的专业精神是指教师在教育场域内所传递出的对职业一致而平稳的认同感、责任感、奉献意识和积极专业意识的价值追求，是教师对教育行为所秉承的一致、连贯、自觉的行为。教师专业精神可以为教师专业发展提供内驱力。在批判教育学看来，教师的成长更突出精神层面，是教师教育的核心，教师专业能力成长的目标不仅仅是技能的提升、业务的熟练，还在于教师内在精神的修炼。

专业精神是专业特色的灵魂。我们对教师的专业发展往往重视了教师知识、技能的培养，而忽略了教师的情感、态度与价值观的培养。在我国的传统文化中，"精神"是日常生活的重要组成，是"为人、为学"的工夫，是人的一种修养，是“理性的产物”。教师的专业精神涉及的是情意领域，布鲁姆将教育目标分为认知、情意和动作三大领域，我国新一轮课程改革中的情意目标主要有“情感、态度、价值观”三个元素，这三个元素构成了一个由低级到高级的整体。就数学教师而言，专业精神的内涵可以分为两个方面，专业态度和专业自我。

作为一名数学教师的专业态度首先表现在教师对自身职业的态度。“态度”是一种认知和价值倾向，是数学教师对自己从事职业的概括性认识，是一种职业的认同感。经柏龙对106名中小学校长和400名师范生的调查问卷发现，对于教师而言，最重要的品质是对教育事业的热爱、积极向上的人生态度、强烈的责任感和对学生的关心、甘为人梯的奉献精神、创新意识与合作精神等。教师的职业认同感是对教师专业精神培养的前提，对自己职业的认同使得教师能够体会自身职业的价值以及教育的价值，激发自己工作的创造性，寻找工作中的乐趣，从而克服职业倦怠。

数学教师的专业态度还表现在教师对数学的态度。这决定了教师把什么事情看成在教学上是适当的、相关的和可能实现的；决定了教师选择哪方面的知识来教学，进而影响教师的实践行为。数学教师对数学的态度影响着教师对数学的学习观和教学观，作为数学教师的专业自我是教师在数学、数学学习与数学教学方面对自身的感受、接纳和肯定的心理倾向。数学教师的专业自我表现在教师有着自己的数学观，并能对自己的数学观不断地进行反思、批判和发展，对于自己学习数学和教好数学有着充分的信心和热情。库姆斯在20世纪60年代出版的《教师的专业教育》中就提出，教师是一个知道运用“自我”作为有效工具进行教学的人。所以作为一名数学教师应当追求教学与研究的自由。在探究真理的热情之下，教师要能够自主地发现、整合、处理、呈现教学内容；能自由地探讨、验证各类事实和观点，在研究上，教师能自主地对具体的实践工作进行反思、改进与提高。英国的课程论专家斯滕豪斯就认为中小学的教师在做研究时应该着眼于行动研究，进行系统的、持续的、有计划的自我批判的研究。总而言之，以往我们更多强调了教师要忠实地执行、完成既定的教育目标，从而忽视了教师在认识上的多元性以及教师在发展中的主观能动性，因此我们需要唤醒教师的“专业自我”，给予合理的自由，使教师能积极主动地参与教学活动以及课程改革活动。

以往我们对教师专业的发展着眼于教师专业能力的提升，从核心素养的培养角度来看，专业精神对于教师的专业成长也有着重要的意义，缺乏了专业精神，教师的专业素养也就无从谈起。从对人的培养模式的革新来看，我们也需要处理好知识与技能以及情意、态度与价值观这三者的关系，教师的专业特色应该是专业知识、专业技能、专业精神这三者共同作用的一种综合表现，如三股绳索交织在一起，相互依赖、不可分离。法国为了给教师的专业发展提供更好的指导，于2007年颁布了《教师培训大学学院的培训手册》，对教师专业素养中的核心要素从知识、技能和态度上进行了细分，顺应了法国社会对教师素养提出更高要求的呼声，也响应了当今教师专业发展的潮流。

第二节　小学数学教师的专业素质

一、专业素质的结构

对教师专业发展素质结构的研究最早起于国外，之后国内对教师素质结构的探究也逐渐丰富起来。具有代表性的观点如表10-1所示。

表10-1　国内外学者对教师专业发展素质结构分类表

研究者	教师专业发展素质结构
艾伦	学科知识、行为技能、人格品质
叶澜	教育理念、知识结构、能力结构
顾明远	职业意识、业务能力、心理素质
唐松林、徐厚道	认知结构、专业精神、教育能力
蔡守龙	专业信念、专业知识、专业能力、专业自觉
申继亮、辛涛	职业理想、教育观念、知识水平、教学能力
姚念章	认知系统、情意系统操作系统
饶见维	教师通用知能、学科知能、教育专业知能、教育专业精神

根据上表,各位学者对于教师专业发展结构的理解不尽相同,通过对比发现,在这些不同之中又存在着相通之处,这些构成都是以情感、知识、能力为基础的。

从以上研究者的分析中可以看出,尽管每一结构的具体构成要素不尽相同,但就共同点来说,都包含了教师的信念、教师的知识和教师的能力。它们作为教师专业素质结构的要素已得到诸多学者的认同。

从专业发展的角度来说,数学教师的信念、数学教师的知识、数学教师的能力、数学教师的职业道德和数学教师的自我专业发展意识构成了数学教师的专业素质结构。

(1) 数学教师的信念。是指数学教师在教学情境与教学历程中对数学教学工作、数学教师角色、数学课程、学生、数学学习等相关因素所持有且坚信不疑的观点,其范围涵盖数学教师的教学实践经验与生活经验,构成一个相互关联的系统,从而指引着数学教师的思考与行为。

(2) 数学教师的知识。指的是数学教师在数学教育教学活动中能动地表现出来的,为达到有效教学所必须具备的一系列信念、知识、技能与特点等的总和。在数学教师的知识中,数学教师是知识的主体(认知者),而不是客体。数学教师知识按照来源划分,有直接知识和间接知识。前者从数学教学实践中直接获得,是数学教师在复杂且不确定的教学情境中,基于个人过去多年累积的专业生涯中,不断地进行反思性活动而得来的实践知识。实践知识常因人或特殊情境而有所差异,故具有某种程度的独特性。后者从书本学习或其他途径获得。

(3) 数学教师的能力。是数学教师在数学教育领域的实践中逐步培养和发展起来的,它是教师对数学教学各要素的认识能力和实践能力的有机统一。其中认识能力是数学教师所具有的能动反映数学教学各要素的能力,实践能力是数学教师所具有的能动改造数学教学各要素的能力。数学教师的能力是教师从事教育教学活动的必要条件,它的形成离不开教育教学实践活动,它是多种能力统合而成的能力体系,是以认识能力为基础,在数学教育教学活动中形成并表现出来的。数学教师教育教学活动的成效则与其是否具有合理的能力结构以及能力是否得到有效发挥有着直接联系。

(4) 数学教师的职业道德。大体的师德:爱国守法,爱岗敬业,教书育人,关爱学生,为人师表,终身学习。最重要的还是关爱学生,这是师德的核心和灵魂。

(5) 数学教师的自我专业发展意识。按照时间程度,其内容构成至少包括三个方面:对自己过去专业发展过程的认识,对自己现在专业发展状态、水平所处阶段的意识以及对自己未来专业发展的规划意识。自我专业发展意识是数学教师真正实现自主专业发展的基础和前提,它可增强数学教师对自己专业发展的责任感,使自己的专业发展保持“自我更新”取向,在数学教师保持自我专业发展意识的前提下,经过一定时间专业生活的积累,还可逐渐形成自我专业发展能力,为数学教师进一步专业发展奠定基础,并成为促进专业发展的新的因素。

二、专业素质的内涵

1994 年 8 月,在上海召开的中国数学教育会议中,国际数学教育委员会秘书长琼斯做了题为“论数学教师的培养”的报告。他认为,数学教师应具有四个方面的综合素质:合理的数学专业知识、良好的数学专业素养、较高的数学专业能力和丰富的专业情感。

王子兴教授将琼斯教授对数学教师专业素质的分类整合为数学教师数学专业化、数学教师教育专业化和数学教师专业情意三个方面;刘猋认为,从专业发展的角度来说,数学教师专业素质结构应包括数学教师的专业信念、专业知识、专业能力、职业道德和数学教师的自我专业发展意识五个方面;王延文教授认为数学教师应当从数学教育专业理念、专业知识素养、专业技能、专业精神和专业情意五个方面不断提高和完善;郑毓信则认为,数学教师的专业化发展应当是数学教师数学专业化发展、数学教师教育专业化发展和数学教师专业情意发展三方面不断提高和完善的过程。

在数学教师专业知识结构方面,国外的专家学者做了大量研究:美国学者布鲁姆将数学教师在教学中所需的专业知识进行了一个比较全面的分类:第一,数学作为一门科学的知识,包括数学命题、法则、数学思维方式以及方法;第二,学校数学的知识,第三,学校数学的哲学,即关于数学和数学学习的认识论基础、数学和人类生活及其他学科知识的联系;第四,一般性教学(和心理学)知识,它主要包含课堂组织和交流所需的知识,相对独立于学校科目而具有通用性;第五,特定学科内容的教学知识,类似于舒尔曼所说的"学科教学知识"。德国学者布罗姆将数学教师的专业知识分为作为科学的数学知识、学校数学知识、学校数学哲学、一般教育学(心理学)知识和特定题材内容的教学知识;美国学者芬内马和弗兰克则认为数学专业知识是由数学的知识、数学表达的知识、关于学生的知识和关于教学法的一般知识组成。国内专家学者对数学教师的专业知识的分类也是仁者见仁:王子兴提出数学教师的专业知识结构包括数学学科知识、数学教育学科知识及一般文化科学知识;喻平教授在全国高师数学教育研究年会上提出数学教师专业知识由数学知识、教育学知识、心理学知识、其他学科知识和环境特别的知识。由上可知,关于现代数学教师知识结构的研究成果很多,但概括来说,数学教师的知识主要包括以下四个方面:普通文化知识、数学专业知识、数学教学知识、数学实践知识。

在数学教师的专业能力结构方面的主要研究如下:苏联数学教育家克鲁捷茨基通过对各类学生进行的广泛实验,提出了数学能力的九种构成成分——对数学材料的概括能力、对数学材料进行运算的能力、数学思维的能力、逻辑推理的能力、逻辑思维的能力、能逆转心理过程从正向转到逆向的思维系列能力、思维的机动灵活性、数学记忆能力、能形成空间概念的能力;2000 年,美国数学教师协会发布的《数学课程标准》提出了数学教师应当具有六种能力——数学运算能力、问题解决能力、逻辑推理能力、数学联结能力、数学交流能力和数学表示能力。在我国较少提到数学表示能力,但事实上数学表示能力即是我们说的数学建模,而在新课改中数学建模已受到重视,我国有学者认为数学教师能力结构包括基础能力(如计算能力、逻辑思维能力、空间想象能力等)、核心能力(解题能力、分析解决问题能力、教学监控能力)、目标能力(如创造性思维能力、数学诊视能力等),还有的学者通过问卷调查进行分析后,认为数学教师能力结构包括较强的数学能力(逻辑思维能力、数学推理能力、数学建模能力等)、基本的教学能力(语言表达能力、传授知识能力、运用现代教育技术能力等)和一定的教育科研能力。但是概括来说,这些数学能力结构没能充分反映出时代的发展需求,并且其能力成分没能概括出数学教师能力结构的主要方面。

在数学教师的专业情意方面,第四届数学教育国际会议上提出了数学教师应具备的数学专业情意结构的标准:拥有并超过一定水平的数学知识;性格活泼开朗;乐于助人并被他人所信任;愿意做数学教师;热爱数学的同时热爱与尊重学生,使学生对数学学习感兴趣。具体来说,数学教师的专业情意应包含专业信念、专业人格和自我专业发展意识。从时间的维度来看,数学教师的自我专业发展意识的内容至少包括三个方面:对自己过去专业发展过程的意识、对自己现在专业发展状态、水平所处阶段的意识以及对自己未来专业发展的规划意识。

在数学教师专业发展途径方面,范良火通过对高中数学教师做问卷调查,认为数学知识的最重要的来源是自身的教学经验和反思以及和同事的日常交流,其次较重要的是在职培训和有组织的专业活动,而一般重要的则是作为学生时的经验、职前培训和阅读专业书刊。

第三节　小学数学教师的专业发展内涵

一、专业的内涵和特征

专业,出自《后汉书》,在《现代汉语词典》中的释义之一为主要研究某种学业或从事某种事业。从社会学视角来看,“是指按社会职业划分而言的专门职业,或理解为专门从事某种事业和学业。”凯尔·桑德斯则将专业解释为“一群人在从事一种需要专门技术的职业,这种职业需要特殊的智力来培养和完成,其目的在于提供专门性的社会服务”。一种职业要被认可为专业,应该具备以下三个方面的基本特征:

首先,专门职业具有不可或缺的社会功能。职业的社会功能即其在社会中存在的价值及对社会发展的推动作用。每一种职业的社会功能是不同的，但每一种职业都是社会作为一个整体继续存在及发展所不可缺少的。倘若专业服务不足或水准低落，就会对社会构成严重的伤害。教师作为专门职业，被称为“人类灵魂的工程师”。他们不但从事科学文化的研究和传播工作，还为社会培养了大量人才，对人类社会的发展做出了贡献，因此，也获得了社会各界对教师这一职业的崇高评价，使得教师这一职业拥有较高的社会地位，同时也具有不可或缺的社会功能。

其次，专门职业具有完善的专业理论和成熟的专业技能。专业理论和专业技能是一种职业能够被认可为一门专业的理论依据和技能保障。一门专业也必然要拥有一套相对完整的理论体系，以作为其特定职业活动的指导思想，并从理论上指明其自身专业发展的方向；除此之外，从事专门职业的人员必须经过长期的专业训练，才能熟练地掌握专业技能，胜任专业工作。

最后，专门职业具有高度的专业自主权和权威性的专业组织。高度的专业自主权和权威性的专业组织是专业存在和发展的内在要求。由于专业活动所依赖的专业知识只能被专业人员掌握，而且为专业人员所垄断。因此只有业内人员才有能力对业内的事务做出判断，如审核执业者的资格和能力，判断执业者的专业水平与品行等。为了施行业内的裁决权，专业内必须形成一个对从业人员具有制裁权力的专业组织。

教师从事的职业能否算作专业，对此理论界曾开展过讨论。目前来看，我国从事教师成长与专业发展研究的学者们（也包括大多数一线教师）已经认清了这个问题，即教师应该被视为专业人员，其从事的教书育人的职业是一种专业。

二、教师专业发展的界定

有关“教师专业发展”这一概念，国内外教育专家、学者见解各异。

就国内外研究来看，对教师专业发展有两种基本理解：一是指教师的专业成长过程；二是指促进教师的专业成长的过程（教师教育）。通常采用的是第一种观点。具体来说，教师专业发展是指教师个体专业不断发展的历程，是教师不断接受新知识，增长专业能力的过程。它具有非常明确的三个特征：

(1) 教师专业发展是一个有意识的过程。教师专业发展的目的是使教师成为一个成熟的专业人员，使教育成为一个成熟的专业。在此过程中，教师对专业的认识不断深化，包括对专业自我、专业角色的认识，对教育、学校的理解以及对所教学科、对学生成长与发展过程中的价值认识等。

(2) 教师专业发展是一个持续的过程。教育是一个动态的专业领域，其知识基础在不断地扩展。同时，课堂教学中应有的知识和技能、教育教学理念也在不断地变化，社会、学校、学生对教师的专业素质的要求越来越高。为了与这些新知识、新技能、新理念、新要求保持同步，各个层次的教育者在其整个专业生涯中都必须成为终身学习者。在教育教学实践中，不断分析、反思，持续探索、创新。

(3) 教师专业发展是一个系统的过程。教育系统本身的复杂性需要系统的专业发展观。真正的教师专业发展是一个系统的过程，不仅要考虑长期的变化，还要考虑组织的各个层次。如果没有一个系统的策略，即使教师专业发展在个体方面做得不错，组织变量也可能会影响或妨碍他们所做的努力。把教师专业发展看作一个过程和一次重要方式的转换，这需要教育者以新的和不同的方式来思考和应对教师专业发展。

从本质上说，教师专业发展是教师个体专业不断发展的历程，是教师不断接受新知识，增长专业能力的过程。它包含教师在生涯过程中提升其工作的所有活动。在这一过程中，教师要成为一个成熟的专业人员，需要通过不断的学习与探究历程来拓展其专业内涵，提高专业水平，从而达到专业成熟的境界。教师专业发展强调教师的终身学习，包括职前教师培养、新任教师考核试用和在职培训的整个过程。

三、数学教师专业发展内涵的界定

1994 年 8 月，国际数学教育大会在上海召开。其中“论数学教师的培养”的报告中认为优秀的数学教师可以概括为 4 个基本内容：健全数学教师专业情意、构建数学教师专业知识基础、发展数学教师专业数学素养、熟练掌握数学教师专业技能。这些是数学教师专业素质的基础,也是数学教师专业发展的四个根本内容。另一方面,教师专业发展强调教师集体在多方面的发展,在此基础上,数学教师专业发展着重于数学教师的独特性,加上数学学科的特性之后,数学教师专业发展的要求更加具体。也就是数学教师专业发展不仅需要在数学专业知识上进行发展,还需在教育教学方面进行发展,只有两者结合共同发展,才能叫作数学教师的专业发展。

根据上面对数学教师专业发展概念的界定,结合王子兴对数学教师专业发展内涵的理解可以总结如下:数学教师的专业发展是数学教师的发展历程,在此历程中,数学教师从一个普通人发展成数学教师,这个历程贯穿整个数学教师的教育教学生涯,数学教师通过终身的学习训练,使自己更好地掌握数学素养、数学知识以及数学技能,从而成为专业的数学教师。相比于教师专业发展,数学教师专业发展的概念强调了数学学科的特殊性,数学学科历经千年发展,形成了自己的学科特色,具有较高的抽象性和理论性,需要教师具有严格的数学思维和逻辑能力,与其他学科存在很大差别,数学教师对数学学科特点的掌握程度也表现了数学教师的专业发展程度。小学数学是所有数学的基础,这个学段的数学既抽象又形象,而小学生的年龄较小,理解能力较弱,对于小学生数学思维能力和逻辑推理能力的培养需要教师的引导,这也彰显出小学数学教师不管在学科还是在学段上有别于其他教师,并且也是非常重要的。因此,小学数学教师专业发展不仅强调了数学学科特点的重要性,更加强调了小学阶段的特殊性,以及受教育群体的特殊性。

综上所述,小学数学教师专业发展的内涵为小学数学教师在自身教育教学生涯中,通过不断加强数学学科知识、提高数学教育能力、提高小学数学教育水平,并在职业道德、教学态度不断升华的终身学习发展的过程。

思考题

当教师专业发展和时间管理冲突时,你可以怎么做呢?

拓展1:教师成长规划1篇

小学教师个人三年成长、发展规划

(2019—2021年)

·基本情况

·姓名:王×× ·性别:女 ·现学历:本科

·政治面貌:中共党员 ·任教学科:小学数学

·教育座右铭:教育无痕,爱有痕

(一)自我分析

1. 优势经验分析

工作踏实,具有强烈的事业心和责任心,热爱教育事业,热爱学生,在工作上能够积极完成学校领导布置的各项任务,工作效率高;与同事关系融洽,能和同事和睦相处,乐于助人;善于接受别人的不同意见,虚心向他人学习;有一定的教学经验和理论知识,能够利用"智慧教学"的手段,实习期间获得好评;能够积极参加各类教研活动和教师继续教育学习。

2. 存在问题分析

课堂中"以生为本"的教学目标不明确,教育教学手段和方法略显稚嫩,教育科研能力薄弱,课题研究和论文写作能力有待进一步提高;在专业素养和专业知识上有许多不足,尤其缺乏对学生心理状态、特征的足够认识和研究;教育科研方面,往往停留在感性经验的层面。

(二)具体规划内容

1. 发展总目标

在接下来的三年内争取成为区级甚至市级教坛新秀。这三年内不断提高个人修养和学习各方面的知识文化,并有一定的班级管理能力和较高的专业素养,积极成为全能型教师。具体可以列为这几条:

第一，备课方面，熟悉新课程标准和教学大纲。

第二，教学方面，能较好地把握教学规律，有较强的组织驾驭教学的能力，具有一定教学素养。

第三，师德方面，立德为师，身正为范，为人师表。

第四，教学管理方面，有较强的组织驾驭课堂教学的能力，力争做到课堂教学管理松弛有度，活泼有序。

第五，教育学生方面，认真分析把握学生的心理特点以及心理发展的规律，在此基础上因材施教。

2. 发展阶段目标、行动举措及达成标志

学年	规划目标	行动举措	达成标志
2019学年	1. 作为小学数学教师，在课堂教学中，必须转变教师的角色，成为学生学习的引导者。 2. 争取吃透教材，把握好重点、难点，积极探索新的教学方式，培养学生的创新能力。 3. 人格魅力感染学生，积累班级管理经验，努力成为学生心目中的“良师益友”。 4. 树立新型的教育观、教学观和学生观，在教学中努力渗透新课程的理念。	1. 认真参加学校组织的每次政治学习和教研活动，关注学生，理解学生，注意自己的言行，以身作则。 2. 积极借鉴现成的媒体技术，运用于自己的课堂教学中，激发学生学习兴趣。 3. 选择教育教学专著：《小学数学教师》《我与小学数学》《师生沟通的艺术》提升自己的专业素养，并做好读书笔记与读书心得。每堂课都做到教学目标和内容明确，关注学生课堂反应，随时调整课堂教学。 4. 乐于思考、善于动脑、勤于反思，扬长避短，认真备课，精心设计每课时的教学教案。	帮助学生养成良好的学习习惯，努力提高学生口算与笔算的能力和水平，养成写教学反思的习惯，每一学期争取上尽量多的高效率课，争取任教班级学生的优秀率达 85%。认真开展课改实验，培养激发学生学习兴趣，重视认知过程和情感的培养，努力提高课堂教学的效率。

续表

学年	规划目标	行动举措	达成标志
2020学年	1. 加强学习，不断积累课改新教材的教学经验。 2. 进一步加强专业理论知识，提高教育科研水平。 3. 参与学校的教学展示活动，不断地磨炼自己，在挫折中不断地成长、完善。	1. 尝试创新努力钻研教材。 2. 认真执行教学“五环节”的相关规定。 3. 认真阅读与数学新课程同行丛书，领会二期课改精神实质。 4. 广泛阅读教育学、心理学书籍，参加各种形式培训，提高自身素质。 5. 学习袁晓萍、吴正宪、华应龙、黄爱华等特级教师的教学思想，观摩他们的经典课堂教学。 6. 坚持写教学随笔，争取论文公开或获奖。	继续深化第二阶段的达成目标规划，在第一阶段的基础上，积极参与各项教研活动，不断改进自己的课堂教学；改善自身的不良习惯，使自己成为一名主动学习者，使自己成为学生心目中具有亲和力、快乐的老师。
2021学年	1. 对前两年达成的目标进行反思，找出不足，在业务上不断提高自己。 2. 积极参与各种公开课、选拔课，让自己的课堂成为具有自己特色的课堂。 3. 认真撰写文章，并力求评选区优秀。 4. 在课堂教学中注重培养学生的语言表达及概括能力，争取成为学校的优秀教师。	1. 阅读教育教学专著，继续完成一定量的读书笔记。 2. 完成至少1篇精品教育教学论文。 3. 完成至少1篇精品教学案例。 4. 积极参加各项教学活动，参与公开课、评优课活动。 5. 在课堂教学中注重培养学生的语言表达及概括能力。 6. 继续进行课题研究，力争成为校级优秀教师。	在教学实践过程中，通过学习和体验，逐步向优秀教师发展，时刻以优秀教师的水平要求和规范自己的工作和言行，力争每学期每学年都有不同程度的提高，在三年后能向更高荣誉的教师迈进。

拓展 2:小学数学教师专业发展途径——入职师徒结对 3 则

师徒交流活动档案(一)

<table>
<tr><td>时间</td><td>2019 - 08 - 26</td><td>地点</td><td>办公室</td><td>姓名</td><td>王××</td></tr>
<tr><td>形式</td><td colspan="2">交流探讨</td><td>主题</td><td colspan="2">新教师如何尽快胜任教师工作</td></tr>
<tr><td colspan="6">活动过程:
先由徒弟阐述疑惑,主要是如何备课和常规管理上的问题,再由师傅进行解读,给予指导。与师傅的第一次交谈,主要围绕如何尽快胜任教学工作展开,师傅从以下三个方面进行了指导:
(一) 钻研教材,灵活运用,扎实备课
备课是上好一堂课的前提,备课要做到熟悉新课程标准、熟悉新教材、熟悉学生。熟悉新教材,弄清楚一堂课的重点、难点和教材所占的地位及承上启下的关系,这样有利于更好地处理好教材。
(二) 关爱学生,学科育人,用心备课
在教育教学活动中,师生的矛盾始终是一对主要矛盾,如何处理好师生关系是教育成败的关键。作为一名新教师,应认真好学,借鉴优秀教师的教学经验,端正自己的教育观,要因材施教,学会充分运用自己的眼神、语调、微笑等体态语言来表达对学生的鼓励和关爱。
(三) 强调规范,严抓纪律,踏实习惯
作为一名新教师,所欠缺的是实践控课能力。为了使教学工作能够顺利地开展,在组织纪律方面,严格管理。遇到违反课堂纪律如无故迟到、上课不认真等情况,新教师应严肃对待,及时了解原因,再采取适当的措施,对学生要尝试晓之以理、动之以情,让学生明白全面发展的重要性,从而提高学生的上课积极性。</td></tr>
<tr><td colspan="6">活动收获:
通过交流,我明白了作为一名新教师,在现行的教育形势下,一定要不断学习,努力探索与实践自己的事业,要进行自我管理,多从自身找问题、找原因,多进行课后教学反思,才能不断进步和成长。</td></tr>
<tr><td colspan="6">备注:</td></tr>
</table>

师徒交流活动档案(二)

<table>
<tr><td>时间</td><td>2019 - 10 - 18</td><td>地点</td><td>教师之家</td><td>姓名</td><td>王××</td></tr>
<tr><td>形式</td><td colspan="2">交流探讨</td><td>主题</td><td colspan="2">如何上好一节练习课</td></tr>
<tr><td colspan="6">活动过程:
先由徒弟阐述疑惑,再由师傅进行解读,给予指导。</td></tr>
</table>

续表

存在问题： 经过尝试，发现在把握练习课时容易分不清重、难点，容易一味地根据书本给出的练习，自己没有很好地去二次突破难点和思维提升。 解决策略： （一）分析错因，积累经验 通过练习，可以有效地反映学生知识的掌握程度，作为新教师要及时记录学生的易错题和错误的原因，多听学生说，从学生的表达中归纳错误原因，从而有针对性地对学生的错因进行二次练习，达到以练习为切口来突破重、难点。 （二）分层练习，逐一击破 学生是课堂的主体，一个班级中的学生学习能力总是不同，在设计练习时要注意难度的逐层提升，在一些重、难点的练习上要先让对内容已掌握的学生表述方式，教师小结后，再请还未掌握的学生二次表达，这样还未掌握的学生对重、难点的掌握会更加有效。一些难度较大的题目，后进生无法理解也不用强求，要因材施教，分层练习。
活动收获： 不要害怕犯错，不要害怕尝试，要选择相信学生，我想这就是这一次和师傅交流之后，我感悟到的最深的一点，用于实践勤反思、实践出真知。要多多积累从学生身上得到的素材，积累学生的易错点，在练习课中会很有帮助，把“以学生为本”牢记心间。
备注：

师徒交流活动档案（三）

时间	2020-01-03	地点	办公室	姓名	王××
形式	交流探讨		主题	做好查漏补缺、教学反思工作的重要性	
活动过程： 经过一学期的教学，徒弟对学生的查漏补缺和自我教学的反思都有了属于自己的经验，但仍然存疑，在期末进行交流讨论。 明确教学反思是实施新课程教学的一个不可缺少的技能要求，也是提升教师素质和专业化水平的重要途径。 （一）写教学反思有利于新老师不断成长、更新经验 能够及时把自己教学实践中的经验、问题和思考记录下来，这样就会对某些较突出的典型问题引起注意，对它们进行探究、思考和改进，从而提高对这类问题教学处理的艺术。					

续表

(二)写教学反思有利于新教师深入理解理论和实践的关系,提高自己的理论基础。在教学实践中,我们很多教师并不是缺少实践而是缺少思考。一般的教师往往只知道怎么去教,而对为什么要这样去教思考得较少,不能自然地将理论与实践结合起来,从而导致思考肤浅,理论和实践脱节。 (三)写教学反思有利于帮助语文教师积累教育教学研究的素材,向科研型教师发展。
活动收获: 通过与师傅的交流探讨,我们都体会到写教学反思是自身进步的起点,没有反思就没有突破和发展,在下学期一定要认真对待每一次的教学反思。
备注:

拓展3:青海师范大学关于小学数学教师专业发展的调查与访谈

小学数学教师专业发展现状及影响因素调查问卷

尊敬的各位小学数学教师:

您好!

本次问卷调查的目的是了解我市小学数学教师专业发展方面的情况。探索适合我市小学数学教师发展的新途径。本次问卷不记名,仅供研究用。请您如实填写。请在选项处打"√"。感谢您的合作与支持。

本调查中的教师专业发展是指教师专业知识、专业能力、专业理念与师德、自主反思与发展意识等在内的教师的专业成长过程和促进教师的专业成长过程。

(一) 基本情况

(1) 您的性别是:[单选题]

○男　　○女

(2) 您的年龄是:[单选题]

○20—25 岁　　○26—30 岁

○31—40 岁　　○41—50 岁

(3) 您的教龄是:[单选题]

○1 年及以下　　○1—3 年　　○4—5 年

○6—10 年　　○11—15 年　　○16—25 年

○26 年及以上

(4) 您从教时的专业是:[单选题]

○师范类　　○非师范类

(5) 您参加工作时的学历是:[单选题]

○高中及以下　　○专科

○本科　　○研究生及以上

(6) 您现在的学历是:[单选题]

○高中及以下　　○专科

○本科　　○研究生及以上

(7) 您现在的职称是:[单选题]

○小学三级教师　　○小学二级教师　　○小学一级教师

○小学高级教师　　○其他

(8) 您现在任教的学校类型是:[单选题]

○农村小学　　○县区小学　　○城市小学

(二) 专业知识

(1) 您认为您了解小学数学学科的发展历史与相关知识。[单选题]

○完全符合　　○符合　　○有点符合

○不符合　　○非常不符合

(2) 您认为您了解小学数学学科对社会及生活实践的价值与意义。[单选题]

○完全符合　　○符合　　○有点符合

○不符合　　○非常不符合

(3) 您认为您对小学数学学科的教材有比较通透的掌握。[单选题]

○完全符合　　○符合　　○有点符合

○不符合　　○非常不符合

(4) 您认为您能考虑学生的特点将小学数学的知识清晰地解释给学生。[单选题]

○完全符合　　○符合　　○有点符合

○不符合　　○非常不符合

(5) 您认为您在课堂中经常使用数学史的相关知识。[单选题]

○完全符合　　○符合　　○有点符合

○不符合　　○非常不符合

(6) 您认为您在人文与自然科学方面知识面很广。[单选题]

○完全符合　　○符合　　○有点符合

○不符合　　○非常不符合

(7) 您认为您能够根据教学内容进行有效教学。[单选题]

○完全符合　　○符合　　○有点符合

○不符合　　○非常不符合

(8) 对您现在教学所具备的数学学科知识贡献最大的是:[单选题]

○职前的知识储备　　○教学反思与总结　　○进修学习

○同事间的交流与合作　　○自我学习　　○培训

○校本教研

(9) 对您现在教学所具备的数学教学知识贡献最大的是:[单选题]

○职前的知识储备　　○教学反思与总结　　○进修学习

○同事间的交流与合作　○自我学习　○培训

○校本教研

(10) 对您现在教学所具备的数学教育理论知识贡献最大的是:[单选题]

○职前的知识储备　○教学反思与总结　○进修学习

○同事间的交流与合作　○自我学习　○培训

○校本教研

(11) 在学科知识体系中,您的薄弱项是:[单选题]

○数与代数　○图形与几何　○统计与概率

○综合与实践　○其他

(三) 专业能力

(1) 您相信您能够及时发现教育教学中遇到的问题。[单选题]

○完全符合　○符合　○有点符合

○不符合　○非常不符合

(2) 您相信您能找到恰当的方法解决教育教学中所遇到的问题。[单选题]

○完全符合　○符合　○有点符合

○不符合　○非常不符合

(3) 您认为您有较强的语言表现力。[单选题]

○完全符合　○符合　○有点符合

○不符合　○非常不符合

(4) 您认为您能恰当地运用多媒体辅助教学。[单选题]

○完全符合　○符合　○有点符合

○不符合　○非常不符合

(5) 您认为您具有良好的人际交流能力。[单选题]

○完全符合　○符合　○有点符合

○不符合　○非常不符合

(6) 您认为您能恰当地组织学生开展实验、探究与合作学习。[单选题]

○完全符合 ○符合 ○有点符合

○不符合 ○非常不符合

(7) 您认为您能收集、运用多种课程资源(如期刊、网络等)提升教学成就。[单选题]

○完全符合 ○符合 ○有点符合

○不符合 ○非常不符合

(8) 您认为您能有效运用多种教学评量方法评价学生的学习。[单选题]

○完全符合 ○符合 ○有点符合

○不符合 ○非常不符合

(9) 您认为您在课堂中能运用恰当的教学方法,实现预定教学目标。[单选题]

○完全符合 ○符合 ○有点符合

○不符合 ○非常不符合

(10) 您认为您能根据课堂教学的实际情境及时调整自己的教学计划与教学活动。[单选题]

○完全符合 ○符合 ○有点符合

○不符合 ○非常不符合

(四) 专业理念与师德

(1) 您认为您能尊重学生、给予他们独立思考、自主发挥的空间。[单选题]

○完全符合 ○符合 ○有点符合

○不符合 ○非常不符合

(2) 您认为您尽力关爱每位学生的成长。[单选题]

○完全符合 ○符合 ○有点符合

○不符合　　　　○非常不符合

(3) 您认为在教育教学实践中,您能与学生建立平等和谐的师生关系。[单选题]

○完全符合　　　　○符合　　　　○有点符合

○不符合　　　　○非常不符合

(4) 在教育教学实践中,您觉得教学经验很重要。[单选题]

○完全符合　　　　○符合　　　　○有点符合

○不符合　　　　○非常不符合

(5) 您认为您愿意投入时间与精力,提升自己的专业知识和能力。[单选题]

○完全符合　　　　○符合　　　　○有点符合

○不符合　　　　○非常不符合

(6) 您认为对于教学中遇到的新问题,您会努力钻研,直到获得满意的解决办法。[单选题]

○完全符合　　　　○符合　　　　○有点符合

○不符合　　　　○非常不符合

(7) 您认为教育工作单调烦琐,发挥创造性的空间有限。[单选题]

○完全符合　　　　○符合　　　　○有点符合

○不符合　　　　○非常不符合

(8) 您认为在工作中您不仅教给学生如何学习,还努力教学生如何为人处世。[单选题]

○完全符合　　　　○符合　　　　○有点符合

○不符合　　　　○非常不符合

(9) 您打算更换职业。[单选题]

○完全符合　　　　○符合　　　　○有点符合

○不符合　　　　○非常不符合

(五) 自主反思与发展意识

(1) 您有写教学心得的习惯。[单选题]

○完全符合　○符合　○有点符合

○不符合　○非常不符合

(2) 您认为您现在的知识与能力不足以胜任教学,还需要再学习。[单选题]

○完全符合　○符合　○有点符合

○不符合　○非常不符合

(3) 您经常与同事讨论教学中遇到的困惑与问题。[单选题]

○完全符合　○符合　○有点符合

○不符合　○非常不符合

(4) 您对自己未来的专业发展目标与规划有清晰的认识。[单选题]

○完全符合　○符合　○有点符合

○不符合　○非常不符合

(5) 您认为您能积极把握时机并通过各种方式继续进修,提高专业素质。[单选题]

○完全符合　○符合　○有点符合

○不符合　○非常不符合

(6) 您认为促进教师专业发展的主要动力是:[多选题]

□提高专业素质,适应教育改革的新要求

□使学生获得更好的发展

□实现人生价值　□提升职务职称

□提高收入　□其他

(7) 您认为哪些外部因素可以促进教师专业发展?[多选题]

□和睦的同事关系　□合理的学校管理体制

□公平的竞争机制　□公正的奖励机制

□相对稳定的收入和待遇

□良好的工作环境

(8) 您认为制约您进行专业发展的主要因素是:[多选题]

□缺乏自主发展的意识

□缺乏相关的理论知识

□学校支持力度不够,没有形成良好的自主发展环境

□校长不能有效地引领教师的专业发展

□工作繁忙,没有时间

□其他

小学数学教师专业发展影响因素访谈提纲

访谈时间:________________ 访谈地点:________________

访谈人物:________________

(一) 被访谈者的基本情况

年　　龄:________________ 性　　别:________________

任教学校:________________ 教　　龄:________________

职　　称:________________

(二) 访谈问题

1. 个人因素层面

问题一:作为一名小学数学教师,您认为在从教后您的学习情况如何?

问题二:作为一名小学数学教师,您认为在从教后您是否出现过职业倦怠等情况?

问题三:作为一名小学数学教师,您认为学生时期专业理论储备对您教学是否存在影响?

问题四:作为一名小学数学教师,您觉得教学反思对教师的专业发展有作用吗? 您平时有教学反思的习惯吗?

2. 学校因素层面

问题一：作为一名小学数学教师，您认为您所处学校的校长以及领导层对教师的专业发展态度如何？

问题二：作为一名小学数学教师，您认为您所处学校的同事间交流学习氛围如何？

问题三：作为一名小学数学教师，您认为您所处学校还可以为教师的专业发展提供哪些条件？请举例说明。

参考文献

[1] Allen D W. In-service teacher training: A modest proposal [J]. In Rubin L. J. (Ed) Improving In-service Education: Proposals and Procedures for Change. Ann Arbor : University of Michigan, 2009:284.

[2] 安丽娟,郭丽华.小学数学小组合作学习的应用研究[J].上饶师范学院学报,2022(3):2-88.

[3] badaogu7.选择小学数学课程内容的依据[DB/OL].(2017-08-07)[2023-08-05]. https://www.doc88.com/p-3512860857911.html?r=1.

[4] 百度百科.格式塔学派[DB/OL].(2023-02-09)[2023-08-05]. https://baike.baidu.com/item/格式塔学派/7287000?fr=ge_ala.

[5] 百度百科.教学过程[DB/OL].(2023-04-13)[2023-08-27]. https://baike.baidu.com/item/教学过程? fromModule=lemma_search-box.

[6] 百度百科.自然数[DB/OL].(2023-07-24)[2023-08-05]. https://baike.baidu.com/item/自然数? fromModule=lemma_search-box.

[7] 百度文库.数学思维品质[DB/OL].(2022-06-26)[2023-08-05]. https://wenku.baidu.com/view/c74398abbc1e650e52ea551810a6f524cdbfcb7c.html.

[8] 蔡守龙.课程改革与教师专业发展[J].当代教育科学,2003(18):23-

25.
[9] 曹培英.小学数学评价研究(一)[J].小学数学教育,2015(9):1.
[10] 陈光荣.基于学习为中心下的小学数学教学过程分析[J].课程教育研究,2017(12):129.
[11] 陈晶.例谈小学数学估测教学[J].教学与管理,2015(17):46-48.
[12] 陈雪梅,高红志,刘月艳.小学数学课程与教学论[M].北京:北京师范大学出版社,2016.
[13] 陈玉琨.教育评价学[M].北京:人民出版社,1997.
[14] 池春欢.基于转化思想的小学数与代数教学策略研究[D].重庆:西南大学,2021.
[15] 仇德文刚裳.什么是教学要求[DB/OL].(2022-08-10)[2023-08-05].https://zhidao.baidu.com/question/227090577.html.
[16] 达娃吉巴.培养小学生数学思维能力的教学探究[J].传奇故事,2022(18):33-34.
[17] 丁朝蓬,梁国立,TOM L Sharpe.我国数学课堂教学评价研究概况、问题及设想[J].教育科学研究,2006(12):10-13.
[18] 段兆兵.德国普通教学论的危机与新方向——访德国奥尔登堡大学希尔伯特·迈尔教授[J].当代教育与文化,2015(1):108-112.
[19] 段兆兵.论课程资源开发与教师专业成长[D].兰州:西北师范大学,2003(3):26-28.
[20] 范良火.教师教学知识发展研究[M].上海:华东师范大学出版社,2003.
[21] 范文贵.小学数学教学论[M].上海:华东师范大学出版社,2016.
[22] 顾明远.提高民族素质,迎接21世纪挑战[J].人民教育,1997(1):1-4,14.
[23] 郭法奇.教育科学化的早期探索——欧美教育科学研究运动简析[J].教育文化论坛,2021(1):5.
[24] 郭元祥.综合实践活动呼唤教师的有效指导[J].课程与教学,2006(8):27-29.

[25] 韩中下.新课改视野下小学数学教师专业发展的现状,问题和对策研究:以赣州市为例[D].赣州:赣南师范学院,2012.
[26] 侯斐弘.浅析加涅的教育心理学理论[J].心理医生,2018,24(15):326-327.
[27] 胡重光.小学数学教学原则简论[J].湖南第一师范学院学报,2014(1):10-15.
[28] 姜继兵.新课程背景下小学数学实施有效教学的策略[J].新课程学习(基础教育),2010(12):191.
[29] 焦永鑫.小学数学"数的运算"教学策略研究[J].教学研究,2022(18):61.
[30] 教师继续教育网络课程.小学数学课程与教学概论[DB/OL].(2017-08-12)[2023-08-05].http://cs.gzedu.com/jiaoshijixu/09/tkc030a/kcygl/index.htm.
[31] 教师资格考试统编教材题库编委会.教育教学知识与能力(小学)[M].北京:高等教育出版社,2019.
[32] 经柏龙.教师专业素质:形成与发展[M].北京:中国社会科学出版社,2012.
[33] 柯红翔.如何构建以学习为中心的小学数学课堂[J].新课程(小学),2017(1):202.
[34] 课程教材研究所.20世纪中国中小学课程标准·教学大纲汇编(数学卷)[G].北京:人民教育出版社,2001(2).
[35] 孔企平.小学数学课程与教学[M].上海:华东师范大学出版社,2016.
[36] 李秉德,王鉴.时代的呼唤与教学论的重建[J].高等教育研究,1999(5):53-54.
[37] 李红玉.新课改下小学数学教学方法探讨[J].学周刊,2022(17):50-52.
[38] 李芹.关于教师专业能力本质的思考[J].中国教育学刊,2013(10):125-128.
[39] 李淑芬.小学教学过程中渗透数学核心素养的几点思考[J].科学咨询,2020

(28):243.

[40] 李星云.论小学生量感的认识及培养策略[J].内蒙古师范大学学报(教育科学版),2021(5):147-150.

[41] 李星云.小学数学“统计与概率”的教学策略[J].广西教育,2018(9):60-63.

[42] 李亚东,张行.教育评价发展的历史轨迹及其规律[J].江苏高教,2000(3):63.

[43] 李艳琴,宋乃庆.小学低段数学符号意识测评指标体系的初步构建[J].教育学报.2016,12(04):23-28,38.

[44] 梁培斌.估测教学不应成为“冰盖”[J].人民教育,2014(9):39-41.

[45] 梁卓华.小学数学小组合作学习评价策略研究[J].教学管理与教育研究,2021(21):68-69.

[46] 林凤蓉.培养空间观念“六感”——空间与图形策略谈[J].小学教学参考(数学),2011(9):7.

[47] 刘洁.探究小学综合实践活动课程的生活化教学策略[J].天天爱科学(教学研究),2021(4):99-100.

[48] 刘金堂.新课改下小学生数学思维能力的培养策略研究[J].才智,2015(24):1.

[49] 刘猋.数学教师专业发展研究[D].兰州:西北师范大学,2005.

[50] 刘正伟.论学科教学论的范式转换[J].教育研究,2005(3):61.

[51] 刘忠锋.新课改下的小学数学教学探究[J].中外企业家,2013(22):220.

[52] 骆娟红.指向数学思维的严谨性——从学生解题过程中数学表达的问题与对策说起[J].教学月刊(小学版),2020(11):37-39.

[53] 骆文辉.小学数学教学方法的选择与优化[J].文化创新比较研究,2018(35):187-188.

[54] 麻建信.巩固与发展相结合原则在数学教学中的应用[J].学苑教育,2013(16):46-47.

[55] 马玉花.基于数形结合思想的小学数与代数教学策略研究[D].重庆:

西南大学,2020.
[56] 马云鹏.小学数学教学论(第3版)[M].北京:人民教育出版社,2012.
[57] 马云鹏.小学数学教学论(第4版)[M].北京:人民教育出版社,2013.
[58] 孟庆涛.浅谈小学数学"空间与图形"教学策略[J].小学教学研究,2017(20):81-83.
[59] 娜仁格日乐,史宁中.度量单位的本质及小学数学教学[J].数学教育学报,2018(6):13.
[60] 帕梅拉利·贝克著.方末之译.儿童怎样学习数学——父母和教师指南[M].北京:人民教育出版社,1986.
[61] 戚旭燕."综合与实践"的教学策略——以《自行车里的数学》为例[J].小学教学设计(数学),2019(C1):12-13.
[62] 冉亮.创设情境、提出优质问题——引领学生有效学习[J].天津教育,2020(18):114-115.
[63] 饶见维.教师专业发展理论与实务[M].台北:五南图书出版公司,1996.
[64] 沈科.小学数学"综合与实践"课型分类及教学策略[J].教学与管理,2013(10):45-47.
[65] 史宁中.《义务教育数学课程标准(2022年版)》的修订与核心素养[J].教师教育学报,2022(3):92-96.
[66] 宋显常.小学数学的教学原则与方法探析[J].科技展望,2017(7):198.
[67] 孙慕天.杨庆旺.王智忠.实用方法辞典[M].哈尔滨:黑龙江人民出版社,1990.
[68] 孙自挥,高晓芙,朱海英,等.教师教育者的学科教学知识研究[J].中国教师,2009(3):3.
[69] 唐彩斌,史宁中.素养立意的数学课程——《义务教育数学课程标准(2022年版)》解读[J].全球教育展望,2022(6):24-33.
[70] 唐秋.指向空间观念的小学第二学段"图形与几何"教学研究[D].重庆:西南大学,2021.
[71] 唐松林,徐厚道.教师素质的实然分析与应然探讨[J].高等师范教育研

究,2000,12(6):34-39.

[72] 王本陆.课程与教学论(第2版)[M].北京:高等教育出版社,2009.

[73] 王彩虹.高二学生场认知方式对数学概念表征的影响研究[D].北京:首都师范大学.2011.

[74] 王策三.教学论学科发展三题[J].北京师范大学学报(社会科学版),1992(5):82-95.

[75] 王策三.教育论集[M].北京:人民教育出版社,2002.

[76] 王道俊,郭文安.教育学[M].北京:人民教育出版社,2016.

[77] 王永春.数学核心素养下的模型思想的教学——以路程模型为例[J].小学教学研究.2022(1):12-14.

[78] 王子兴.论数学教师专业化的内涵[J].数学教育学报,2002(4):63-67

[79] 魏彩萍.合作学习背景下小学数学自主探究课堂的构建[J].学周刊,2021(35):127-128.

[80] 魏雪瑞.互动式课堂在小学数学教学过程中的操作策略[J].新课程,2022(21):118-119.

[81] 吴国和.几何选择题的解题方法和策略[J].河北教育(教学版),2006(12):45.

[82] 吴红耘,皮连生.心理学中的能力、知识和技能概念的演变及其教学含义[J].课程·教材·教法,2011(11):108-112.

[83] 吴正宪.小学数学教学基本概念解读[M].北京:教育科学出版社,2018.

[84] 夏征农.辞海[Z].上海:上海辞书出版社,2010.

[85] 萧浩辉.决策科学辞典[Z].北京:人民出版社,1995.

[86] 小学数学易错题.2022版新课标学习之“符号意识”|附名师课例[DB/OL].(2022-06-27)[2023-08-05].https://mp.weixin.qq.com/s/mP7UX1OxwLwiVUMY9NWoSg.

[87] 辛涛,贾瑜.核心素养落地的几个关键问题[J].教育与教学研究,2019,33(7):1-9.

[88] 邢明发. 信息通信技术在教育中的应用[J]. 调研世界,2013(7):4.
[89] 徐今雅."专业教育"辨析——兼论专业教育与高等职业教育的关系[J]. 复旦教育论坛,2007(6):29-34.
[90] 徐进娟. 尊重孩子个性,设计适当选择,创新教育[J]. 教法,2014(29):192.
[91] 闫雨钰. 数学核心素养视域下小学数学"综合与实践"模块教学实施现状研究[D]. 天津:天津师范大学,2022.
[92] 杨道忠. 小学数学核心素养下"统计与概率"有效教学策略研究[J]. 新课程,2020(29):32.
[93] 杨庆余. 小学数学课程与教学[M]. 北京:中国人民大学出版社,2010.
[94] 姚彩娥. 浅谈小学数学"空间与图形"的教学[J]. 小学数学参考,2012(11):35-36.
[95] 姚念章. 教师职业素质结构与高师课程改革[J]. 河北师范大学学报(教育科学版),2000,2(3):63-66.
[96] 叶结文. 基于核心素养的小学数学大单元教学的策略[J]. 天津教育,2022(25)83-85.
[97] 叶澜. 教育创新呼唤"具体个人"意识[J]. 中国社会科学,2003(1):91.
[98] 叶澜. 新世纪教师专业素养初探[J]. 教育研究与实验,1998(1):41-46,72.
[99] 一棵智慧树. 新课标解读(32)||刘莉-综合与实践领域的主要变化与教学改革(含 2022 年 6 月 30 日讲座、互动交流视频及讲座 PPT 截图)[DB/OL]. (2022-08-05)[2023-08-05]. https://mp.weixin.qq.com/s/EM7bFI4Tjy5dLVJ-v-_gzA.
[100] 一棵智慧树. 新课标解读(28)||唐彩斌-图形与几何领域的主要变化与教学改革(含 2022 年 6 月 16 日讲座、PPT 截图)[DB/OL]. (2022-01-01)[2023-08-05]. https://mp.weixin.qq.com/s/j9oQEjb-Q9cbI2Ufng3TCw
[101] 一棵智慧树. 新课标解读(31)||吴正宪-统计与概率领域的主要变化与教学改革(含 2022 年 6 月 23 日讲座、互动交流视频及 PPT 截图)

[DB/OL].(2022-06-26)[2023-08-05]. https://mp.weixin.qq.com/s/zwABOSnU00WaKtRDxzpMiQ.

[102] 优课实录.46张丽娜《1—5的认识和加减法》1年级[DB/OL].(2021-12-29)[2023-08-05]. https://mp.weixin.qq.com/s/gUSnS06yqR1fjxiubGDGNA.

[103] 余丹红.培养小学生数学阅读能力的教学研究[J].华夏教师,2021(10):70-71.

[104] 袁志气.基于数学核心素养的小学数学教师专业素养研究[D].苏州:苏州大学,2016.

[105] 臧悦,许添舒,孔企平.小学数学"图形与几何"课程国际改革动向分析[J].小学数学教师,2018(10):68-71.

[106] 曾丽霞.小学数学统计内容有效教学策略[J].教师博览,2020(15):57-58.

[107] 张爱英.探究新课改下小学数学教学方法的创新[J].理科天地,2021(2):97-98.

[108] 张海燕.小学数学有效复习课的探索与实践[J].教学管理与教育研究,2021(12):75-77.

[109] 张华.论"综合实践活动"课程的本质[J].全球教育展望,2001(8):10-18.

[110] 张静波.小学数学小组合作学习探究[J].河南教育(基教版),2022(5):64.

[111] 张静.小学数学统计内容有效教学策略的研究[J].才智,2017(4):68.

[112] 张丽苹.根据学段特点选择小学数学教学方法[J].数学专题,2010(5):35.

[113] 张楠,申仁洪,夏莲莲,等.指向核心素养培养的数学综合与实践领域教师胜任力研究[J].数学教育学报,2022(5):29-35.

[114] 张平.《义务教育数学课程标准(2022年版)》主要修订了什么[J].中学数学杂志,2022(6):7-11.

[115] 张武升.实践能力的本质特点与结构构成[J].天津市教科院学报,

2006(3):5-6,34.
[116] 张祖润.小学数学“探索规律”的意义、编排与教学策略[J].中小学教师培训,2017(10):51-55.
[117] 赵冬臣.小学数学课堂教学评价的质性研究[D].长春:东北师范大学,2005.
[118] 郑毓信.也谈小学数学教师的专业化发展[J].小学青年教师,2005(6):4-5
[119] 中华人民共和国教育部.义务教育数学课程标准(2022 年版)[M].北京:北京师范大学出版社,2022.
[120] 钟丽燕.新课标下数学教育评价策略探究[J].数学学习与研究,2020(3):3.
[121] 周淑红.小学数学课程与教学[M].北京:教育科学出版社,2013.
[122] 周维宗,康霞.数学课程与教学论[M].北京:科学出版社,2017.
[123] 朱国荣.基于学生视角的课堂教学评价[J].上海教育科研,2016(8):67-69.
[124] 朱向阳.新课程下的小学数学教学实施策略[J].小教方阵,2005(33):140.